UNE ENFANCE
EN
ALSACE

Élisa Rossignol

UNE ENFANCE EN ALSACE

1907-1918

Grand Prix de l'Académie d'Alsace

Troisième édition revue et corrigée

EDITIONS DU RHIN

I.S.B.N. 2.86.339108.9

A Louis, mon mari, qui, à plus d'un titre,
a participé à ce travail.
Aux miens qui ont vécu les événements.
A tous les soldats qui ont transité par mon village et
dont certains y sont morts.

Je remercie de tout cœur

M. Alain Decaux, de l'Académie française ;

M. Jean Christian, président d'honneur de la Société des écrivains d'Alsace et de Lorraine et du Territoire de Belfort pour ses encouragements à faire publier ces souvenirs ;

M. Frédéric Ferney, directeur littéraire des Éditions Sand ;

M. le Professeur Raymond Oberlé, archiviste honoraire de la Ville de Mulhouse, Président de l'Académie d'Alsace – pour sa préface, ses conseils et sa collaboration par le prêt de documents ;

et aussi :

M. Étienne Geiss, de Montreux-Jeune – pour la communication de documents ;

M. et Mme Péreal-Schlicklin – pour la communication du journal de M. le chanoine Tchirrhart ;

M. et Mme Pierre, de Montreux-Jeune, spécialistes du patois franc-comtois ;

M. Guy Lefebvre, de Suresnes – pour la communication de la revue La Guerre aérienne 1914-1918 *;*

M. Michel Guillot, documentaliste aux Archives nationales de Paris – pour la communication de gravures ;

ainsi que MM. Joseph Karm, de Mulhouse ; Gilles Freudenberger, de Montreux-Vieux – pour la communication de divers renseignements.

Préface

La guerre de 1914-1918 et ses combats nous ont été présentés dans de nombreux écrits et évoqués dans bien des romans. Des pages mémorables ont en effet rappelé les luttes sanglantes qui se sont déroulées au Vieil Armand, au Linge, au Wettstein. Les musées alsaciens, notamment celui de Saint-Amarin, ont recueilli des témoignages saisissants des violents affrontements entre les poilus et les troupes allemandes. Les photographies retracent à leur tour la vie des soldats dans les tranchées et les abris au cours de ces luttes particulièrement meurtrières. Plus rares, parce que moins spectaculaires, sont les récits qui décrivent la vie de la population civile en zone proche des combats.

L'intérêt, je dirais l'originalité captivante de cet ouvrage se situe à plusieurs niveaux. Bien sûr, l'action se déroule à une époque charnière de l'histoire. L'auteur ne pense néanmoins pas à écrire une étude historique avec une rigueur et une austérité scientifiques destinées à des spécialistes. Mme Rossignol ne veut pas davantage écrire un roman historique dont le héros soulève une admiration enthousiaste par ses exploits au service d'une grande cause. Le héros, ou plutôt l'héroïne, est une petite fille. C'est à travers le vécu quotidien que nous assistons au grand drame. Un autre aspect non moins original de ce témoignage exceptionnel est le choix du lieu où se passe le récit. C'est un village situé sur la frontière alsacienne et comtoise, mais aussi sur la frontière politique et administrative de la France et de l'Allemagne. Trois villages aux toponymes à peu près identiques sont voisins: Montreux-Château qui est français, Montreux-Vieux et Montreux-Jeune qui sont allemands à la suite du tracé de démarcation de la frontière. Tout l'environnement est imprégné de cette situation de pays de contact. En témoignent le style des maisons, deux patois aux résonances différentes, alémaniques et romanes. Les grands événements se répercuteront singulièrement sur ces communautés. Labeur et quiétude caractérisent à la veille de la guerre l'ambiance de ce village où vit Élisa. La première partie de ce récit est consacrée à l'évocation de cette atmosphère villageoise que rien ne trouble malgré la présence du groupe d'étrangers que constituent les fonctionnaires «prussiens».

Nous faisons connaissance des plaisirs saisonniers des enfants, les glissades effrénées en hiver, le branle-bas au passage du chasse-neige! L'auteur sait nous faire vivre cette enfance aux joies simples et pures, cette vie quotidienne rythmée par les fêtes religieuses et les ancestrales coutumes locales: telle la Saint-Nicolas et les inquiétudes diffuses au sujet du Père Fouettard, telle l'impatiente attente à la veille de Noël baignée de mystères, tel encore le plaisir fébrile de la trouvaille des œufs aux couleurs vives que le «lièvre de Pâques» a «pondus» dans le jardin. Évocation non moins significative que l'emploi de la «rara» (la crécelle). Toute l'Alsace d'hier revit dans ces pages si évocatrices les coutumes et les usages qui se perdent à l'heure des radios et des télévisions.

La guerre perturbera la vie de la communauté villageoise. L'armée française avance jusqu'à Mulhouse et occupe malgré les revers locaux une large partie du sud de l'Alsace. Thann et Masevaux sont également redevenues françaises. Montreux-Vieux est à 12 km du front et pour la poste le village fait toujours partie de la haute Alsace, pour la France c'est l'Alsace retrouvée. Élisa fréquente l'école communale tenue par des militaires français; son frère Camille, d'abord élève de la Mittelschule à Mulhouse, suivra l'enseignement à Belfort. Le papa a pu échapper à l'emprise de l'armée allemande et revenir dans son village occupé par les troupes françaises; mais le voilà interné comme ressortissant allemand... Élisa grandit sous la vigilante protection de son frère et les efforts d'une maman travailleuse, soucieuse du sort de son mari prisonnier dans l'île de Groix.

Mme Rossignol ne prétend pas faire œuvre d'historien dans l'acception universitaire du terme. L'historien classique craindra sans doute qu'un récit rédigé des dizaines d'années après « le fait » n'ait été déformé par la reconstitution. Le sociologue, l'historien des mentalités salueront par contre ce que M. Philippe Joutard, professeur à l'université de Montpellier, appelle « ces voix qui nous viennent du passé ». Il nous apparaît comme certain que les historiens et la génération montante y trouveront un témoignage captivant du « vécu » quotidien des populations en un lieu donné à une époque donnée. Une Enfance en Alsace *nous rappelle singulièrement par bien des caractères le bel ouvrage de R. Thabault,* L'Ascension d'un peuple, mon village, ses hommes, ses routes *(1934).*

Aucun document officiel ne saurait ressusciter cette ambiance de la vie rurale éclairée par la fillette charmante de candeur, de fraîcheur et de spontanéité. La silhouette d'Élisa ne saurait cependant nous cacher les problèmes pénibles, douloureux, spécifiques que connurent les populations frontalières. Situations et déchirements qui trop souvent n'ont pas été compris pour ne pas avoir été vécus ou suffisamment analysés.

Raymond OBERLÉ

Avant-propos

La guerre de 1914-1918 a été une époque charnière entre deux civilisations. Tout ce qui se vivra après ne ressemblera pas à ce qui fut vécu avant. Je ne citerai qu'un exemple. Comme ceux de ma famille maternelle passaient avant la guerre pratiquement toutes les fêtes carillonnées dans la ferme du frère aîné, je demandai plus tard à sa fille, ma cousine, si les invités apportaient des cadeaux. « Rien du tout », me dit-elle, évidemment choquée du comportement désinvolte des convives. Elle ne pensait pas que l'aîné, ayant été seul héritier du patrimoine de par la volonté de ses parents, devait, en revanche, selon une vieille tradition, héberger, quand ils le désiraient, les membres de la famille. S'il existait bien un code avec ses lois, c'était la coutume qui prévalait. Du moins en Alsace. Un vieux notaire me dit un jour qu'il n'avait connu dans toute sa carrière que deux contestations de ce droit d'aînesse. Pourrait-on concevoir telle inégalité de nos jours, où le partage équitable va parfois jusqu'au décompte des petites cuillères dans le tiroir du buffet ?

Ce passage de la civilisation du XIXe siècle à celle du XXe siècle se fit pour les Alsaciens en même temps qu'ils basculaient de la civilisation germanique dans la civilisation française qui présentait d'évidentes différences.

Si l'on tient compte de la Seconde Guerre mondiale, un Alsacien pouvait avoir changé cinq fois de nationalité, tel ce grand-père de notre maire qui, né en 1866, mourut en 1945 en murmurant: « Je suis né Français et je meurs Français. » Mais ces changements ne se vécurent pas sans drames et en tout cas pas sans complications. Plus d'un Alsacien qui en 1914 avait fui l'Alsace pour ne pas être incorporé dans l'armée de Guillaume II était, dans le meilleur des cas, assimilé à un déserteur allemand et, étant donné le climat de l'époque, à quelqu'un dont il fallait se méfier. L'on se souviendra qu'une telle suspicion atteignit aussi le grand Alsacien, le célèbre Dr Schweitzer qui, en 1917, fut transféré de Lambaréné (Gabon) en France, interné à Saint-Rémy-de-Provence et soumis, au début du moins, aux vexations des populations environnantes qui voyaient en lui « l'espion boche ». Sa bonté rayonnante les désarma.

Même après la guerre, le statut des Alsaciens aura ses particularités. Ils étaient « mis en carte ». Les Alsaciens de souche furent « réintégrés de plein droit dans la nationalité française » et honorés de la carte A. Mais que l'un des ascendants n'ait pas été alsacien ou français et l'on avait l'humiliante carte B. Le modèle C était réservé à ceux dont les parents étaient nés dans un pays allié ou neutre. Quant aux « pestiférés », comme l'écrit le baron de Reinach, les immigrés d'Allemagne, d'Autriche et de Hongrie, titulaires de la carte D, même s'ils avaient contracté mariage avec une Alsacienne ou une Mosellane, ils devaient attendre au moins dix ans avant de pouvoir solliciter la nationalité française.

Toutes ces remarques n'ont rien de récriminatoire. Les Français étaient enthousiastes de nous délivrer et les Alsaciens heureux de se retrouver dans le giron de la mère patrie. Je veux seulement expliquer que notre situation était parfois équivoque dans le contexte français. Notre dialecte et notre accent ne facilitaient pas les choses.

L'essentiel du récit se passe pendant la guerre et au front. Toutefois, on n'y meurt pas à chaque page. Nous étions à une douzaine de kilomètres du front dont la rumeur, et parfois les déchaînements, venaient jusqu'à nous. Nous savions qu'ailleurs, en France et à travers le monde, la tempête faisait rage.

Lorsque le bilan définitif nous sera connu, nous réaliserons à quel point elle aura dévasté la communauté humaine: 13 millions d'hommes sacrifiés par les armes, dont 1292000 Français. L'on a concrétisé les chiffres en une image saisissante: un défilé par quatre des morts français durerait presque deux mois. Et que de ruines!

Nous n'avions pas été les plus exposés, mais à tout moment il avait fallu s'attendre au pire. S'il y avait parfois des accalmies, elles ne manquaient pas d'inquiéter les miens. « Que préparent-ils? » La canonnade semblait plus rassurante.

Reste à expliquer l'attitude de la petite fille qui, dans les pires moments, continue à jouer. Pourquoi? « Parce que l'enfance est faite pour jouer », note le grand psychologue genevois Jean Piaget.

Lors du tremblement de terre d'El Alamein, en Afrique du Nord, l'on voyait à la télévision des adultes effondrés, pleurant au milieu des ruines pendant que les petits jouaient à s'attraper ou à se cacher derrière un pan de mur encore debout. Des photographies de Beyrouth ont montré des enfants jouant à cache-cache derrière des barricades faites de bidons d'essence. Et récemment, Mme Geneviève de Gaulle-Anthoniaz témoignait: « A Ravensbrück, il y avait des orphelins, des bandes de gamins qui, à l'intérieur du camp de concentration, jouaient au camp de concentration, figurant les bourreaux, les victimes. »

Et Jean Piaget dit encore: « Si l'enfant ne joue pas, il est mutilé. » Dans ce domaine, la petite fille ne risquait rien...

Frontière

Je suis née au début du siècle dans une région qui n'est ni l'Alsace, ni la Franche-Comté, mais un seuil entre Vosges et Jura, et, de ce fait, tout en divergences.

Dans les villages voisinaient, à cette époque, les maisons de style banal du début du siècle avec véranda en façade, et les fermettes très franc-comtoises à colombages, aux toits descendant très bas du côté ouest, presque à ras du sol. La maison alsacienne à colombages, d'architecture différente, ne se rencontrait qu'à quelques kilomètres, dans le Sundgau.

Les habitants ne se comprenaient pas très bien entre eux. Les autochtones des fermettes patoisaient franc-comtois; les Alsaciens, dans les maisons neuves, parlaient le dialecte.

La vie économique était stimulée par deux artères: le canal du Rhône au Rhin datant de Napoléon Ier, et la ligne de chemin de fer avec son importante gare par laquelle on transitait, d'un côté vers la France et, de l'autre, vers l'Allemagne. Ces deux noms, alors en opposition, montrent que nous étions en un point vulnérable, et que moi, petite fille née en 1907, j'étais « aux premières loges » d'un spectacle qui n'allait pas tarder à impressionner mon enfance.

Nous étions, par un hasard de l'histoire, du côté allemand. Lorsque, en raison de l'héroïsme de Belfort, Jules Favre réussit en 1871 à sauvegarder pour la France ce lambeau qu'on appellera le Territoire de Belfort, nous aurions dû, *grosso modo*, en faire partie. Mais des techniciens allemands exigèrent que le bief supérieur du canal, dans le seuil de Valdieu, revînt coûte que coûte à l'Allemagne. Imaginons que les Français eussent pu capter les eaux s'écoulant vers l'Ill et le Rhin ! Il ne pouvait en être question. Et nous étions riverains de ce bief d'exception.

Trois villages, dont les noms indiquent une parenté historique, Montreux-Château, Montreux-Vieux, Montreux-Jeune (le mien), furent séparés par la frontière. Le premier demeura français ; les deux autres furent annexés et changèrent de nom : *Altmünsterol* et *Jungmünsterol*. Montreux-Vieux (*Altmünsterol*) fut privilégié par le développement de la gare frontière avec son vaste buffet, par l'implantation de quelques usines : distillerie Dürr-Delamare, conserverie de champignons, fabrique Peugeot de chaînes de bicyclettes, de bouchons de champagne pour la maison Leiblé. A cela s'ajoutait l'activité de plusieurs maisons de transport. C'était donc une bourgade d'une certaine importance.

Montreux-Jeune (*Jungmünsterol*) resta village, mais en deux parties nettement distinctes. L'ancien village, le *Bout'd'do*, étirait ses petites fermes entourées de vergers le long d'un chemin rural partant de l'église jusqu'à l'orée de la forêt. Les noms des paysans étaient à consonance française : Antoine, Legrand, Thiébaut, Couturier, Boyat, mais plus que le français, le patois leur était familier. On s'interpelait : *« Hé Ugehn ! t'ai vu lai Mélie adjt'eu ?* (« Hé Eugène ! tu as vu la Mélie aujourd'hui ? ») — *Non, mains y l'y aie djasai yais. Elle allai foinai et elle avait tchâ.* » (« Non, mais je lui ai parlé hier. Elle allait faner et elle avait chaud. ») On était de *D'jun Metruë* (Montreux-Jeune).

Le long de la nouvelle route descendant doucement de l'église vers le canal, des maisonnettes neuves étaient entourées de potagers, leur nudité se prolongeant par de grands prés que limitait la lointaine forêt. Les seuls arbres, des cerisiers, avaient été plantés par la *Strassenverwaltung* (les Ponts et Chaussées allemands) le long de la route et du canal. Il y en avait un devant notre maison. Les nouveaux venus habitant là, cheminots paysannant pour la plupart, étaient de souche alsacienne aux noms germanisants. On y était, selon les anciens, dans le ***Bout'd'chu***, où il y avait des Seppi (Joseph), des Nesti (Ernest), des Finela (Joséphine) qui parlaient le dialecte alsacien, avec cependant une tendance à parsemer leur langage de mots français. On y appelait volontiers sa vache Lisette, son cheval Cocotte ou Bijou et son chien Ami.

L'école seule initiait à l'allemand, aux hymnes nationaux comme le *Deutschland über alles* et quelques autres célébrant les vertus du Kaiser.

La population paraissait ignorer le problème sentimental qui se posait par delà « la ligne bleue des Vosges », réalisant toutefois qu'il se tramait quelque chose de l'autre côté du Rhin par les parades militaires, le cliquetis des armes qui faisaient frémir le sentiment revanchard des Français. Dans notre village apolitique, les échos des résistances à la Hansi, le célèbre caricaturiste, ne nous parvenaient que très amortis. Par modestie, dans un sentiment d'impuissance, on ne réagissait pas aux joutes politiques autonomistes que les journaux locaux, *Tagblatt* et *Volksblatt*, relataient avec l'objectivité prudente imposée par les circonstances.

Le Reich nous avait envoyé des fonctionnaires qui, dans leur ensemble, ne demandaient qu'à vivre en bonne intelligence avec la population. Mais il y avait des exceptions, des Prussiens raides et cassants, tel ce gendarme qui, à lui seul, eût fait détester dix Prusses. On en oubliait alors le côté positif de la bonne administration, de la justice efficace et rapide, des lois sociales très en avance sur celles de la France, des progrès dont bénéficiait l'Alsace : c'est grâce à la Caisse d'épargne que mes parents purent construire leur maison. Montreux-Vieux était électrifié dès 1912, on y avait le courant entièrement sous tubes encastrés. En 1914, trois cents communes d'Alsace dépendaient de la centrale de Strasbourg et l'on étudiait déjà le projet d'un barrage à Kembs sur le Rhin. Dans notre village, cependant, nous en étions encore au pétrole.

Les venus d'outre-Rhin étaient en partie regroupés dans des bâtiments construits pour les fonctionnaires. Ainsi, les douaniers habitaient une bâtisse à la sortie du village que nous appelions « la maison de la douane ». Ils y cultivaient leurs habitudes. Les ménagères y faisaient une cuisine poméranienne et tartinaient de saindoux le pain de seigle de leurs marmots. Ils étaient pour la plupart protestants et allaient le dimanche à leur temple de Montreux-Vieux. Ils nous étonnaient quand, après un enterrement, ils quittaient le cimetière en chantant: «Freut Euch des Lebens - solang das Lämpchen glüht. Brechet die Rosen ehe sie sind verblüht.» (Réjouissez-vous de la vie tant que luit la petite flamme. Cueillez les roses avant qu'elles ne se fanent.)

En parlant des Allemands, la population alsacienne disait «*D'Schwowe*» — de Schwaben (Souabes). Ce n'était pas méchant, mais un rien péjoratif. Rien de commun avec le mot « boche » employé à la guerre de 1914.

Il n'en était pas de même si l'on usait du singulier : un *Schwob*. C'était nettement hostile, synonyme de Prussien prussianisant. Un jour, un fonctionnaire allemand entra chez nous et, du couloir, pénétra dans la cuisine sans frapper. Mon père bondit de sa chaise et dit en alsacien : « Mais vous entrez ici comme un Schwob ! Chez nous, on frappe à la porte. Sortez et frappez. » L'Allemand sortit et frappa. Posément mon père, qui s'était rassis, dit : « Entrez. » Ce mot français était un de ceux qui, nombreux, émaillaient notre dialecte.

Une certaine fronde était coutumière aux Alsaciens. Elle était la manifestation d'un sentiment profond. En 1871, un cinquième de la population avait émigré : beaucoup de bourgeois, des industriels avec leurs ouvriers et par la suite des jeunes gens qui désertaient en masse pour échapper au service militaire allemand (trois frères de mon père et un beau-frère étaient partis en France). Ceux qui avaient dû rester s'étaient adaptés. Les anciens gardaient gravés dans leur cœur les mots pathétiques de la déclaration solennelle de Bordeaux du 17 février 1871, exprimée par le député Émile Keller : « L'Alsace et la Lorraine protestent hautement contre toute cession. La France ne peut la consentir, l'Europe ne peut la sanctionner. Nous proclamons par les présentes à jamais inviolable le droit des Alsaciens et des Lorrains de rester membres de la nation française... » Ils se rappelaient aussi que les premiers députés alsaciens et lorrains élus au Reichstag en 1874, au nombre de quinze, dont huit ecclésiastiques, avaient tous été protestataires. Leur chef de file, l'abbé Winterer, curé à Mulhouse, s'était élevé avec véhémence contre le *Kulturkampf* de Bismarck, qu'il avait considéré comme une atteinte au catholicisme alsacien. (Voir *Bulletin historique de la ville de Mulhouse*, 1988: article de M. Oberlé.)

Mais le temps a passé.

La nouvelle génération élevée dans l'école allemande ne connaissait pas l'émouvant appel de 1871; du moins, existait-il au fond des consciences le sentiment diffus qu'il y avait eu dans la famille alsacienne, en des jours très lointains, des heures cruelles, une séparation douloureuse. La France restait en filigrane.

Révélatrice, la réflexion du grand-père d'un ami alsacien: il possédait un grand jardin potager qu'admiraient ses amis. Quand il le faisait visiter, il leur disait, montrant la partie à l'ombre: « Voici l'Allemagne » et, souriant aux plates-bandes ensoleillées, il ajoutait: « Et voici la France. »

Une association de cheminots fit venir pour ses membres des bustes de Napoléon et de grands albums magnifiquement illustrés racontant la vie de l'Empereur. Si mon frère demanda buste et album en cadeau de Première Communion, c'est qu'ils étaient largement barrés de tricolore. Bien posés sur la table de la *Stuwe*, la pièce d'habitation et de réception, c'était une délectation lorsqu'un Allemand y pénétrait et les apercevait. L'accueil en devenait plus animé, avec un rien de provocation. On pouvait s'exprimer par le biais du « Napi ». C'était le nom familier et affectueux que les Alsaciens donnaient à l'illustre empereur, qui, à des officiers s'étonnant du dialecte des soldats alsaciens, aurait dit: « Laissez-les parler leur jargon, car ils sabrent en vrais Français. » Les Allemands avaient la sagesse de tolérer cet exutoire.

Telles étaient, en mon village, les réactions, les attitudes de ceux du Bout'd'chu parlant le dialecte. Quant à ceux du Bout'd'do, ce qui leur importait, c'était d'avoir pu garder intactes leurs coutumes, surtout paroissiales. Le curé prêchait en français. Chaque dimanche, l'office se terminait par un

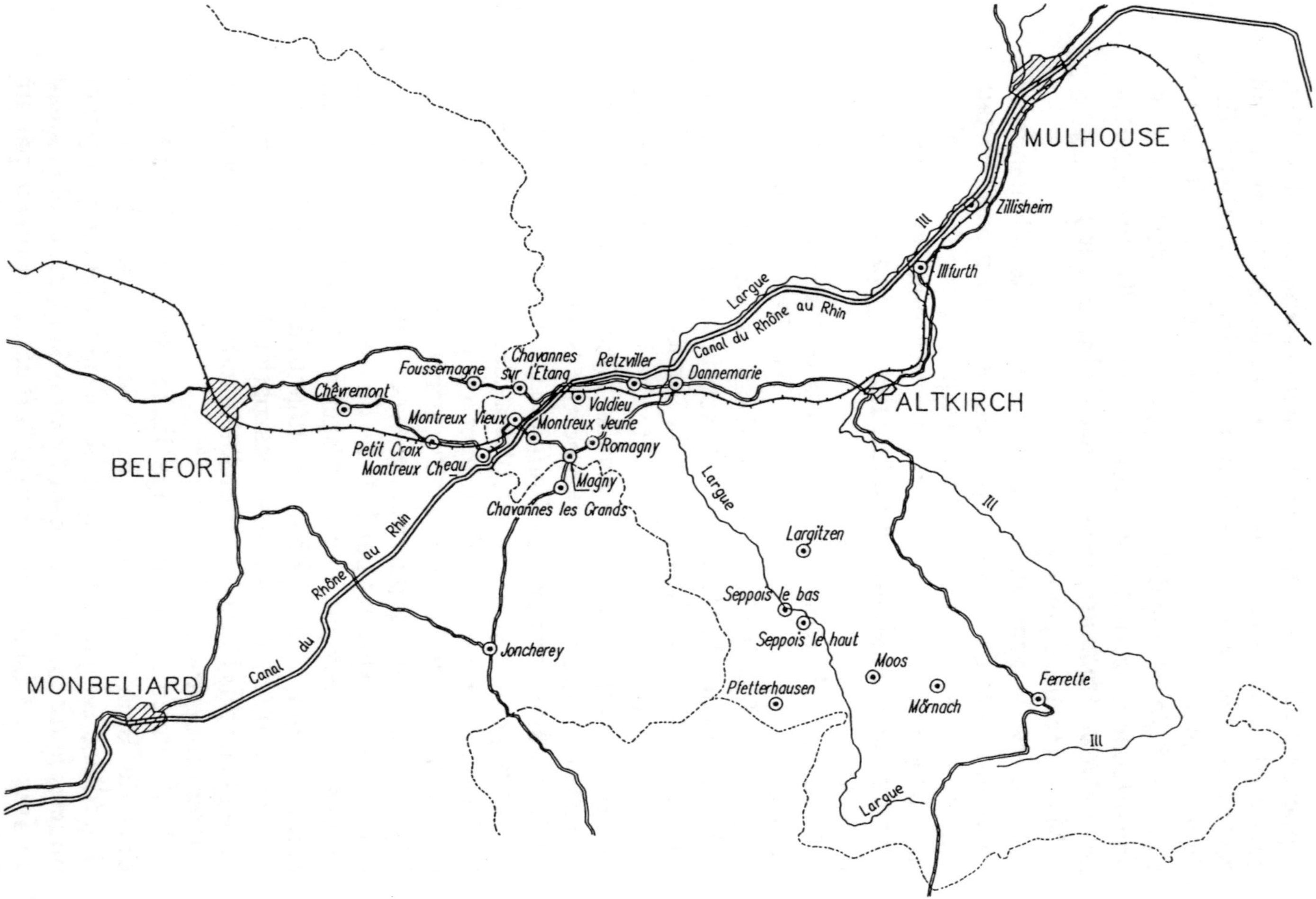
MULHOUSE
Zillisheim
Ill
Illfurth
Largue
Canal du Rhône au Rhin
ALTKIRCH
Retzviller
Dannemarie
Chavannes sur l'Etang
Foussemagne
Chèvremont
Valdieu
Montreux Vieux
Montreux Jeune
Romagny
Petit Croix
Montreux Cheau
Magny
Chavannes les Grands
BELFORT
Larigue
Largitzen
Seppois le bas
Seppois le haut
Moos
Mörnach
Ferrette
Pfetterhausen
Joncherey
Rhône au Rhin
Canal du
MONBELIARD
Ill
Larque

cantique à « Notre Dame du perpétuel secours ». Tout le reste étant du latin, on se sentait toujours bien chez soi, dans sa vieille église. En sortant, on entendait : « *Les sieutches aint soinnaie longtemps. Le " Chir" é bïn prödgie. C'était enne belle mâsse.* » (Les cloches ont sonné longtemps. Le curé a bien prêché. C'était une belle messe.)

On pouvait se considérer un peu dans une petite enclave de la France. Le soir, quand on allait se coucher, le bonsoir était presque le même que celui qui, au-delà de la frontière, s'échangeait dans tous les foyers de France.

«I vais a yéis. Boënne neüt en tot lo monde. Ad'main.» (Je vais au lit. Bonne nuit à tout le monde. A demain.)

Mais les ensommeillés du Bout'd'chu se souhaitaient « *A güeta Nacht.* » (Une bonne nuit.)

Carte ci-contre : Ce qui frappe sur cette carte, c'est la conjonction : route Belfort-Mulhouse, voie ferrée Belfort-Mulhouse et canal du Rhône au Rhin, ce dernier franchi par les deux autres voies dans le seuil de Valdieu. A remarquer aussi que la frontière France-Allemagne était incurvée entre Chavonnes sur l'Étang et Magny. C'est dans cette zone que se situe le brief supérieur du canal réclamé par l'Allemagne en 1871, d'où cette incurvation.

Laisser vivre

Cette dualité dans le village n'a pas toujours existé. Elle fut la conséquence du traité de Francfort donnant une grande importance à la gare frontière et y attirant bon nombre de cheminots alsaciens.

Ouvrons un livre très documenté sur le lointain passé du village. Il s'agit des *Trois Montreux*, de l'abbé Behra, paru en 1929 aux Éditions Alsatia. Les autochtones ayant déjà bien du mal à se retrouver dans les faits historiques : guerres, exactions, tractations, héritages, investitures, je n'en encombrerai pas mon récit. Retenons seulement que Montreux-Jeune a fait partie, depuis le Moyen Age et jusqu'en 1789, successivement de la Seigneurie de Montreux-Château, puis de Foussemagne.

Au point de vue religieux, la paroisse de Montreux-Jeune comprenait avant la Révolution, huit villages et avait à sa tête un recteur dépendant de l'évêché de Bâle. L'église actuelle date du XIXe siècle (1838); elle a remplacé une très grande église édifiée au XVe siècle et qui avait eu cette particularité d'être séparée de son clocher qu'un tremblement de terre avait d'ailleurs fissuré en trois endroits.

La maison Perronne, grande demeure presque carrée, à côté de l'église, et datant de 1626, est un autre point fort de l'histoire de Montreux-Jeune. Les gens du village prononcent son nom avec une vénération quasi religieuse, et pourtant... ses vieilles pierres ont souvenir d'une fameuse contre-bordée révolutionnaire.

André Castelot a dit un jour que la Révolution a atteint son maximum de virulence en province dans le sud de l'Alsace. Si l'on s'en réfère à l'abbé Behra, « dans les premières années de la tourmente révolutionnaire, l'ivresse de la délivrance et la confusion générale des esprits portèrent les bourgeois de Montreux-Château à des égarements regrettables : ils tentèrent de s'emparer des titres de la fabrique de l'église afin de les partager entre eux... et livrèrent au gouverneur les vases sacrés et les ornements, qui furent conduits à Colmar par un citoyen de la localité ».

Le citoyen Perronne, secrétaire greffier de « Montreux-Libre ci-devant le Château », acheta la maison du recteur de Montreux-Jeune, devenue bien national en 1792. Et ce, à la barbe des gens du village que l'on montre par ailleurs toujours hostiles envers de nouveaux arrivants. Cette fois la loi du plus fort les laissa inertes. Après l'élection des deux premiers maires selon la Constitution de 1791, le pouvoir central, par la suite, sous le Consulat et l'Empire notamment, entendit contrôler les municipalités, recommandant aux préfets de favoriser les hommes dévoués à la Révolution, en particulier les acquéreurs de biens nationaux. Joseph Perronne fut nommé maire de Montreux-Jeune en 1806 et suppléant du juge de paix.

Lors de la guerre de 1914-1918, cette maison aura son heure de gloire : les vieilles demoiselles Perronne seront très honorées de pouvoir loger sous leur toit, pour une nuit, le prince de Galles, le futur Edouard VIII, en visite sur le front.

Avant sa mort, la dernière survivante légua en 1923 sa maison à la commune « pour faire œuvre charitable », et « sous condition expresse qu'elle soit affectée à une cure ».

L'on comprendra que, très pieuse, elle voulait réparer « l'erreur » de l'ancêtre qui avait mis la main sur un bien de l'Église — en toute légalité révolutionnaire — et qui avait d'ailleurs testé lui-même dans ce sens. Elle en laissa toutefois l'usufruit à sa vieille servante. Celle-ci y fit prospérer une épicerie fort sympathique aux enfants. Après la guerre, elle fut la première à cultiver des tomates, jusque-là inconnues en Alsace. Ma mère, que j'accompagnais, voulut lui en acheter un jour de septembre. Elles n'étaient pas mûres. La vieille demoiselle leva les yeux au ciel : « Comment voulez-vous que le Bon Dieu fasse mûrir les tomates tant qu'il y a ce gouvernement de rouges ! » (Paradoxal !) Il s'agissait de Herriot, le radical. On était loin de 1792 !

Si ces deux témoins du passé (église et maison Perronne) ont leur importance pour évoquer l'histoire de mon village, celle-ci n'étant que le ressac de la Grande Histoire, fort houleuse, il n'en demeure pas moins que les habitants furent des gens paisibles, qui ne cherchaient noise qu'à leur voisin immédiat, en général pour des affaires de clôture comme c'est coutume entre villageois. Dans le Bout'd'do, on avait une certaine méfiance du nouveau venu. On s'enfermait dans son cocon. Par prudence. Les Alsaciens du Bout'd'chu étaient plus communicatifs. C'étaient eux les nouveaux venus. D'ailleurs chez les patoisants on n'étalait pas davantage sa vie privée sur la voie publique. Par pudeur. Les problèmes sentimentaux, vous ne les connaissiez que le jour où vous demandiez pourquoi telle vieille fille était restée célibataire, alors qu'elle avait dû être avenante dans sa jeunesse, et pourquoi tel paysan vivait seul dans sa ferme. Vous appreniez avec étonnement que c'était la fin discrète d'un grand amour. Un jeune homme, cadet d'une famille, avait été destiné comme tel à la prêtrise, mais à la fin de ses études au séminaire, ayant dans son cœur une Adèle, fille d'un fermier aisé, il jeta le froc aux orties et vint demander la main d'Adèle. Cela devait se passer ainsi : « Comment, dit doucement le père (car on ne criait guère en patois, sauf pour faire avancer les vaches), ma fille, épouser un défroqué ! Si encore tu avais du bien... — J'en aurai, répondit le jeune homme — A toi de le prouver. » Les amoureux s'attendirent l'un l'autre. Le prétendant, à force de labourer, eut sa petite ferme, mais pas assez de marks à étaler sur la table. Le père, au demeurant un brave homme, eut toutefois la malignité de vivre longtemps et, devenu veuf, trouva bien naturel d'être servi par Adèle. Quand il mourut, pleuré par sa fille, les amoureux étaient à un âge où l'on ne prouve plus ses sentiments que par une indéfectible fidélité.

Parmi les célibataires du village, il y avait plus d'un Roméo et plus d'une Juliette qui s'étaient résignés ainsi au lieu de songer au poison et de brandir le poignard. C'est seulement après la guerre que les mœurs changèrent.

Si le Sundgau fut dans le passé le théâtre de pratiques de magie noire ou de cérémonies d'exorcisme, mon village semble être resté prudemment à l'écart des flammes du bûcher ou des vagues du bénitier. Bien sûr, les esprits enfantins, nourris de contes fantastiques, créaient à leur niveau ce qui pouvait être pris dans le réseau de leurs phantasmes ; il suffisait qu'une vieille femme édentée habitât une petite maison à l'orée du village pour qu'elle devînt « la sorcière ».

C'est ainsi que lors d'un orage, mes parents, se trouvant hors du village pour cueillir des pommes, crurent bon de me mettre vite à l'abri dans la dernière maison. J'avais cinq ans. Il y avait une vieille femme pas causante du tout. Mais elle m'avait accueillie et installée sur une chaise basse. Me voilà bien ! J'attendais l'apparition d'un chat noir, d'une chouette et d'un petit diable grimaçant derrière la cuisinière. Ça ne sentait pas le soufre, mais le coing (il y avait plusieurs de ces fruits sur la table). La « sorcière » s'assit, tricota un bas noir trop large pour les maigres jambes de Belzébuth, soupira, regarda, inquiète, les zébrures des éclairs à travers une toute petite fenêtre et enfin parla : « Comment t'appelles-tu ? — Élisa — Ah ! » Elle se leva, atteignit une boîte sur une étagère et me tendit un caramel. Il était bien bon. Je commençai à avoir des doutes sur l'authenticité de cette sorcière. Mes parents vinrent me reprendre et le surnaturel s'effaça avec le retour du soleil et du ciel bleu.

Il semble que mon village ait ignoré les passions religieuses. Le protestantisme des vainqueurs eût lessivé les esprits de toute velléité d'intolérance si un tel état d'esprit eût existé. Mais ce ne fut pas le cas. Si, en très bon catholique, on désirait aller au ciel, ce n'était pas pour envoyer les autres en enfer.

Ce qui est singulier, c'est qu'il n'y ait pas eu un seul juif dans mon village et pourtant les environs en comptaient beaucoup. Foussemagne, dans le Territoire de Belfort, à cinq kilomètres de chez nous, était, en ce début de siècle, la seule localité française ayant une synagogue et pas d'église. Dans beaucoup de villages du Sundgau, les juifs étaient paysans et entretenaient d'excellents rapports avec le voisinage. Dans la mémoire familiale, un « David » est étroitement associé à la fête de la Saint-Nicolas. Dans la famille de mon père, une des plus pauvres de Seppois-le-Bas, dix enfants, dans l'angoisse, le soir du 5 décembre, attendaient la venue du saint, non pas pour en recevoir des cadeaux, mais pour être sermonnés. C'était l'usage dans une éducation de famille nombreuse et pauvre. Le plus déluré de la bande, mon père, qui avait sept ans, était installé sous la table pour coudre un bouton à sa culotte, qu'il avait enlevée. Dring, dring, faisait déjà la sonnette. Le personnage venu du ciel fit son entrée. De son observatoire obscur, le gamin déculotté eut tout loisir pour l'examiner : moustaches et barbe étaient bien cotonneuses ! Soudain, sortant de sa cachette, il bondit sur le dos de saint Nicolas en criant : « Dr Douffett, Dr Douffett ! » (Le David.) Celui-ci, furieux d'être reconnu, emprisonna les pieds du garçon sous ses bras, fit demi-tour, ouvrit la porte, courut dans la neige jusqu'à une congère où il jeta ce profanateur au derrière nu.

Si j'étais au courant par ouï-dire de l'aventure de ce David, je connaissais en revanche personnellement un petit homme appelé le Yedla (petit juif) qui, plusieurs fois dans l'année, bleu de froid l'hiver, soufflant, suant l'été, descendait de sa bicyclette devant notre maison et entrait avec un lourd ballot qu'il déposait sur la table de la cuisine. Il écartait une toile cirée noire et maman faisait son choix : en plus d'une ou deux étoffes, des rubans pour mes cheveux ; puis elle lui offrait un verre, mais il ne buvait que de l'eau et mangeait une pomme. Le soir, elle disait à mon père : « Je n'avais besoin de rien, mais peut-on laisser se fatiguer un pauvre homme sans lui acheter quelque chose ? Qu'a-t-il fait au Bon Dieu pour avoir, été comme hiver, une telle vie de chien ? »

Qu'a-t-il fait au Bon Dieu ?... et pourtant il y avait dans le culte catholique certaine cérémonie moyenâgeuse qui désignait un coupable. Le samedi saint, très tôt le matin, quelques paroissiens étaient réunis avec tous les enfants de chœur autour de M. le curé en surplis pendant qu'on allumait les vieilleries du cimetière amassées sur une décharge y attenant. Cela s'appelait « brûler le Juif ». C'était une fête préludant aux réjouissances de Pâques. Les jeunes gens s'activaient pour attiser le brasier, les enfants sautillaient joyeusement et M. le curé purifiait les flammes avec son goupillon et ses orémus. La vindicte des paroissiens n'allait certainement qu'au sanhédrin qui avait condamné Jésus et non à ceux qui n'y étaient pour rien. L'étrange appellation de cette pratique nous était venue du fond des âges et on la perpétuait par routine, car tout cérémonial était aussi sacré que le dogme.

La route

Si la tempête s'annonçait à l'horizon, le village vivait dans une quiétude irraisonnée semblable à celle des populations ayant bâti au pied d'un volcan, chacun ayant le sentiment que, puisque l'accalmie durait depuis plus de quarante ans, il n'y avait pas de raison pour qu'elle ne se prolongeât pas.

Je n'ai jamais bien compris comment mes parents, nés dans le riant Sundgau pré-jurassien, avaient pu venir faire souche à deux pas de la frontière, dans un paysage plat et soumis au climat acide de la trouée de Belfort.

Bâtir une petite maison au bord de la route nouvellement faite qui reliait le village au chemin de fer en passant sur le canal par un pont-levis relevait d'une certaine inconscience. Mais tels sont les hasards d'un emploi — celui de cheminot pour mon père — que les grands problèmes passent au second plan quand il s'agit d'assurer le pain quotidien et le gîte. Ces préoccupations étaient bien suffisantes pour accaparer toute l'attention de mes parents.

Pour ne plus vivre dans un logis en location, mon père, avec un modeste prêt, construisit lui-même sa maison, aidé par ma mère qui, bien qu'enceinte, lui passait les briques et mélangeait le maigre mortier. Le gros œuvre à peine fini et le plâtre encore humide, je vis le jour, en janvier, pendant que sévissait une tornade de neige. Mais je fus accueillie par une amicale flambée de hêtre dans le poêle ronronnant, par l'amour d'une mère et l'enthousiasme à peine contrôlé d'un grand frère de huit ans. C'est lui, Camille (Caïl pour moi dans ma prime enfance), qui, par la suite, promena sa petite sœur, lui fit faire ses premiers pas et lui fabriquait des jouets. Malheureusement, vers sa dixième année, inscrit à la «Mittelschule» de Mulhouse, il devait prendre le train tous les jours, partir très tôt, rentrer très tard et je ne le voyais que les jeudis, les dimanches et pendant les vacances.

Je me revois donc au cours de ces premières années, livrée à un univers d'ennui.

C'est à la petite maison, à son potager, à un pré où broutaient deux chèvres remplacées plus tard par une vache, que se limita d'abord ma vision du monde.

Les enfants du quartier étaient d'âge scolaire, à part Cécile. Mais elle habitait près du canal, terreur de maman. Alors, avec qui jouer? Où jouer? Sur la route, bien sûr, et toute seule.

Devant notre maison dont la cour n'était pas clôturée passaient, quatre fois par jour, une trentaine de personnes, des employés de la gare et de la douane, des ouvriers de l'entrepôt de transit ou des petites usines, des manœuvres du rail, les uns piétons, les autres cyclistes. Défilaient aussi, tous les matins, neuf ou dix voitures à chevaux des laitiers, livrant à la gare le produit de leur ramassage. Au retour, ils s'attardaient au café du canal. Après leur passage, pelles et seaux s'affairaient sur la route pour le plus grand profit des jardins.

Mais en dehors de cette circulation régulière et de rares passants que l'on observait en soulevant le rideau, la route était aussi déserte que celle de sœur Anne, poudroyant sur toute sa largeur à chaque coup de vent, car elle n'avait que son revêtement naturel.

L'après-midi, j'y lançais mon ballon et le poursuivais, ou j'y promenais un landau sans poupée. J'en possédais bien trois ou quatre, mais je fus pour elles une piètre maman. Ce n'est que vers ma septième année, lors d'un événement dont je parlerai par la suite, que j'assumai mon rôle et au-delà, avec un amour exclusif et jaloux.

Habituellement, je me rendais derrière la maison, là où les poules se rassemblaient à l'heure du grain. Par le pouvoir magique de deux petits bras tendus comme pour une imposition, une ou plusieurs poules s'accroupissaient. Je faisais mon choix et installais l'élue dans mon landau, entre deux draps, la tête sur l'oreiller, la bordais et tapotais le duvet sur elle, et puis fermais la capote. Elle s'y tenait si tranquille que certaine nuit d'orage où le landau avait été oublié sous la pluie, mon père, dépêché en hâte pour le mettre à l'abri, fut surpris de sa lourdeur : une grosse poule y tenait très bien son rôle de poupon endormi.

Je promenais les volailles souvent à tour de rôle — il y avait peu de récalcitrantes — un tel confort ! Parfois je me penchais tendrement sur cette progéniture : le landau basculait vers moi, je tombais sur des genoux déjà « couronnés », cependant que la poule se dépêtrait de sa literie, volait par-dessus le fossé et disparaissait dans le pré voisin en caquetant éperdument. Je ne m'en chagrinais pas ; une nouvelle adoption était à ma portée.

Mes allées et venues sur la route n'inquiétaient pas ma mère. En dehors des voitures des laitiers, il y avait peu de véhicules et ceux-ci ne présentaient aucun danger. En été, parfois, venant du pré bordant le canal, une voiture de foin, haute comme une maison, passait avec lenteur, tirée par des bœufs ou des vaches. Un petit roi fainéant, triomphalement perché, laissait tomber sur la petite fille, au bord de la route, un regard de commisération. Le paysan suivait, attentif au bon équilibre de la voiturée.

Plus tard, les charrettes à ridelles emportaient sans hâte leur chargement de choux ronds et luisants vers la gare qui les expédiait aux choucrouteries.

Le canal seul animait vraiment cette fin de village. Près du pont, il formait un bassin sur deux ou trois cents mètres qui permettait les manœuvres de demi-tour aux bateaux n'allant pas au-delà de la frontière. C'était un dur travail pour ceux des mariniers qui tiraient eux-mêmes leur péniche, la corde passant sur les épaules comme pour les bateliers de la Volga. Plus nombreux étaient ceux qui avaient un attelage, c'était plus compliqué, il fallait dételer, réatteler les bêtes. Les mariniers, après des stations prolongées au café, étaient souvent excités et les malmenaient parfois. Deux maisons et leurs grands potagers nous séparaient du canal, mais les jurons des mariniers stimulant mulets ou chevaux harassés sur le chemin de halage parvenaient jusqu'à nous.

Il arriva, un après-midi, qu'un cheval le prit mal et s'enfuit... sur la route avec tout son harnachement bondissant derrière lui au rythme d'un galop affolé, poursuivi par des Ho ! Ho ! dont il ne se souciait pas. En l'absence de mes parents, m'étant soustraite à la surveillance d'une voisine, je m'étais assise dans l'encoignure de la porte en haut du perron. Je vis arriver le cheval emballé, puis ralentir, pénétrer dans la cour jusqu'à l'escalier où il posa les deux pattes de devant sur la troisième ou quatrième marche. Instant dramatique : la petite fille et le cheval se regardèrent. Il y eut ensuite un tintamarre de chaînes et de bois s'entrechoquant et déjà le monstre était loin. Des hommes couraient sur la route criant et gesticulant.

Comment ai-je raconté mon aventure à mes parents ? Ils ne me crurent pas. Mais aujourd'hui encore, Galilée de mon enfance, j'affirme pour la petite fille apeurée : « Et pourtant, il m'a regardée. »

Ma confiance dans la route en fut ébranlée, d'autant plus que circulaient des rumeurs sur la présence, dans la région, d'un chien enragé. Cela alimenta les propos entre voisins et les conversations de l'après-dîner. Et l'on me mit en garde contre tous les chiens. Qu'un mâtin passât et je me réfugiais, épouvantée, à la cuisine dont je m'assurais que la porte était bien fermée.

Obscurité et pétrole

La saison froide allait avoir raison des bruits alarmants. Il circulait moins de chiens. Et puis, on était confiné dans les maisons. L'hiver arrivait tôt. Il se faisait annoncer par les vents de novembre que la maison, aux fenêtres sans doute un peu disjointes et aux portes mal ajustées, rendait particulièrement chantants. J'aimais écouter leurs gémissements doucement modulés ou leurs rages soudaines, claquant un volet.

Le soir, une nouvelle peur se levait en moi, nourrie des réalités: bruits, ombres, jeux du feu dont s'emparait mon imagination. C'était la divine peur autant recherchée que redoutée, celle qui est au fond des histoires dont raffoleront toujours les enfants. Les pleurs du vent s'accompagnaient d'un kaléidoscope où défilaient le loup, le brigand grimaçant, la sorcière de Hänsel et Gretel. Lorsque à la nuit tombante, assise devant la cuisinière, maman restait à songer, elle ne pouvait savoir quel monde m'assaillait et me faisait me blottir tout contre elle, sur ses genoux. A moitié rassurée pourtant, car, si les puissances de l'air haletaient autour de la maison, cherchant à s'y insinuer, les bruits intérieurs étaient les garants de ma sécurité; le feu de bois crépitait, l'eau du café du soir chantonnait. Toute mon attention était concentrée sur les trois trous ronds pratiqués dans la porte du foyer comme trois yeux de feu. Ils animaient la pièce, selon l'état des flammes. Sur le plancher dansaient les lueurs fantasmagoriques qui escaladaient parfois les murs, porteuses de sortilèges, enchantements ou maléfices des contes de Grimm que m'avait racontés mon frère.

Tout s'évanouissait lorsque maman rompait le silence pour m'offrir un de ces moments dont l'enfant est si friand: l'évocation de la jeunesse de ses parents. Elle me racontait le village natal niché dans un creux de verdure — les chemins montant de tous côtés dans les collines — tout en haut, le petit bois de sapins où l'on voyait, le soir de Noël, se déplacer entre les arbres la lueur surnaturelle accompagnant un cerf mystérieux, messager du ciel — l'école tout contre la forêt où les écureuils faisaient leurs évolutions pendant la classe, distrayant les élèves — et les cailloux de toutes les couleurs dans la cour. «Même des verts? – Parfaitement! Des verts et des rouges, des bleus, des jaunes.» Ils avaient été les seuls jouets de maman et je l'enviais. Toute ma vie je serai éprise de cailloux de couleur.

Laquelle avait le plus de plaisir? Ou l'enfant fascinée par cette évocation, ou la maman qu'un sort capricieux avait exilée dans un plat pays venteux, aux constructions trop neuves et sans grâce, que n'abritait encore nul arbre — et qui se libérait ainsi d'une nostalgie latente?

Et puis maman me posait à terre et, à la lueur du foyer, se dirigeait vers la table, retirait le verre de la lampe à pétrole, craquait une allumette, montait la mèche et l'allumait, souvent après l'avoir grattée. Une lueur bienveillante s'installait sur les murs, dénombrait le bataillon de casseroles, et surtout me ramenait l'image de l'objet le plus rassurant qui fût: la petite louche ovale en émail bleu, pendue bas à l'égouttoir et qui servait à retirer mon œuf à la coque quand, patiemment, maman avait attendu qu'il fût à point et que, hissée sur la pointe des pieds ou soulevée par elle, je l'avais contemplé dans sa blancheur dodue et mystérieuse au fond de la casserole.

A l'autre bout de la cuisine, l'évier restait dans la pénombre et il fallait déplacer la lampe quand on avait affaire par là. Cela gênait maman et ne devait pas durer. Un beau soir, mon père lui fit la surprise d'une suspension — à pétrole, bien entendu —

et la cuisine allait, dans sa nouvelle dignité, s'élever au niveau de la *Stuwe* qui en avait toujours bénéficié.

L'odeur d'une lampe à pétrole mariée aux odeurs de la maison, à la senteur du bois empilé près de la cuisinière et qui sèche. Je la retrouve dans ma mémoire, non pas comme une intruse du monde industriel dans l'intimité du foyer, mais pareille à l'encens qu'un rituel sanctifie.

A la saison froide, quand tombait la nuit, à cette heure incertaine où toutes les choses semblaient avoir abandonné leur poste et où la petite maison restait seule, plantée dans un univers hostile, la cuisine s'éclairait. Là, de connivence avec le foyer, la flamme du pétrole, vigilante, tutélaire, reléguait l'obscurité ennemie dans le couloir et les chambres.

Elle demandait de la surveillance, cette petite lumière jaune. Il fallait que le réservoir fût dûment rempli pour bien tremper la mèche. Cette opération diffusait les effluves pétroliers dans toute la cuisine. Et puis, il fallait régler la flamme pour qu'elle ne fût ni trop longue — elle eût enfumé le verre — ni trop courte, en pauvre lumignon. Plusieurs fois dans la soirée, il fallait s'en occuper. Comme celles du feu dans le foyer, cette flamme avait ses moments d'ardeur impétueuse et ses instants de distraction. Je restais parfois de longs moments à la contempler et il me semblait qu'elle était contente lorsque rentrait Camille, joyeux de me revoir, et puis quand arrivait mon père lorsqu'il n'était pas de service de nuit.

Brouillards

Tout le jour, novembre diluait le paysage dans ses brouillards, s'étirant surtout le long du canal et de la Suarcine qui s'en allait vagabonder du côté de la France. Des sources, de nombreux étangs participaient à cet envahissement cotonneux dont je suivais les errances le nez collé à la vitre embuée. Les prés, longtemps mauves de colchiques, viraient au bistre et, spongieux, gardaient les traces des sabots de bovins que l'on avait fait passer en contrebande. C'étaient des indices qu'examinaient, scrutaient les douaniers à l'impressionnante casquette. Un jour, même, ils furent accompagnés de messieurs en « hauts-de-forme », de l'administration sans doute. De la fenêtre, je les voyais arpenter les prés d'alentour, se pencher sur des empreintes et disparaître à lentes enjambées dans le brouillard, en direction de la frontière, à cinq cents mètres derrière la maison.

L'on devinait encore vaguement une activité sur le canal par le son nasillard de ce qu'on pourrait appeler la trompette de brume.

De la gare parvenaient, assourdis, les bruits des wagons se tamponnant dans les manœuvres ; des coups de sifflet prolongés faisaient deviner, dans des chuintements, le départ des grands express internationaux qui s'étaient arrêtés un long moment pour les formalités douanières. Ils avaient déjà des noms poétiques : *l'Edelweiss* venant de Calais et se dirigeant vers la Suisse. On disait aussi, en dialecte, bien sûr : « Le Calais est en gare », en prononçant à la manière alsacienne entre C et G.

Certains, passant de nuit, étaient somptueux, richement armoriés, tous stores baissés comme pour une belle au train dormant, mais laissant cependant deviner de mystérieux éclairages : des archiducs, des princes, lucioles de luxe attirées par ce phare qu'était le jeu à Monte-Carlo transitaient par notre gare.

Une nuit resta mémorable dans le souvenir des cheminots. Vers minuit, ceux qui étaient de repos chez eux furent réveillés pour se joindre à leurs collègues, tous requis pour garder la voie : un homme tous les vingt mètres. On chuchotait qu'il s'agissait du passage super-protégé... du tsar de toutes les Russies. Oui, on s'en souviendra longtemps.

Mais on ne parlait pas que des célébrités.

Quelquefois, un voyageur, en rupture de liens avec l'armée allemande, sautait du train à contre-voie en direction de la France et disparaissait dans le paysage ouaté. Les cheminots racontaient les péripéties d'une poursuite qu'ils étaient ravis de commenter en faveur du fuyard. On ne pouvait pas toujours savoir s'il s'agissait d'un assassin ou d'un déserteur. Qu'importe ! On n'était pas du côté des gendarmes, sauf en des cas précis, très circonstanciés où le crime était patent. Mais en général, c'était une affaire de nationalité. Ce Far West des dissidences politiques et patriotiques donnait à la gare, en dépit de l'allure sagement officielle et disciplinée de ses bâtiments, un petit air conspirateur. Surtout quand, vue de chez nous, elle apparaissait et de nouveau disparaissait au gré des nappes de brouillard. Elle semblait elle-même en fuite et je l'imaginais entraînant avec elle ces deux trésors que recelait la salle d'attente : un facteur et une poule.

Le facteur, à côté de la porte d'entrée, portait sur son ventre un grand sac d'où sortait, quand on y introduisait une piécette, une carte postale comestible, vaguement chocolatée. La poule trônait au centre de la salle d'attente et vous pondait un œuf en tôle émaillée. Je préférais la poule au facteur à cause de mes familiarités avec ses sœurs de notre poulailler, et aussi parce que l'œuf pouvait s'ouvrir et libérer des bonbons de toutes les couleurs.

Bien entendu, je n'avais que rarement accès à ces merveilles: il fallait qu'après une visite, toute la famille raccompagnât les invités à la gare. Ceux-ci, pour remercier leurs hôtes et rester dans les bonnes grâces de la «petite», n'avaient pas d'autre choix que de faire des offrandes de monnaie à ces divinités du rail. Il faut parfois peu de chose pour illuminer l'enfance.

Moments trop rares, mais qui alimentaient mes songeries. Elles s'égaraient aussi du côté de l'entrepôt aux locomotives. Ce secteur me semblait n'obéir qu'à mon père. Un soir que maman avait quelque communication à lui faire, elle m'avait clandestinement entraînée par là avec elle. Après avoir trébuché sur les scories du ballast, escaladé d'épaisses traverses, être passées devant un immense hangar où s'alignaient, monstres noirs et stupides, d'énormes locomotives, nous arrivâmes à une sorte de cabanon fait d'un wagon sans roues posé sur des poutres. C'était le quartier général de mon père. Deux cheminots français, un mécanicien et un chauffeur, aussi noirs que lui, attendaient l'orientation de leur locomotive sur la plaque tournante. La manœuvre était longue et impressionnante: la grande masse noire dérivait lentement. Enfin en direction de son rail, elle annonça son départ par un sifflement curieusement modulé. Sur la table de son cabanon, mon père me montra alors la brassée d'illustrés que les deux Français lui avaient apportée. C'étaient des images d'Épinal qui racontaient les aventures d'un Français et de sa sœur au Far West. Ils m'étaient destinés, mais je crois que mon père, aux goûts juvéniles, les parcourut avec intérêt. Lorsque Camille m'eut commenté ces images, je m'enfermai pour plusieurs jours dans le fortin avec Georges Lefranc et sa sœur Jeanne et, comme elle, je faisais le coup de feu contre les Sioux et vaquais ensuite aux soins du ménage avec un courage tranquille, mais un œil sur la porte d'où — l'on ne sait jamais — ils pourraient faire irruption. Maman voyait que j'étais ailleurs, mais — pour elle du moins — en sécurité.

Des chapeaux et des robes

Par ces journées grises, maman cousait. Au début de son mariage, elle avait été couturière et avait même employé trois apprenties à Mulhouse. Mon père, ouvrier aux ateliers mécaniques, n'avait pu s'adapter à la ville et tomba malade. C'était un peu le mal du pays. Il acceptait d'être ouvrier, à condition de pouvoir s'occuper aussi d'animaux. Ils déménagèrent.

A la campagne, maman avait dû abandonner son métier, mais elle avait gardé sa coquetterie citadine, se faisait souvent des robes et avait à cœur d'avoir une petite fille bien « nippée ». Mais elle se plaignait de ce que les travaux de la terre eussent rendu ses doigts impropres aux ouvrages délicats : la peau rêche accrochait les taffetas, les satins, les mousselines et les velours. Pourtant, combien elle aimait manier les tissus, jeter un pan par-dessus son épaule, faire des drapés devant elle et aller se regarder devant la glace de la chambre en penchant un peu la tête !

Quand elle entreprenait une toilette, la porte de la cuisine était ouverte sur la chambre où était la Singer qu'elle avait achetée d'occasion vers 1890, à ses débuts dans la couture. Bonne petite machine, docile, au ronron moelleux et qui continue, aujourd'hui encore, après tant d'années, à faire impeccablement son ouvrage.

Dans la pièce contiguë, la *Stuwe*, le modeste poêle de faïence était allumé (en dehors de ces jours, l'endroit était sans feu). La table était débarrassée du « Napi » et de l'album tricolore, qui allaient rejoindre les photos de famille sur la commode. Maintenant des journaux de mode la jonchaient, précédant des flots de tissu. Assise par terre, j'avais droit, moi aussi, à quelques-uns de ces journaux, déjà bien déchirés, qui dataient sans doute des années précédentes, mais combien merveilleux. Ils étaient édités à Berlin, en noir et blanc, et j'y admirais surtout les robes d'été blanches, en broderie anglaise, serrées autour de tailles réduites au minimum et soulignées par des ceintures de velours sombre qui retombaient en longs pans derrière, jusqu'à terre, la robe elle-même ne découvrant que la pointe des chaussures. Les chapeaux eux aussi en tissu brodé, aux calottes et aux bords très étoffés, étaient immenses. Les minois des belles dames, minuscules là-dessous, n'auraient certes pas eu besoin de l'ombrelle qui accompagnait chaque toilette — le soleil n'eût pu les atteindre.

J'ai souvenir qu'une certaine année les chapeaux n'étaient plus si volumineux. Étroits en avant, ils descendaient assez bas sur le front, mais se relevaient par derrière en un large retroussis garni en dessous d'une épaisse guirlande de fleurs caressant le gros chignon planté bas. Une Parisienne — mais oui ! — mariée à un tailleur de la localité, passant à plusieurs reprises devant notre maison — et fort remarquée — avait un tel chapeau. Elle devint mon idéal. Je marchai comme elle en me déhanchant sous un imaginaire « faux-cul », mot technique de couturière que l'Alsacienne qu'était maman prononçait tel quel, mais en accentuant et prolongeant la première syllabe et en escamotant le reste. Elle, qui pourtant n'avait rien contre la coquetterie, parlait d'elle en la traitant de *Gumsle*, c'est-à-dire de cocotte... Que m'importait ! Elle avait un si beau chapeau ! Je fis le rapprochement entre cette forme et une feuille de chou frisé. J'en demandai une à maman, la posai sur ma tête, la grosse nervure en avant. Quelques fleurs d'arrière-saison, qui se mouraient dans le jardin, piquées dans le retroussis et me voilà coiffée d'un chapeau à la mode. Maman riait, admirait mon esprit inventif et je déclarai que je serais un jour modiste... et *Gumsle* !

Ce qui ne m'empêcha pas de m'intéresser aux robes. Assez peu aux miennes. J'associais trop le fait d'être en belle robe à la torture des frisettes, mes cheveux raides enroulés une demi-journée ou une nuit dans des « papillotes » collées au sirop de sucre. Quel martyre quand on démêlait cette mixture cheveux-sucre ! Et puis, il y avait les essayages interminables sur la petite « gigoteuse » qui choisissait toujours ce moment-là pour une envie de pipi. Cela finissait mal, dans un épuisement réciproque.

Non, je m'intéressais aux robes de mes poupées. Celles-ci étaient empilées par moi dans le landau qui maintenant restait à la maison. Elles avaient été habillées par maman. Mais pourquoi donc ne leur avait-elle pas fait des robes comme les siennes, dans le même tissu ?

Cette anomalie me tourmenta. Je décidai d'y porter remède. Un après-midi, pendant une courte absence de maman, j'ouvris l'armoire et, maladroitement armée de ciseaux, je taillai de gros lambeaux dans les robes qui me plaisaient le plus. Consciente de mon larcin, je cachai mon butin, mais si mal que maman le découvrit très vite, alla vers l'armoire et pleura devant le désastre.

Actuellement, j'aurais eu droit au psychiatre, argumentant des inhibitions. Une chance pour moi que tout se réduisit à une bonne correction. Mais hélas ! Cela coûta à maman quelques économies, un voyage chez ses anciens fournisseurs de tissu à Mulhouse. Il y eut une forte recrudescence des travaux de couture. Jusque tard dans la nuit, on pouvait entendre pédaler la Singer. A longueur de journées se faisaient des essayages devant la « vilaine » petite fille qui, prudente, semblait s'intéresser à autre chose.

D'ailleurs, l'armoire fut dorénavant fermée à clé et celle-ci cachée.

J'ai parlé ci-dessus de psychiatre. Voici pourquoi. Il y a un bon nombre d'années, dans un train de la banlieue parisienne, étaient assises en face de moi une maman et sa petite fille d'environ quatre ans. L'attitude de l'enfant me parut bizarre. Elle était absolument immobile et ses beaux yeux restaient fixes.

Une dame entra dans le compartiment et s'exclama:

« Tiens ! Que faites-vous si tôt dans ce train?

— Ne m'en parlez pas ! Je vais à Paris renouveler ma garde-robe et celle de mon mari. Toutes les robes, tous les pantalons ont été découpés... par elle ! »

Suivait le récit classique: l'armoire non fermée à clé, les ciseaux qui traînent, le quart d'heure d'inattention et... le massacre.

« Personne ne lui adresse plus la parole à la maison. Elle est en quarantaine. »

Hochements de tête de l'amie qui approuvait les représailles.

Moi, j'eusse volontiers esquissé un sourire — coupable sans doute, mais si habité de souvenirs — n'eût été cette affaire de quarantaine.

La petite fille ne cilla pas, mais continua à regarder fixement devant elle, comme vers un lieu connu d'elle seule, s'excluant ainsi de l'environnement hostile.

« Mon mari va prendre rendez-vous chez un psychiatre. Ce comportement est anormal. Il faut la soigner. »

Cette fois, l'inquiétude me gagna. Devais-je intervenir? De quel droit? Je luttai.

A Paris, je descendis derrière elles et les suivis à courte distance. Dans la foule, je risquais de les perdre de vue. J'accélérai le pas et, arrivée à leur hauteur, j'osai...

« Excusez-moi, madame, j'ai entendu votre conversation. Ne la montrez pas à un psychiatre, je vous en prie. Au même âge, j'ai fait la même chose. Elle et moi ne devons pas être les seules. Je ne crois pas être anormale pour cela. »

Elle scruta mon visage. Froidement.

J'ajoutai:

« Je suis enseignante, je me rends auprès de mes élèves. »

Alors, sa figure s'illumina: « Ah ! » Un attendrissant visage d'enfant se leva vers moi. Je donnai une chiquenaude à la joue de la fillette — mon petit double — et m'en fus.

Hiver

L'automne ne dépassait guère novembre. En ce temps-là, me semble-t-il, les saisons étaient assez tranchées et dans notre climat, déjà continental, l'hiver s'installait un beau matin, franchement, soit par une abondante chute de neige, soit par une bise glaciale.

Paradoxalement, c'est l'hiver que maman craignait le moins pour moi : le canal tant redouté était gelé, bien gelé pendant longtemps. Avec mon manteau croisé, recouvert d'une pèlerine, mon béguin de lainage tiré sur les oreilles, mes bas épais de laine noire, mes chaussons en peau de lapin — fourrés en dedans —, mes moufles et enfin mes sabots de bois, j'aurais pu affronter des froids polaires.

On ne parlait guère de thermomètre ; il n'y en avait un qu'à l'école. La température se mesurait à l'épaisseur de la glace du canal qui, en peu de temps, était recouverte de grosses pierres qui n'avaient pu la briser. Il arrivait qu'elle résistât plus de deux mois aux évolutions des patineurs et des lugeurs.

Climat rude, mais sain. Ce qui n'empêchait pas quelques maladies classiques. On ne parlait pas encore de grippe. On avait des rhumes pas bien méchants, des bronchites aussi. Les nez coulaient ; la toux vous secouait et cela finissait par s'arrêter.

Quelques-uns avaient bien coutume de se soigner avec des « brûlots » de schnaps, eau-de-vie de fruits mélangés que distillait chaque foyer et qui était d'ailleurs aussi le désinfectant classique. Le kirsch pur ajoutait à l'efficacité un agrément certain. On en donnait même aux chèvres et aux vaches quand elles s'étaient refroidies, et certaines, disait-on, savaient l'apprécier... On n'avait aucun médicament à la maison. On ne dérangeait pas la Faculté pour un peu de fièvre, que l'on coupait par des enveloppements humides, froids ou chauds, les bras serrés le long du corps, les jambes collées. J'en avais horreur. Je suffoquais là-dedans.

Dans les années normales, on ne voyait passer le médecin du canton qu'au printemps quand sévissait la rougeole, seule maladie épidémique, considérée sans doute comme banale, mais qui requérait quand même sa présence. Nous étions à l'écart des microbes plus distingués qui donnaient des noms redoutables aux maladies citadines : scarlatine, croup.

Quand le médecin circulait plusieurs fois de suite sur notre route, c'est que cela allait très mal pour quelqu'un, et l'on prêtait l'oreille au glas qui n'allait sans doute pas tarder à se faire entendre. Si c'était pour l'Émile, les cloches commençaient leur sonnerie à toute volée ; si c'était pour la Marie, la petite cloche tintait seule pendant un moment avant l'entrée des autres dans la mêlée. On savait donc s'il s'agissait d'un homme ou d'une femme, et jusqu'à nos jours cette préséance n'a jamais choqué personne.

Les poitrinaires — on appelait ainsi les tuberculeux — étaient irrémédiablement condamnés. Pour les congestions pulmonaires, les pneumonies, il y avait des rescapés. Mais quand, pour n'importe quelle maladie, le médecin s'était prodigué en soins dévoués dans la mesure des moyens de l'époque, les guéris avouaient confidentiellement à leurs amis qu'ils avaient vu le « guérisseur ». Un matin — quand ils allaient déjà mieux — on les avait hissés sur un char à bancs, et « Hue Cocotte ! » le malade dans son cocon de couvertures, secoué par le petit trot, retrouvait un peu d'air pur, et, à quelques kilomètres de là, était livré aux pratiques édifiantes de l'homme qui avait le « don ».

Après cela, le médecin lui-même était étonné d'un mieux spectaculaire.

Quant aux rhumatisants, ils étaient nombreux dans cette région aux eaux courantes ou stagnantes, et les « douleurs » formaient la base des conversations entre vieux que l'arthrose — on ne connaissait pas le mot — tordait parfois jusqu'à angle droit. Les adultes redoutaient les frimas. C'était vraiment une lutte à soutenir contre la nature hostile, un purgatoire de châtiments glacés qu'il fallait endurer pendant quelques mois. Mais moi, petite fille, de surcroît née dans le froid, je me sentais en hiver dans mon élément naturel.

Lorsque tombaient les premiers flocons de neige, je montais la garde à la fenêtre de la cuisine. Leur tourbillon me comblait de joie. Parfois, subitement, ils reprenaient leur calme et s'abattaient dru sur le sol. Le rebord de la fenêtre m'offrait une autre surprise: la forme des cristaux aux six branches d'une infinie variété. J'essayais d'en découvrir deux semblables, mais ils fondaient trop vite. Je ne savais pas encore que la nature les a miraculeusement différenciés. Cette observation me permettait de prendre patience, car, lorsque le toit du hangar, en face, était entièrement blanc, « sans qu'on voie une seule arête de tuile », j'avais le droit d'aller sur la route.

Elle vivait enfin et appartenait aux enfants. Comme elle dévalait, après un tournant, depuis l'école jusqu'au canal, à la sortie de la classe, ceux du Bout'd'do et ceux du Bout'd'chu l'envahissaient et c'étaient des batailles de boules de neige, puis plus tard des glissades. J'évitais les premières, mais je me risquais à la suite des autres enfants sur la route bientôt rendue brillante.

Après une nuit entière de neige, le triomphe était le passage du chasse-neige, un grand triangle en bois, pointe en avant, dont le plateau était bourré de gosses pour l'alourdir, et qui s'égosillaient de plaisir. Il était attelé de plusieurs chevaux en ligne et leurs grelots carillonnaient cette fête de la neige. Qui s'en approchait avait droit à la randonnée: deux bras vous enlevaient et vous étiez blotti dans le tas. Derrière le chasse-neige, de part et d'autre de la route, s'élevaient deux hautes murailles blanches, et l'on se sentait emporté dans un pays irréel.

Par la suite, les enfants ne faisant pas le poids ne furent plus admis sur le chasse-neige. Quelques forts gaillards, debout sur le plateau, criant et riant, s'amusèrent à leur tour, non sans être suivis d'une nuée de petits glisseurs piaillant dans la sonnerie des grelots.

Mon bonheur était complet les jours de congé de Camille. Il chaussait ses patins, installait dans une sorte de fauteuil glissant une petite sœur emmitouflée, les mains bien au chaud dans un manchon tout rond pendu au cou, et la poussait à vive allure. Ivres de grand air et de liberté, nous rentrions cependant avec plaisir pour le repas de midi. C'était bien agréable de pénétrer dans le couloir, pourtant froid ; meilleur encore était l'accueil de la chaude cuisine et de ses nourritures. Notre bien-être était fait de contrastes. Une fois calmés nos appétits surexcités, nous retournions jusqu'à la nuit bleuissante dans notre paradis de neige.

Le mystère de la Saint-Nicolas et de Noël

La blanche toile de fond de mes jeux d'hiver s'illuminait encore pour les fêtes de la Saint-Nicolas et de Noël.

Le 5 décembre au soir planait sur le village un mystère un peu guilleret, un peu inquiétant aussi, concrétisé par des sonnettes agitées devant les maisons à l'intérieur desquelles l'attente était fébrile, quelque peu anxieuse: saint Nicolas avait ses entrées dans chaque demeure. J'allais à tout moment entrouvrir la porte, scruter la nuit noire. Des bruits suspects me parvenaient des lointains, des cavalcades, des cris, des rires. C'étaient des galopins qui harcelaient un Père Fouettard resté dans la rue pendant que saint Nicolas récompensait les enfants sages. Certains parents, tout en accordant la préséance au bon saint, appréciaient, comme auxiliaire utile dans leur système éducatif, cet autre personnage, noirâtre, hirsute, auquel il manquait des dents — elles étaient recouvertes de papier noir — avec des verges sous un bras, gesticulant de l'autre, courant à droite, à gauche, pour impressionner des garçons turbulents. Maman n'admettait pas cette agression des sensibilités; elle en avait mesuré l'effet désastreux sur un petit voisin gagné par la fièvre et délirant pendant des jours. Le Père Fouettard restait donc délibérément hors de chez nous. Je n'en tremblais pas moins. Quand la sonnette se faisait entendre à notre porte, mon cœur sautait dans ma poitrine, je me réfugiais tout contre maman qui disait sur un ton mi-suave, mi-solennel: « Entrez, bon saint Nicolas. »

Il apparaissait dans une houppelande blanche et portait une curieuse coiffure qui se voulait mitre et laissait dépasser une frisure noire. Il ne paraissait pas toujours très sûr de sa barbe blanche et y mettait sans cesse la main. Lentement il posait sur la table un saint Nicolas en pain d'épice — son portrait —, des noix et une orange. Il parlait peu, tout juste ce qu'il fallait pour apprendre de moi que j'avais été sage. « Mais oui, elle a été sage », confirmait maman qui, pensais-je, mentait par crainte plus que par oubli, tout comme moi (j'avais quelquefois eu ma gifle le jour-même). J'étais étonnée de ce qu'il eût le même timbre de voix qu'une amie de la famille, malheureusement empêchée de nous rejoindre à ce moment-là. Par un fâcheux contretemps, elle arrivait en général dix minutes après le passage de saint Nicolas. Respectueusement, maman avait accompagné le bon saint jusqu'à la porte.

Je donnais des noix à mon frère, qui m'épluchait l'orange. Il n'y en avait qu'une dans l'année: les mandarines marquaient Noël. Nous humions la senteur spécifique à cette soirée (c'est toujours la Saint-Nicolas pour moi lorsque je mange une orange...). Généreusement, je distribuais des quartiers que chacun dégustait avec gravité. Puis je m'attaquais au pain d'épice.

Dès le lendemain, on parlait de Noël.

A une époque où, en France, le sapin familial n'était pas encore une tradition, chaque foyer d'Alsace avait le sien. Personne n'en vendait, du moins dans les campagnes. Les forêts avaient leurs propriétaires, communes ou particuliers, mais il fallait obtenir leur accord pour prélever un petit sapin, ce qui était problématique. C'est pourquoi il y avait, à quelques jours de Noël, à la nuit tombante, des ombres empèlerinées, d'une largeur anguleuse, qui se dépêtraient de la neige du côté des sapinières et évitaient de se rencontrer.

Les jours précédant Noël, la porte de la *Stuwe* était fermée à clé et celle-ci retirée; il importait de laisser la pièce à la disposition du Christkindle, qui devait être l'Enfant Jésus, mais que figurait, dans certaines familles, une jeune fille « habillée » en ange. C'est lui qui apporterait les jouets envoyés du ciel. Mon impatience me faisait regarder avant l'heure par le trou de la serrure. Je pouvais distinguer mes poupées et mon landau habillés de neuf.

Maman préparait la pâtisserie de Noël et j'avais le grand privilège de l'aider à découper les petits gâteaux à l'anis aux sujets variés: sapin, cœur, étoile, oiseau, champignon, lune, chien, etc.

Enfin, le grand soir, la porte de la *Stuwe* s'ouvrait: le sapin illuminait la pièce. Nous chantions des cantiques de Noël en allemand. C'était un instant solennel et empreint de dévotion. Après *O Tannenbaum* (Mon beau sapin) et *Stille Nacht* (Douce nuit), maman entonnait le joyeux *Ihr Kinderlein kommet* (Venez petits enfants). Après cela, j'avais le droit de faire tinter trois petites clochettes, de toucher les noix dorées et argentées pendues à l'arbre et de décrocher des petits gâteaux à l'anis au glaçage blanc. Leur parfum se mêlait à la senteur du sapin développée par la chaleur des bougies dont maman surveillait la flamme jusqu'à ce que nous sortions; elle les éteignait ensuite, car, tous les ans, on apprenait de droite et de gauche des sinistres dont elles avaient été cause. Deux ou trois mandarines étaient sous l'arbre, guère plus. A la cuisine, j'en faisais la distribution, puis je jouais avec mes poupées remises à neuf, parmi lesquelles il y avait parfois une nouvelle venue. Les petits gâteaux à l'anis ne m'étaient pas comptés; je m'en rassasiais et dans cette euphorie le sommeil me gagnait. On me montait dans la chambre mansardée où le poêle répandait une douce chaleur et une bonne odeur de bois. On ne l'allumait qu'aux grands froids et à Noël. Le lendemain matin, les fenêtres seront quand même fleuries de givre, car il s'éteindra dans la nuit.

Plus tard, quand j'irai à l'école, j'aurai droit à la messe de minuit et, comme tout le monde, je taperai mes sabots contre la grande marche de granit rouge, à l'entrée de l'église, afin de les débarrasser d'un socle de neige et je les rangerai parmi la trentaine d'autres dans le fond. Le claquement des sabots s'entrechoquant se mêlera aux premières notes de l'harmonium. Avec l'*Adeste Fideles*, j'entrerai dans un monde céleste, doucement irradié des bougies qui clignotent sur l'autel et sur le grand lustre.

Au premier banc, il y aura une petite fille un peu étourdie de sommeil et de solennité. Elle ne verra, pendant tout l'office, que la crèche adossée de biais à l'autel de la Sainte Vierge et qui, avec tout son monde de bergers, d'agneaux, d'angelots volants ne peut que préfigurer les extases du ciel où l'Enfant Jésus est perpétuellement exposé à l'admiration des saints et des anges, entre Marie et Joseph agenouillés jusqu'à la fin des temps.

Le jour de Noël, la crèche m'apparaissait différemment. On m'y menait dès mon plus jeune âge. Un petit personnage accaparait mon attention: en avant des trois mages, un négrillon agenouillé recevait, dans une tirelire, les offrandes pour les missions. A chaque pfennig, sa tête basculait en avant pour un merci suivi d'un claquement. A la fin de la messe, les enfants se bousculaient, attentifs à la gratitude syncopée du petit nègre.

Noëls ineffables qui ne seront pas longtemps des Noëls de paix.

Agapes et nourritures quotidiennes

Il n'y avait pas de réveillon. Noël était une fête pour les enfants et, pour les ouailles de M. le curé, un sommet de la vie religieuse. Ni goinfreries ni beuveries ce soir-là. Il est vrai qu'en attendant la messe de minuit les enfants se bourraient de petits gâteaux à l'anis et savouraient une mandarine. Pour les adultes, la ménagère avait taillé une tranche dans le lard fumé et, tout en bavardant, on se régalait d'une salade au lard. Au retour, une soupe à l'oignon était bienvenue. Le vin chaud avec bâton de cannelle et tranches de pommes était réservé à la Saint-Sylvestre où, pour bien commencer l'année, il n'était pas interdit d'avoir un petit coup dans la tête. Mais pas le soir de Noël où il n'y avait que de la « bonne nouvelle » dans l'air peuplé d'anges.

Les agapes, c'était pour le lendemain. Mais nous ne vivions pas dans le pays opulent de l'ami Fritz qui, d'ailleurs, était un richard. Dans notre région, exception faite de quelques notables, il n'y avait que des gens de condition modeste. On marquait cependant les fêtes, mais sans aucune recherche particulière. Les menus n'étaient pas de ceux qui figurent dans les ouvrages de gastronomie comme témoignages historiques de bombances ancestrales. Même les noces n'avaient rien de pantagruélique. Nous en étions un peu au temps de Henri IV et de sa poule au pot du dimanche.

Aucun repas dominical ou de fête ne commençait sans le bouillon de poule ou le pot-au-feu qui parfumait la maison et dilatait les narines au sortir de la messe. Et non sans raisons. La petite armoire aux épices n'était pas un accessoire dans les cuisines. Chez nous, au mur, à droite de la cuisinière, elle superposait, deux par deux, huit tiroirs dans lesquels maman puisait avec un doigté sûr, dosant en milligrammes, non seulement le poivre, mais le laurier, le thym, le serpolet, le clou de girofle, l'écorce de citron et d'orange prélevée et séchée après la Saint-Nicolas et, bien entendu, la très alsacienne noix de muscade sans laquelle le bouillon eût paru fade. Dix minutes avant de le verser, on y incorporait les *riewele* d'œuf et de farine qui donnaient du corps. Quelquefois, on variait avec le tapioca ou une liaison à la mœlle.

La viande du pot-au-feu se mangeait obligatoirement avec du raifort. Aux grandes occasions s'ajoutait un autre plat de viande: volaille, civet, *schiffele* (palette de porc fumée) ou le grand luxe d'un rôti de veau. Les accompagnaient des choux-fleurs ou plus souvent des nouilles faites à la maison. J'aimais assister à leur confection, la veille du repas. On incorporait la farine aux œufs battus — un par convive — jusqu'à ce que la pâte ne puisse plus en absorber et soit élastique. Maman me laissait y enfoncer le pouce et si je voyais la pâte « remonter », elle ne la pétrissait plus. Elle l'étendait alors au rouleau jusqu'au point où sa finesse eût provoqué une déchirure. Restait à la sécher, et là était le problème. Où poser ces six ou sept abaisses de pâte souples comme des serviettes ? Quand la table de la *Stuwe*, la commode et les chaises en étaient habillées, on pouvait encore disposer du lit de la chambre recouvert d'un drap protecteur. Puis tout cela était enroulé et découpé. Dans cette dernière opération, la ménagère engageait son honneur... et le bout de ses doigts ! Avec un couteau bien affilé, à petits coups secs et rapides, elle débitait le rouleau de pâte sur une grande planche à nouilles couvrant toute la table de la cuisine. Leur finesse asseyait une réputation : on n'était pas une débutante.

Ah! ces nouilles à l'alsacienne, quel témoignage de l'effort et des réussites culinaires de jadis. Et pour moi, quel souvenir d'une certaine «douceur de vivre» faite de labeur et de quiétude! Comme on savait prendre son temps!

Un biscuit glacé au kirsch ou une crème à la vanille accompagnée de kougloupf terminait, en général, ces repas. Les tartes étaient des dimanches. En semaine, il n'y avait jamais de dessert.

La viande était d'autant plus appréciée que les autres jours elle n'apparaissait pas sur la table, exception faite des morceaux de lard graissant les légumes. Et encore, chez nous, était-il économisé parce que nous n'élevions pas de cochons. Maman achetait le porc en France, à Montreux-Château, de même que le saindoux bien moins cher qu'en Alsace, mais qu'il fallait déclarer à la douane. Plus d'une fois, elle se vit répondre par le préposé: «Non, madame, vous n'avez pas de graisse, vous savez parfaitement que c'est interdit, vous avez du porc.» Il appuyait sur elle un regard sévèrement persuasif. «J'ai du porc», disait-elle alors, avec ce qu'il fallait de timidité pour ne pas narguer la respectable administration des douanes. Mais encore cela devait-il se passer en l'absence de certaine épouse de douanier qui, après avoir épié les ménagères sur le marché, se plantait dans le fond du bureau, dévisageait les arrivantes et accusait: «Elle fraude, elle a du saindoux.» L'employé de service froissait des papiers, laissait tomber son registre pour justifier une acoustique perturbée. En vain. Elle insistait. C'était alors le paiement de droits élevés, voire d'une amende. Ah, la peste!

Quelquefois, en été, le canal nous fournissait des tanches, et quand la chance souriait au pêcheur, une carpe, plus rarement une anguille. Il n'y avait pas de produits de chasse, celle-ci étant un privilège des hobereaux, et on ne plaisantait pas avec les délits de chasse. Un jour que maman binait des choux dans son champ, elle blessa un lapereau. Avec sa houe, d'un coup sec, elle l'acheva et, bien entendu, l'enfouit rapidement dans son panier. J'assistais à la scène. Je pleurai sur le lapereau. Tout était à craindre de la part d'une petite bavarde de quatre ans. Maman n'eut d'autre ressource que de me terrifier: «Les gendarmes, la prison pour nous tous... » Mon silence dut me coûter mais je sus me taire.

La viande étant donc un luxe, les ménagères devaient s'ingénier à faire des platées qui « tiennent au corps » et où la pomme de terre jouait un rôle essentiel. Il y en avait à chaque repas. Elle remplaçait le pain, qui n'apparaissait sur la table que le matin et le soir pour en bourrer la tasse de café au lait à y faire tenir la cuillère debout. Les enfants avaient de copieuses tartines à quatre heures. On ne connaissait pas la valeur nutritive des divers aliments, et du moment qu'on avait de bonnes joues, tout était pour le mieux. Heureusement, les laitages ne manquaient pas, mais seuls étaient connus le munster, le fromage local, et le gruyère de notre voisine la Suisse.

Quant aux légumes, en dehors de la pomme de terre, on ne connaissait pratiquement en hiver que ceux de la famille chou : choux blancs dont le carré s'amenuisait par la perfidie des gelées, choux rouges que l'on cuisait avec des pommes, choux de Bruxelles émergeant de la neige et tenant bravement jusqu'au printemps. Choucroute et raves salées de notre fabrication apparaissaient beaucoup sur la table. A la cave, un tonnelet debout, surmonté d'une grosse pierre, répandait son odeur aigrelette. Le roi de cette famille de choux était le chou-fleur, le légume noble qui honorait les invités. Mais mon frère ne l'aimait pas, ce que je ne manquais pas de faire savoir à qui entrait chez nous : « Camille n'aime pas le chou-fleur », jusqu'à ce que, excédé, lui si patient avec moi, il me menaçât de je ne sais quelles représailles. Les carottes se conservaient mal. On se rabattait sur les légumes secs, haricots du jardin, lentilles et pois de l'épicière. Celle-ci nous fournissait aussi en riz, chicorée et produits exotiques : tapioca et café.

A l'épicerie, toutes ces marchandises étaient contenues dans des sacs de toile, des tiroirs ou des grandes boîtes en fer-blanc. L'épicière y puisait avec une petite pelle ronde, et, du doigt, grain à grain, achevait la pesée dans des cornets qu'elle maintenait d'une main sur la balance Roberval. Elle était toujours à la recherche d'un poids minuscule et le remplaçait parfois par une pièce de monnaie. Même le sucre était en vrac ou en pains. Fort peu de denrées en poudre étaient préemballées, même pas la cannelle, dont on faisait grand usage sur les tartes. Seul le poivre était en sachets.

En été, le potager nous fournissait en abondance petits pois, haricots verts, salades, oignons, ail et gros radis noirs dont mes parents étaient très fiers quand ils approchaient du kilo. « Notre terre est très riche », expliquaient-ils aux visiteurs médusés.

Pourquoi ne faisions-nous pas de conserves de nos légumes? C'est que les procédés de stérilisation, pourtant mis au point depuis un demi-siècle, n'étaient pas connus chez nous. Il n'y avait pas non plus de conserves industrielles chez les épiciers. dans ce domaine, les progrès ne se diffusaient que lentement.

On avait recours au fumage pour le porc, chaque maison ayant fumoir au grenier, où lard et jambon s'imprégnaient lentement de la fumée de bois de la cuisinière ou des poêles. La dessiccation convenait pour les légumes et les fruits. Que de quartiers de pommes et de poires passèrent par le four de la cuisinière! C'étaient les *Schnetz*. Plongés dans l'eau la veille, ils accompagnaient, tous les vendredis, des pâtes spécifiquement sundgauviennes que l'on appelle *Knepfle*. Le mardi gras était le *Schnetzzischtig* parce que, selon la coutume, on mangeait ce jour-là ces quartiers de pommes cuits au saindoux et entourés de tranches de jambon fumé. Ces fruits séchés entraient aussi dans la confection de pâtisseries entre Noël et Nouvel An. Comme nous étions à la rencontre de deux traditions culinaires, le Bout'd'do en faisait la *ramée* franc-comtoise, et le Bout'd'chu le *Bireweke* alsacien. La *ramée* était une sorte de pâte à pain sucrée dans laquelle on mettait tout ce qu'on avait sous la main en fruits séchés. Rien de comparable avec notre pâtisserie dans laquelle entraient, outre la poire séchée, figues, raisins secs, noisettes moulues, anis, le tout copieusement arrosé de kirsch; c'était plutôt une confiserie.

La pomme joua chez nous un rôle substantiel. L'administration allemande plantait beaucoup de pommiers le long des routes, hors des villages, et les louait aux particuliers. Mes parents disposaient toujours d'un lot important. Ils entreposaient les fruits en gros tas dans une des pièces mansardées de l'étage et les revendaient à des cheminots de Mulhouse. Ils aidèrent à payer la petite maison. A longueur d'année, nous étions agréablement parfumés « à la pomme ».

Mes parents faisaient leur cidre, notre boisson de tous les jours. Le vin d'Alsace n'était pas pour le gosier du commun, bien qu'il y en eût dans les débits de boisson, mais cher. Quant au vin rouge, il était de France et inaccessible en Alsace à notre bourse, réservé à l'accueil de l'année nouvelle, au vin chaud. Mais nous avions notre rosé : du vin de groseilles qui faisait tourner les têtes les jours de liesse et qui vous assommait le gaillard le plus résistant à l'alcool. Notre champagne, c'était le vin de rhubarbe, pétillant et explosant, car, à la cave, il faisait souvent sauter un bouchon et sursauter toute la famille. Même, il arrivait qu'une bouteille éclatât à grand fracas.

« C'est la guerre ! plaisantait mon père.

— Encore une de perdue ! » se lamentait maman, pourtant caviste réputée dans cette production.

Ainsi, dans notre région, dans notre milieu, vivait-on surtout des produits du cru. La guerre, on le verra, bouleversera ces habitudes.

Printemps

A la mi-février, le froid cédait. Les vents se faisaient moins mordants. Les nuées qui nous venaient de la France, tumultueuses et basses, déversaient par intervalles des trombes d'eau par-dessus les inondations que les neiges fondantes avaient laissées. Peu à peu les nappes se rétrécissaient. Mais tout était gorgé d'eau : quand on cherchait de la mâche ou les derniers choux de Bruxelles dans le potager, on rapportait des kilos de glaise sous les sabots. Bientôt, les giboulées de mars alternaient avec des vents desséchants. Dans le gris mouvant du ciel se dégagaient des coins de bleu au travers desquels le soleil balayait le velours vert de la campagne.

Les caltas ourlaient le ruisseau qui glougloutait le long de notre pré ; des fleurs mauves, de jour en jour, étendaient leurs taches et, bien entendu, les pâquerettes étaient de la fête.

Sur notre seul arbuste, un pêcher, abrité du nord par la maison, un petit oiseau venait se poser et lançait trois notes joyeuses. Nous l'appelions Tziteschdo (« le temps est là »). Maman disait : « Tu entends ? Le printemps est là. » Sa ritournelle divinatoire ne trompait jamais. Aucune récidive du froid n'était à craindre dans l'immédiat quand il avait chanté.

Évidemment, ce n'était pas lui qui engageait sa responsabilité auprès des saints de glace... venant bien plus tard.

C'était la saison des cabris. J'allais les voir dans le pré où leur gaucherie élastique et bondissante me divertissait. Je leur rendais aussi visite à l'étable. Là, par suite de l'étroitesse du lieu, une déception, régulièrement prévisible, m'attendait. De chaque côté de ma ronde frimousse, mes cheveux étaient attachés par des nœuds de satin mauve. Pendant que je cajolais les cabris, l'une ou l'autre des deux grandes biques me retirait un de ces nœuds — quelquefois les deux. Et les savourait. Je pleurnichais et rentrais, mais à peine réenrubannée, je retournais sur les lieux du larcin. Sans plus de prudence. Un tiroir de la commode contenait de grands rouleaux de cette friandise pour chèvres.

Mes poules devenaient des mères de famille agressives. Les jolies petites boules jaunes qui grouillaient autour d'elles étaient plaisantes à regarder. Mais j'aurais aimé les toucher. Ce n'était possible que lorsque l'une d'elles manquait de vitalité. Maman mettait le poussin malade dans une vieille casquette de mon père et dans le four de la cuisinière resté tiède. J'avais le droit de le nourrir avec du pain trempé dans du lait et mélangé à du jaune d'œuf. Malgré cela, il arrivait souvent qu'un de ces pauvrets mourût. J'étais au désespoir. Cette rencontre du printemps avec la mort me révoltait déjà. Je pleurais, mais incapable de m'enfermer dans mon chagrin, j'inventais, à l'imitation des adultes, des gestes qui, tout en le nourrissant, le rendaient supportable : la mise en bière dans une boîte que je capitonnais de mousse, le choix d'un emplacement pour la tombe, la récolte des fleurs mortuaires et le cérémonial avec mon rôle de pleureuse; tout cela était important pour le jeune cerveau désemparé. Plus grande, je ferai une poésie en épitaphe à ma façon pour éterniser un souvenir; le chagrin s'y diluera.

Autre tristesse printanière, mais religieuse, celle-là, que l'Église nous offrait : les cérémonies du Carême qui exaltent la passion du Christ, surtout en ce sommet que constitue la semaine sainte. A vrai dire, ces rites n'avaient pas grand effet sur ceux de mon âge qui y trouvaient une occasion de divertissement.

Certains offices avaient lieu le soir; on les appelait les

ténèbres et plus simplement la prière. Il y en avait aussi dans la matinée, du jeudi saint au dimanche de Pâques, si bien que les femmes et les enfants passaient le plus clair de leur temps à l'église. Les hommes étaient occupés mais personne n'eût manqué à l'office du vendredi saint, qui était d'ailleurs jour férié chez les Allemands.

Dès le jeudi saint, les cloches étant parties pour Rome, les crécelles prenaient la relève. Nous les nommions par une onomatopée « rara » (prononcer la dernière voyelle moitié a et moitié e). (Les Portugais emploient le même mot.) Quatre ou cinq servants de messe parcouraient le village depuis le fin fond du Bout'd'do, près de la forêt, et, jusqu'au canal, tournaient leur rara avec frénésie. Puis ils criaient en patois : « *Ça l'premier co (ou l'dernier co) per la praïr* » (c'est le premier coup — ou le dernier coup — pour la prière).

Camille m'avait fabriqué une toute petite rara et, jusqu'à ma sixième année, il m'emmenait avec lui dans un « banc des garçons ». Je restais très sage en attendant l'instant fatidique où les gamins, rangés dans le couloir attenant aux bancs, déclenchaient tout à coup leur vacarme rituel annonçant la fin de l'office. Pour animer ma petite rara, mon frère faisait faire à mon bras malhabile les gestes circulaires indispensables, cependant que de l'autre main, par une gymnastique parallèle, il faisait tourner la sienne. Je me trémoussais, heureuse d'avoir mon rôle dans ce tintamarre.

Quand je serai d'âge scolaire, le « banc des garçons » me sera interdit. Je serai chez les filles. Autres lieux, autres mœurs.

Je revois une scène. Le curé, en chasuble violette et surplis blanc, accompagné de deux servants fait le chemin de croix en s'agenouillant à chaque station. Il psalmodie des prières, puis nous chantons le cantique exprimant en des accents douloureux la culpabilité du pécheur.

A l'affût, nous attendons la huitième station. Dans le troisième banc, une assez forte fille attend aussi. Elle s'appelle Clémence. Nous l'aimons bien. Le chant commence :

«Ô filles d'Israël
Ne pleurez pas sur ma souffrance,
Sur vous, de l'Éternel,
Implorez plutôt la clémence...»

Comme après un «Top, partez!» toutes les têtes se tournent en même temps vers la pauvre Clémence qui accuse le choc avec un visage cramoisi, des yeux fixes, alors qu'au dedans cela doit chavirer.

A chaque office du carême, c'est le même scénario. Le troupeau ne se lasse pas. La gentille Clémence continuera pendant toute sa jeunesse à être la victime d'un cantique.

Au bout des quarante jours «de jeûne et d'asbtinence» du carême — que les paroissiens observaient avec rigueur —, Pâques était la sortie du tunnel de la pénitence, la réconciliation du pauvre pécheur avec Dieu, la plénitude, la joie. Pour moi qui ne me souciais pas de liturgie, Pâques c'était le lièvre qui apporte les œufs coloriés.

Mes parents et surtout Camille faisaient de lui le peintre agreste caché quelque part dans une clairière moussue, ayant à son service toute une troupe de petits lièvres spécialisés, les uns dans la cuisson des œufs, d'autres dans l'alchimie des couleurs fournies par les fleurs, d'autres encore dans la décoration des œufs où le portrait du père lièvre est multiplié à l'infini — se faisant ravitailler par les meilleures pondeuses des poulaillers — entretenant aussi de bons rapports avec les confiseurs... Pour d'autres parents, ce lièvre pondrait tout simplement les œufs tels quels, durs, coloriés, décorés. Voilà. A quoi servirait le surnaturel si ce n'était pour l'accommoder à nos besoins? N'en déplaise à l'orthodoxie en matière de ponte, cette coutume a d'anciennes racines. J'ai lu quelque part que, selon unc légende datant du ve siècle, Geneviève de Brabant, exilée dans les bois avec ses deux enfants, leur avait colorié des œufs d'oiseaux avec des plantes, les avait cachés dans un fourré et qu'un lièvre s'en échappant était supposé les avoir pondus. Cela s'était passé un matin de Pâques.

Je n'attendais pas la veille de ce grand jour pour chercher la mousse dans le pré et préparer un nid douillet dans lequel le lièvre déposerait trois ou quatre œufs et un ou deux sujets en sucre. Je lui savais gré d'être un fameux étourdi qui zigzague dans le pré et dans le jardin et laisse choir ses œufs, un à un, en toutes sortes d'endroits où ils sont, par hasard, d'un si joli effet: dans les touffes d'herbe nouvelle, dans la rhubarbe naissante et dans les premières primevères des jardins. N'allait-il pas, dans son affolement, jusqu'à grimper sur le pêcher où il calait un œuf au départ de deux branches? Je cherchais avec une impatience fébrile et des cris de joie à chaque trouvaille.

Les cloches de tous les villages sonnaient à toute volée. Les plus joyeuses étaient les nôtres avec leur timbre clair, leurs petites hésitations suivies d'alertes reprises de sonnerie juvénile; celles de Montreux-Vieux avaient un son grave, régulièrement frappé. De Lutran, de Chavannes et aussi de France nous parvenaient d'autres musiques et tout cela se fondait en une allégresse aérienne répandue sur tous les horizons.

Quand les cloches se taisaient, on entendait les alouettes qui remplissaient l'espace de leurs trilles; mais moi, je ne les voyais pas et je m'imaginais que les caltas chantaient là-bas, au bout du pré. Dans ma jubilation, je vis même, à plusieurs reprises, le lièvre s'enfuir au loin et sauter par-dessus les ruisseaux.

Quelquefois, le calendrier avançait le temps pascal. En cas d'intempéries, les œufs étaient groupés à l'abri dans le hangar. A cette déception s'en ajoutait une autre. Pâques devait obligatoirement inaugurer les toilettes d'été. S'il pleuvait, s'il neigeait — c'était fréquent —, il fallait mettre un manteau pardessus la robe en mousseline et dentelle, mais au moins le chapeau de paille avec marguerites ou coquelicots bravait les éléments. Sous un parapluie. C'était quand même Pâques fleuries.

Lorelei, Heidenröslein et autres airs

Que maman fût gaie ne faisait aucun doute. Mais cela ne se voyait pas en permanence. Chaque chose en son temps. Elle aimait l'amusement et dansait avec passion. Lorsque nous avions de la visite son rire sonnait clair parmi les autres rires. Mais c'était surtout lorsqu'elle reprenait pied sur le sol natal dans le vert Jura alsacien que l'on pouvait deviner quelle joyeuse jeune fille elle avait été. D'une maison à l'autre on l'interpellait :

« Comment vas-tu Céline ? Et ta famille ? On t'attendait pour la Saint-Martin... »

On lui faisait fête. Elle avait été la couturière des uns et des autres et avait travaillé presque dans chaque maison, à la journée. L'on se souvenait de sa gentillesse, de sa gaieté primesautière qui, miraculeusement, renaissait alors sur les seuils du village natal. Mais tout rentrait dans le sérieux avec le quotidien, encombré de travaux, de soucis du lendemain, et elle paraissait un peu grave.

C'est qu'elle tenait d'une main ferme les rênes de sa modeste maison. Réfléchie, et mesurée, elle orientait les décisions de mon père selon les normes du bon sens. Il l'en plaisantait, disant à ses amis dans un propos quelque peu trivial :

« Bien sûr, je suis la tête (le chef) de la maison, mais elle est le cou et oriente la tête à sa guise. »

Il y avait à faire face à des situations parfois difficiles, voire critiques. L'endettement par la construction de la maisonnette et dont il fallait se libérer au plus tôt par de judicieuses économies et par des ressources inédites que son esprit inventif lui suggérait. Et ce procès stupide — gagné sans doute —, qui lui avait causé tant d'insomnies...

Ce qui la préoccupait par-dessus tout, c'était l'orientation des études de mon frère, pour qui elle avait des ambitions maternelles, c'est-à-dire frôlant la démesure étant donné les circonstances.

Quand elle sortait d'un de ces tunnels d'inquiétude et que la voie lui paraissait à nouveau ensoleillée, elle chantait dans la maison, quelles que fussent les allées et venues de la famille. Elle revivait ainsi les heures insouciantes du passé : tant de chansons de marche célébrant voyages et voyageurs avaient scandé les départs à pied, aux aurores, vers les foires de Ferrette ou d'Altkirch ! L'on était un groupe de jeunes filles, un panier plein à chaque bras et l'on dépassait les garçons. Ceux-ci, partis de nuit, n'avançaient qu'au pas balancé d'une grosse truie tenue en laisse par une patte — et les quolibets interrompaient les chants — et les fous rires vous coupaient le souffle.

Il y avait eu aussi les mini-pèlerinages vers les nombreuses chapelles de la région, cantiques à l'aller, airs guillerets au retour. Ils avaient eu le mérite de vous donner du jarret. C'étaient *Hans im Schnogeloch* jamais content de son sort, ou le pauvre « cher Augustin » qui n'avait plus le sou, mais plus du tout. Parfois un de ces refrains était décapité à cause d'une note aiguë que maman n'arrivait plus à atteindre, et elle reprenait un peu plus bas. Les airs et les paroles me sont restés en mémoire, très fidèles, mais la chère voix s'est dissoute dans les brouillards du souvenir qui n'en ressusciterait pas le timbre.

A sa petite fille, à elle seulement, elle réservait une autre part d'elle-même, celle du rêve, de la mélancolie. Nourrie de folklore allemand, elle avait du penchant pour son romantisme. Elle n'en avait rien lu en dehors de ce que l'école élémentaire et l'almanach lui avaient fait connaître, mais dans cette culture germanique tout passait par osmose dans les lieder que l'on chantait autrefois à la veillée.

Quand maman était seule avec moi, qu'elle épluchât des légumes ou qu'elle fût aux prises avec la couture, elle fredonnait des mélodies ayant ceci de commun qu'elles étaient tristes, qu'on y mourait d'amour ou par les armes, soit dans les rigueurs de la discipline militaire, soit à la guerre.

Elle me chantait la *Lorelei*, de Heine. C'était une nymphe qui, du haut d'un rocher, ensorcelait les bateliers par sa beauté et par son chant. Éblouis, ils précipitaient leur embarcation contre un récif du Rhin. Je connus *Heidenröslein*, chère à Goethe. La petite églantine se défend et blesse sauvagement le garçon qui la cueille. Il en gardera un éternel souvenir. Et puis, il y avait ces trois jeunes hommes qui franchirent le Rhin et entrèrent chez une aubergiste dont la fille venait de mourir. Soulevant le linceul, chacun disait son amour à la morte, le dernier lui jurant fidélité éternelle. Et encore cette lamentable histoire du déserteur ayant été soldat dans la « merveilleuse ville » de Strasbourg, et que le son lointain du cor alpestre avait détourné de son devoir. Le chant était en deux parties avec des airs différents. Un camarade racontait en complainte la fatale désertion et ensuite le châtiment, dans le rythme d'une marche lente vers le poteau d'exécution. Hélas! Ceux du peloton, le cœur brisé, tremblèrent et manquèrent leur cible; seul, le récitant avait atteint son ami en plein cœur. Une autre fois, c'est au combat qu'un bon camarade était tué aux côtés du narrateur à qui était arrachée comme une part de lui-même. *Ich hat einen Kameraden* devait continuer une carrière célèbre jusque sous le IIIe Reich.

Aux environs du 8 décembre, jour anniversaire de la mort de ma grand-mère, il y avait chez nous une atmosphère un peu recueillie. Maman ne chantait plus, mais il lui arrivait de murmurer seulement un chant étrange qui évoquait le « banc de gazon » près de la tombe de ses parents.

Ces grands-parents que je n'avais pas connus, je les regardais alors dans leur grand cadre de bois sculpté par mon père. La grand-mère, Françoise avant 1870, Franziska après, par décision de l'état civil allemand, portait une mantille et un béguin noirs et paraissait étonnée d'avoir une petite-fille comme moi...

Le grand-père, Fortuné, avec sa mèche rebelle sur le front, n'avait pu être débaptisé ; ce nom allait bien mal au pauvre vieux dont la petite figure traquée attestait l'anxieuse quête du pain quotidien...

Le chant soupiré éteint, maman restait un instant songeuse à dévider l'écheveau des souvenirs et puis, soudain, elle m'enlevait du sol et couvrait ma frimousse de baisers qui appelaient sur moi toutes les bénédictions de l'avenir.

Toutes ces chansons tristes ne m'attristaient pas : si maman chantait c'est que cela lui faisait plaisir. Elle n'était pas comme notre voisin sifflant seulement lorsqu'il était contrarié. Le tragique des paroles se dissolvait dans la mélodie. Rien de comparable avec ce qui se raconte ; par exemple, avec la dramatique situation de Hänsel et Gretel enfermés par la sorcière dans la maison de pain d'épice. Lorsque Camille me racontait cela pour la cinquantième fois, j'étais anxieuse : Hänsel tendait son petit doigt à la place du bras au travers de ses barreaux. « Il est encore trop maigre pour être tué », décrétait la sorcière. Je poussais un soupir de soulagement, mais craignant toujours un imprévu, j'attendais la fin de l'histoire pour sortir de mes chères angoisses.

Mais ça, ça ne se chantait pas.

L'important était que maman chantât.

Les amis de Camille

L'école de Camille, la *Mittelschule*, était à Mulhouse. Dès l'âge de dix ans, il faisait tous les matins et tous les soirs, à pied, le trajet jusqu'à la gare. C'était pénible en hiver dans une région qui bat des records pour l'intensité et la durée du froid. Le plateau de Montreux a déjà accusé -30°. Il en devint sensible des bronches, car ce n'était pas pour un rhume qu'il eût manqué la classe. Quand il partait, il n'oubliait pas de recommander à maman de bien veiller sur la petite sœur afin qu'elle ne s'aventurât pas sur la route à l'heure des laitiers...

La *Mittelschule* était une sorte de collège pour enfants du peuple; les enseignants y étaient respectés et aimés sauf, en ce temps-là, l'aumônier, qui n'entendait rien à l'éducation. Il dissimulait une baguette dans sa soutane, et il avait une incroyable dextérité pour faire apparaître et manœuvrer cet instrument du châtiment qu'il appelait *Tröster*, le consolateur. Il consolait à longueur de catéchisme. Un jour, il présenta aux élèves un tout petit morceau de la « Sainte Croix ». Ils devaient s'agenouiller dévotement. Un garçon — il devait avoir du chevalier de La Barre dans les veines — fit remarquer qu'en réunissant tous les morceaux détenus à travers le monde il y aurait de quoi faire plusieurs croix... L'irrévérencieux ne fut pas roué, mais la baguette virevolta.

Les autres maîtres s'entendaient bien avec les élèves, dont un bon tiers étaient allemands. L'amalgame était tel qu'en récréation on ne distinguait pas les venus d'outre-Rhin des Mulhousiens : tout le monde parlait l'alsacien. Cependant on ne frayait pas avec les jeunes Allemands d'autres écoles, surtout dans le train, où les Alsaciens se groupaient en un clan bien fermé. Certain jour, un garçon s'en plaignit au contrôleur :

« *Herr Schaffner*, ils m'appellent *Schwebla* (petit Schwob) et je suis alsacien : je suis de Mulhouse », cela dit avec le plus pur accent poméranien.

« Oui, cela s'entend », répondit simplement le brave homme, un sourire en coin.

A la *Mittelschule*, il y avait quatre amis quasi inséparables : deux Allemands et deux Alsaciens, dont Camille. Le ciment de leur amitié était leur commune vénération pour Goethe. Ils apprenaient les textes par cœur, se les récitaient, se jurant de rester toute leur vie fidèles à la lucide philosophie de l'universel du grand écrivain. Déjà perçaient en ces garçons des Européens. Qu'allait faire la guerre de cette jeunesse ? Des renégats de leur idéal ? Non point. L'un des jeunes Allemands, Wolfgang, sera tué en 1918, et selon ses camarades, jusqu'au bout fidèle à son dieu dont il portait le prénom. L'autre, Hermann, se suicidera après la guerre, ne supportant pas, disait-on, de ne plus être mulhousien. Quoique universaliste — on dit maintenant citoyen du monde — il avait perdu sa patrie et ne s'en était pas remis.

Ces jeunes gens s'étaient épanouis dans des familles heureuses, pacifiques. Les parents s'intéressaient aux amis de leurs enfants. Camille fut invité à passer deux jours à Mulhouse et — admirons le dévouement des hôtes — en compagnie de sa petite sœur de cinq ans.

Ce n'était pas la première fois que je prenais le train et que je montais dans un de ces grands compartiments de quatrième classe, qui étaient carrés, ne communiquaient pas avec les autres, et étaient pourvus de bancs de bois sur presque tout le pourtour. Ces bancs étaient destinés, semble-t-il, aux femmes et aux enfants seulement, les hommes étant debout, au milieu, discutant. Ils se tenaient d'une main aux lanières de cuir qui pendaient du plafond.

Ce jour-là, le spectacle m'y parut particulièrement captivant: c'était la foire à Altkirch. Des paysannes se hissaient péniblement dans notre compartiment en poussant devant elles d'énormes paniers où protestaient des canards et d'où s'étirait de-ci de-là, du couvercle entrebâillé, la tête étonnée d'une oie. Dans les cours des fermes, les oies m'intimidaient à cause de leur fâcheuse habitude de m'invectiver, mais là, elles m'intéressaient et même elles m'apitoyaient. Les volailles étaient apeurées. Mais parfois un canard manifestait contre l'inconfort ou l'environnement insolite. Les femmes jacassaient fort, et je confondais certaines exclamations: provenaient-elles d'un panier ou d'une banquette?

Quel que fût l'attrait du spectacle, je n'en oubliais pas de guetter, à chaque arrêt, le nom des gares crié par un employé: *Gottestal* (Valdieu), *Dammerkirch* (Dannemarie), *Altkirch* où le compartiment se vida. Après une série de « heim » allait enfin être lancé haut et mélodieux le *Mülhausen* de l'arrivée. La gare me paraissait grandiose. Pourtant elle était vieillotte et peu en rapport avec l'importance de l'agglomération industrielle. Les Allemands n'étaient pas enclins à la gâter: ils connaissaient les sentiments francophiles de la population.

A la sortie, nous attendaient les trois amis et je me sentis bien vite la petite sœur de quatre grands frères exubérants. Juchée sur les épaules de Camille, je fis une entrée sensationnelle à l'hôtel de ville où le père d'Hermann avait un emploi et un logement de fonction. Cet élégant édifice du XVIe siècle, en grès rose, a sur sa façade un escalier double, abritant alors le poste de police. C'est là que nous entrâmes et je me vis soudain entourée de casques à pointe qui prirent pour moi des airs débonnaires. L'appartement était douillettement installé au dernier étage où nous étions attendus avec sourires et friandises. Je fus la reine de ces lieux.

Le lendemain, mes quatre chevaliers servants m'emmenèrent au zoo, situé à la périphérie de la ville, dans une forêt. A l'entrée, je reculai, effrayée par un lion qui, majestueusement accroupi sur sa stèle, toisait les arrivants. Wolfgang escalada le monument et, à califourchon sur le terrible fauve, il passa la main sur sa crinière et lui tapota les flancs. On me jucha là-haut et j'osai mettre la main sur sa tête.

De cet instant, le zoo me parut habité de bêtes benoîtes que j'aurais voulu caresser comme des lapins ou des biquettes. A part cette frustration, tout était à ma convenance. Que l'on imagine, en effet, les grâces, les singeries, les prouesses des quatre garçons pour subjuguer la petite vedette !

Le retour se fit dans un sommeil peuplé de gazelles et de flamants roses.

Chers amis de Camille, vous m'avez ouvert les portes d'un univers où gens affables et bêtes bienveillantes n'avaient qu'un désir : celui de me plaire.

Le plus beau jour de ma vie ? En tout cas, l'un des plus beaux.

L'école allemande

C'était après les vacances de Pâques que l'école allemande recevait les enfants de six ans révolus au 30 avril. Si on était né un 1er mai, la sage-femme conseillait aux parents de tricher de quelques heures sur la déclaration de naissance afin d'avancer la scolarité d'un an. Cela avait été le cas de mon frère. Moi, j'étais largement dans les normes, étant née en janvier.

Le problème de l'école agitait en moi des sentiments contradictoires. D'une part, je rêvais de petits camarades de jeux ; les cris des enfants qui me parvenaient parfois de la cour de récréation m'en promettaient par douzaines ; mais, d'autre part, tout ce jeune monde était soumis au « maître », un Alsacien tout rond, rubicond, qui avait une fâcheuse réputation. Les enfants racontaient que les coups pleuvaient, qu'il vous tirait les oreilles, vous traînait par les cheveux, que pour un oui, un non, il fallait tendre les doigts à sa baguette... L'école allemande tolérait les coups, mais vraisemblablement ne les encourageait pas, car la fameuse baguette était soigneusement dissimulée quand venait l'inspecteur. L'éducation étant à base de discipline, cela pouvait donner libre cours à toutes sortes d'excès, selon les tempéraments. Toujours est-il que mon frère ayant été blessé au cours d'une séance disciplinaire par trop intempestive, mon père usa à son tour des châtiments corporels. Il se rendit à l'école et, en présence du maire, empoigna vigoureusement le tortionnaire par le col et le fond du pantalon et le projeta par-dessus les bancs. Quoique blessé, celui-ci étouffa ce petit scandale. Mais pour mon frère, il ne pouvait plus être question de fréquenter l'école du village. C'est pourquoi il fut envoyé, à dix ans, à la lointaine *Mittelschule* de Mulhouse, où il fut heureux.

On pouvait prévoir qu'à mon entrée à l'école, je ne serais pas la petite gâtée du maître. Malgré mes craintes, jusqu'au jour de la rentrée, je m'étais grisée à la perspective de suivre les autres enfants dans cette école, sœur jumelle du presbytère, en face de l'église.

Je ne sais pourquoi, ce matin-là maman s'était mise en retard. Personne sur la route, ni devant nous, ni derrière nous. Les enfants étaient rentrés. Quand nous pénétrâmes dans la salle, tous les élèves étaient déjà assis, raidis dans leur sagesse toute neuve et roses de propreté méticuleuse. Pendant que maman, près du bureau, me faisait inscrire, j'étais plantée là face à ce public qui me dévisageait comme une intruse. Quelques visages connus, mais que d'inconnus ! Et pas une place pour moi ! Du moins le croyais-je. Aussi, lorsque maman quitta la salle, je ne me souciai ni du maître plongé dans ses écritures, ni des élèves figés dans les bancs ; je courus derrière elle, la rejoignis sur l'escalier et me refusai avec la dernière énergie à réintégrer ce lieu terrifiant. Il fallut, l'après-midi, l'insistance affectueuse de tous les enfants du quartier m'emmenant avec eux pour que l'école allemande me comptât parmi ses recrues.

Je reçus un petit livre avec des lettres gothiques et un autre avec des chiffres. A l'ardoise étaient attachées une éponge sèche et une éponge humide (gare aux doigts si elle était sèche aussi !), le crayon était fragile. Tout cela se rangeait dans un cartable harnaché sur le dos par des courroies et brimbalait quand, au retour de l'école, nous sautions en zigzag par-dessus les fossés le long de la route. Sans le bruit, qu'eût été le plaisir ?

J'ai peu de souvenirs des leçons. Les grandes classes avaient, en plus de l'allemand, plusieurs heures de français par semaine. C'était un jeu pour ceux du Bout'd'do. En revanche, ils étaient réfractaires à la langue germanique utilisée pour la plupart des leçons. Les petits n'en comprenaient pas grand-chose, pas plus ceux du dialecte que ceux du patois. Pour les exercices de vocabulaire, le maître utilisait des gravures. L'une d'elles représentait des faneurs avec voiture et chevaux ; au loin, un viaduc sur lequel passait un train, et puis une route où des soldats avec casques à pointe faisaient l'exercice. Il y avait quelques autres gravures mais celle-là seule resta imprimée dans ma mémoire. Un jour que je fus interrogée à son sujet, je n'étais plus là. Je voyageais dans le train et, du haut du viaduc, me grisais de vertige. Mon retour parmi mes camarades ne se fit pas sans un orage qui explosa sur la face congestionnée du maître, et avec d'autant plus de violence qu'il s'interdisait à mon égard le moindre coup de baguette. « Chat échaudé... », disait mon père. Mais la classe était terrorisée : la foudre finirait par tomber quelque part. Je représentais un danger latent. Il en prit conscience et ne m'interrogea plus, ce jour-là pas plus que les jours suivants. Je ne demandais que cela. Je pouvais en toute quiétude rêver et attendre la récréation. C'était là surtout que j'appris un peu d'allemand ; les petites filles de douaniers n'étaient jamais à court de ritournelles accompagnant les rondes. Celles-ci avaient ceci de particulier qu'elles étaient tristes, porteuses de catastrophes : la terreur, la mort.

Machet auf das Tor
Es kommt ein grosser Wagen.
Was will er denn?
Er will die (un prénom) *holen.*

(Ouvrez le portail,
Une grande voiture arrive.
Que veut-elle donc?
Elle vient chercher... [un prénom])

Was hat sie denn getan?
Sie hat........................

(Qu'a-t-elle donc fait?
Elle a...)

Nous inventions un crime : sali sa robe — déchiré son tablier — volé du sucre... et l'enfant quittait la ronde.

Ou encore:

Marischen sass auf einem Stein
Da kam der Bruder Karl zu ihr.
Marischen, warum weinest du?
Ach! weil ich morgen sterben muss...

(Petite Marie était assise sur une pierre.
Son frère Charles vint auprès d'elle,
« Petite Marie, pourquoi pleures-tu?
— Ah! parce que je dois mourir demain... »)

Nous mijotions dans le navrant, mais cela ne nous navrait pas le moins du monde. Nous supportions nos catastrophes en grande joie...

Ce qui se chantait était mimé; c'est en jouant que j'appris le vocabulaire de base. Camille se chargea du reste; je lisais aussi bien que les autres. Quant au calcul, j'avais une sérieuse avance. Chez nous, je me pavanais d'une réputation de petit Inaudi[1]. Déjà, vers l'âge de trois ans, les chiffres n'avaient pas de secrets pour moi, à tel point que je devenais le singe savant devant quiconque entrait chez nous. Mon père disait: « Attention! » Je mettais les deux mains devant mes yeux. « Combien font: trois plus trois, moins deux, plus quatre, moins cinq, plus sept?... » La petite machine fonctionnait impeccablement dans ma tête: enfin j'offrais un visage inspiré en donnant la réponse exacte, à l'ébahissement de l'entourage, qui m'interrogeait à son tour. Mon père l'exigeait pour garantir l'honnêteté de l'exploit.

Hélas! On ne passe pas les examens avec du calcul mental. La sarabande des chiffres crépitant trop tôt dans ma tête dut détraquer le mécanisme du raisonnement mathématique, dans lequel je déraillai souvent. Adolescente, j'eus beaucoup de mérite à passer correctement les épreuves d'arithmétique et d'algèbre. Si dans ma sixième année, je pouvais encore faire un certain effet, je n'ai, par la suite, pas tenu les promesses de mes trois ans.

Tout compte fait, malgré notre maître irascible, je ne fus pas

1. Giacomo Inaudi, calculateur italien qui possédait une mémoire exceptionnelle des nombres et qui obtint, à partir de 1880, un vif succès à Paris; il exécuta de très difficiles calculs avec une rapidité étonnante devant l'Académie des Sciences en 1892.

trop malheureuse. Mais, comme tous les écoliers, je me réjouissais pour les vacances. Nous avions une huitaine de jours de congé à Noël, autant autour de Pâques et six semaines en été. Une particularité du système allemand était l'attribution de congés supplémentaires pour raison de chaleur: trois demi-journées par mois étaient prévues en été lorsque la température atteignait 25° en classe. Que le maître eût le dos tourné un peu avant 11 heures — je ne suis pas sûre qu'il ne le faisait pas exprès —, un « grand » se levait au voisinage du thermomètre et lui insufflait les degrés manquants à petits souffles précipités. « Monsieur le maître (*Herr Lehrer*), il y a 25° passés. » Il regardait de loin: « Prenez vos affaires, vous êtes dispensés de classe cet après-midi. » Il ne se souciait pas de nous faire plaisir — on s'en doute —, mais le gros homme pensait à la sieste.

Le 27 janvier était l'anniversaire du Kaiser. En présence de Monsieur le Maire et de Monsieur le Curé, nous chantions:

Der Kaiser ist ein lieber Mann.
Er wohnet in Berlin
Und wär es nicht so weit von hier
So ging ich heut noch hin.

(« L'empereur est un homme charmant.
Il habite à Berlin
Et si ce n'était pas si loin d'ici
Je m'y rendrais aujourd'hui même. »)

Le maître commentait l'événement, érigé en fête nationale, pendant que nous lorgnions, dans une grande panière, les *Kaiserwecken*, petits pains au lait sucrés, spécialement confectionnés pour ce jour. A la fin de la cérémonie, les « officiels », maire et curé, nous les distribuaient. Puis nous étions en congé.

De retour chez eux, les petits Allemands fêtaient « l'homme charmant » en famille par un repas plantureux. Chez nous, c'était la plus grande indifférence et le train-train de tous les jours. C'est cela surtout qui nous donnait le sentiment d'appartenir à un autre monde que ces camarades-là.

Les plaisirs de la vie

« Voulez-vous qu'on fasse marcher le phonographe ? » proposait maman à ses invités à la fin d'un repas. Il faisait face, dans la *Stuwe*, à un palmier « stérilisé ». Son énorme pavillon occupait tout un angle de la pièce. C'était ce qu'il y avait de plus moderne. Notre luxe.

Camille mettait un disque, tournait longuement la manivelle, posait une aiguille neuve et nous écoutions, émerveillés.

Nous avions quatre ou cinq disques. L'un d'eux roucoulait des polkas, entre autres : « *Komm Karlinele, komm Karlinele, komm* » que, plus tard, je sus être la traduction fantaisiste de : « Viens Poupoule, viens Poupoule, viens. » Maman fredonnait avec le disque.

Plus classique était un pot pourri de « *Frühlingslust* » avec la musique d'un régiment d'infanterie dirigée par un Hochdeutschmeister de Vienne — l'équivalent de la musique de la garde républicaine.

Il y avait de la solennité dans un extrait de l'opéra *Waffenschmied* (Armurier), intitulé : « *Gern gäb'ich Glanz und Reichtum für dich, für meine Liebe* » (Je donnerais gloire et richesse pour toi, ma bien-aimée) interprété par un *Hofopernsänger* (chanteur d'opéra à la cour de Berlin). L'autre face était également un extrait d'opéra: *Zar und Zimmermann* (Tsar et menuisier), « *Sonst spielt ich mit Szepter* » (Jadis, je jouais avec des sceptres), par le même chanteur.

C'était une voix de basse — soyons francs — celle d'un ogre qui eût nasillé et qui, aux deux tiers du disque, sombrait dans des profondeurs insondables, à moins que mon frère, se précipitant, n'eût remonté, avec l'accélération du mouvement, la voix sépulcrale à son niveau de croisière, qui était aussi celui de son nasillement.

Mais rien n'était aussi impressionnant que *le Rêve d'un réserviste autrichien* où s'entremêlaient les passages de la *Marche hongroise* de Berlioz et de la *Marche de Radetzki*, de Strauss, ponctués de coups de canon et d'appels à la charge: la guerre «fraîche et joyeuse». Il existe aussi une *Marche de Radetzki* de Liszt, mais la nôtre était celle de Strauss, la même que dans *Mayerling*. D'où venait ce disque? Le hasard d'un cadeau, sans doute.

C'était assez curieux d'entendre des échos guerriers dans une maison où les choses militaires n'étaient pas très prisées. Car, ainsi que beaucoup d'Alsaciens, mon père, à l'âge du service militaire dans l'armée allemande, s'était volontairement mutilé l'index droit, se déclarant accidenté par une scie mécanique, et se trouvait, par conséquent, exempté de service actif. Selon la formule consacrée aujourd'hui: «Il fallait le faire...» Bien entendu, on ne le criait pas sur les toits et je n'ai connu ce secret qu'à l'heure française. Il faudrait démêler l'écheveau de la psychanalyse pour saisir l'attrait qu'avait pour nous ce disque. Rappelons tout de même, en faveur du goût musical de mes parents qu'il y avait du Berlioz et du Strauss là-dedans.

Par beau temps, nous nous promenions, les dimanches après-midi, quand mon père n'était pas de service. Endimanchés, chapeau fleuri et ombrelle pour maman, canotier et canne pour mon père, où allions-nous? Dans le village, bavarder avec les uns et les autres et, à travers champs, voir où en étaient nos futures récoltes dans nos petits « communaux » où se pratiquaient toutes les cultures possibles dans nos régions: pommes de terre, betteraves fourragères, trèfle, blé, avoine et la variété des plantes potagères. Tous les quatre ans, un tirage au sort attribuait à chaque habitant des lots dispersés à travers les espaces communaux. C'est dire que notre promenade pouvait être longue. Au début, je faisais des bouquets, folâtrais et épuisais mes forces. A mi-chemin déjà, mon frère me portait sur ses épaules.

Parfois, nous longions le canal et, traversant la frontière sur le chemin de halage, nous poussions jusqu'à Montreux-Château, où l'auberge du pont retentissait des rires de promeneurs qui, tout comme nous, y venaient manger des sardines à l'huile et boire du vin rouge, beaucoup moins chers que chez nous. Moi, j'avais droit à de l'eau à bulles, la limonade.

Quelquefois, la promenade dominicale était interrompue par des arrêts chez des amis. Ne pas entrer, c'eût été « faire les fiers ». C'étaient aussi des retrouvailles entre gosses et les disputes pour savoir à quoi on allait jouer. Chez certain collègue de travail de mon père, la question ne se posait pas dans l'immédiat. Il y avait, sous un lit, une boîte de cubes à laquelle ne s'intéressaient plus les enfants de la maison, un garçon et une fille. Mais pour moi, qui n'avais pas de cubes, c'était un objet fascinant. La maman installait ses hôtes, me prenait par la main et, dans la chambre, me donnait une canne avec laquelle, agenouillée, j'amenais à moi la merveilleuse boîte. Assise par terre, magicienne de l'image, je reconstituais des scènes de contes de fées. Après cela seulement, je me sentais disponible pour d'autres distractions. J'aurais pu demander un tel jeu à mes parents. Je ne le fis pas. Je sentais confusément qu'il n'avait d'intérêt pour moi qu'en ce lieu, au pied d'un lit et avec le secours d'une canne.

Souvent, les collègues de mon père s'arrêtaient aussi chez nous au cours de leur sortie en famille. Sur la table de la *Stuwe* apparaissaient un kougloupf et le meilleur kirsch distillé par mon père, dont il était très fier. Bientôt, la conversation s'animait, les rires fusaient. On se communiquait les nouvelles locales à grands éclats de voix. On ne discutait guère de politique. A quoi bon? Il arrivait que tout le monde fît silence pour écouter l'un des assistants quand la conversation s'était cristallisée autour d'un sujet à sensation. Le ton devenait-il véhément? A n'en pas douter, il était encore question du gendarme F., la bête noire de la population. Il avait le génie pour vous découvrir en infraction avec la loi et les règlements. Ses collègues étaient navrés de ses excès et intervenaient parfois contre lui. Ce trublion faiseur d'histoires n'était heureux que s'il avait pu enfermer quelque transfuge derrière les barreaux de la petite prison, à côté de la gare. C'est assurément d'après un modèle de ce genre que Hansi a caricaturé le gendarme prussien, arrogant et grotesque.

Cependant, comme l'Alsacien n'aime pas prendre les choses trop au tragique, la dérision avait le pas sur l'indignation et l'on finissait par rire de ses propres mésaventures.

Les plaisanteries et les farces — à l'alsacienne — étaient d'ailleurs le sel de toutes les rencontres, surtout familiales.

Au début du repas de première communion de Camille, les invités, encore tout imprégnés de dévotion, grignotaient silencieusement, en entrée, des beignets tire-bouchonnés, mais n'en venaient pas à bout. C'étaient des copeaux de bois, préalablement ébouillantés et trempés dans une pâte à frire. Mastication laborieuse. Tante Nanette se pencha vers ma marraine, la fille de tante Marie, et dit à mi-voix:

« J'ai un beignet un peu dur.

— Moi aussi, il reste accroché dans mes dents.

— Moi, dit l'oncle Albert, je crois bien que les dents vont rester dans le beignet. »

Sourire de mes parents. Démystification.

« J'ai tout avalé », déclara mon vieux parrain fier de l'exploit.

L'atmosphère était détendue. C'était le but.

De la fête du village, je ne connus dans mon enfance que les chevaux de bois. Afin de pouvoir danser et laisser mon frère s'exercer à des jeux d'adresse, mes parents m'abonnèrent au manège. Je pouvais monter et descendre à ma guise sous la surveillance de la « dame » du manège.

Après trois ou quatre tours, je m'en lassais et trouvais plus amusant de regarder tourner les autres. Mes parents n'y comprenaient rien. Quant à eux, ils dansaient avec passion la polka, la valse et le Ländler.

Dans ces années de dur labeur, toute distraction était savourée au maximum. L'on savait se réjouir longtemps à l'avance pour une seule journée de détente, trop vite passée. Le bonheur était pourtant fait de cette alternance très inégale: travail-plaisir.

Vigiles et sorcellerie

Notre nombreuse parenté — six frères et sœurs dans la famille de ma mère et dix dans celle de mon père — multipliaient les échanges de visites, notamment aux fêtes liturgiques. Il est vrai que nous ne voyions qu'épisodiquement les frères et sœurs de mon père, peut-être parce qu'ils étaient trop nombreux. En revanche, il était d'usage, dans la famille de maman, que l'on se retrouvât au grand complet dans la maison natale à Moos, chez l'aîné, l'oncle Émile, et cela plusieurs fois par an : à Pâques, à la Pentecôte et souvent à la Saint-Martin.

Tout le village faisait fête à Céline, ma mère, son ancienne couturière. Pour elle, on était affable avec son mari. Oublié, l'antagonisme des mâles qui n'avaient pas supporté qu'un étranger, fût-il du village voisin, vînt courtiser une fille du cru. Mon père ne voulait pas se souvenir des embuscades du *Hellgrava* (la fosse d'enfer) en plein bois où, dans l'obscurité, armé d'un gourdin, il avait mis en fuite ses « faux » rivaux. Une fois établis les liens du mariage, tout cela avait pris place dans les annales secrètes de la gent masculine, le jeune mari étant auréolé de son courage, comme s'il était sorti des épreuves de la chevalerie.

Oui, ces voyages à Moos étaient de joyeuses récréations pour tous. Mon père s'arrangeait avec ses collègues de travail pour se rendre libre, quitte à donner en échange plusieurs nuits de sommeil. Maman était particulièrement gaie. Elle me réveillait très tôt, presque en chantonnant : « *Schatzela* (petit trésor), nous allons chez oncle Émile. »

Je le savais depuis plusieurs jours, mais à présent j'entrais de plain-pied dans l'enchantement. Comme dans un rêve, je me laissais laver, habiller, coiffer, bourrer d'un peu de nourriture et installer sur la bicyclette de mon père, une petite selle étant fixée sur le cadre. L'air matinal me réveillait et je babillais. Mais au bout de quelques kilomètres — sur une vingtaine au total —, le ronronnement rythmé du pédalier et le froufroutement des roues me rendormaient, calée entre les bras de mon père. Camille nous précédait et maman suivait, prête à intervenir avec un coussin si mon confort laissait à désirer.

Nous remontions la tortueuse vallée de la Largue où les villages se succédaient, encore à moitié endormis dans la paix dominicale irradiée de soleil levant. Mais de grands cris me réveillaient dans la cour de la fermette : cousins et cousines arrivés la veille par le train, de Mulhouse, de Belfort, même de Paris, accueillaient joyeusement la benjamine et j'étais emmenée immédiatement par les plus jeunes qui me donnaient la main pour escalader le talus conduisant dans les champs où nous jouions à colin-maillard ou à nous poursuivre, en attendant la grand-messe. De loin, mon frère veillait sur mes chutes possibles.

Parfois, nous aussi arrivions la veille, un peu avant le repas du soir où l'on était déjà nombreux. L'oncle Émile avait sacrifié un veau ou un cochon pour la circonstance, et ce soir-là on mangeait les abats, les morceaux nobles étant réservés pour le lendemain. Camille redoutait ces vigiles de la gastronomie : il détestait les abats.

Pendant que maman et tante Marie, sa sœur aînée, secondaient à la cuisine, Thérèse, la femme de l'oncle Émile, ses deux sœurs, Eugénie et Nanette, s'affairaient autour de la grande tablée, servant chacune une rangée. Camille se défendait de son mieux : « Je n'ai pas faim. » Tante Eugénie n'en croyait rien et le servait généreusement. Pour abréger son supplice, le pauvre garçon avalait vite, en essayant de penser à autre chose. L'assiette vidée, il se sentait délivré.

« Qu'est-ce que tu me racontais ? Tu as un solide appétit » et, d'une preste louchée, tante Eugénie remplissait à nouveau l'assiette de morceaux élastiques enrobés de sauce brunâtre. Et il ne fallait rien laisser, cela eût été inconvenant. C'est pourquoi un soir, en cachette du voisinage, Camille bourra les poches de son gilet de petits paquets suintants de fricassées d'abats. Ils étaient enveloppés de lyrisme : des pages de poèmes de Goethe et de Schiller arrachés à un petit carnet.

Moi, la « toute petite », je n'assistais pas à ce repas. Un peu de soupe, un œuf à la coque, et vite maman me couchait dans une maison voisine, chez une amie où mes parents venaient me rejoindre plus tard. L'escalier de bois craquait sous mes petits pieds comme sous une patte d'éléphant. Je me sentais de l'importance. La chambre était imprégnée d'odeurs de menthe et de camomille infusées dans des relents d'étable. J'entendais quelques meuglements en dessous et des éclats de voix venant de la ferme de l'oncle. Assommée par le changement, je sombrais dans les délices d'une couette. D'ailleurs, pour les autres, la soirée ne se prolongeait pas longtemps. L'oncle Émile mangeait vite le soir ; pour la circonstance, il s'attardait quelque peu à bavarder avec son frère et ses beaux-frères ; mais lorsqu'il rempochait son couteau, c'était considéré par tous comme un signal : celui de s'en aller chacun vers son gîte. Plusieurs maisons voisines hébergeaient les familles en visite. On faisait assaut d'hospitalité, du moins ceux qui n'avaient pas eux-mêmes d'invités. Seule Virginie, à quelques maisons de là, ne recevait personne. Cela chagrinait mes parents.

Elle était veuve. Quand son mari mourut, elle avait quatre petits enfants qu'elle éleva seule. Sa ferme, assez grande, était impeccablement tenue ; la cour était nette, le fumier bien régulier, ses bêtes reluisaient de propreté ; dans son potager ses légumes bien fumés dépassaient en croissance ceux du voisinage. Ses champs ensemencés, plantés, binés, sarclés à temps produisaient bien. Ses enfants, proprement mis, étaient gais. Lorsque les gens du village se rendaient de bon matin à la foire de Ferrette, ils croisaient Virginie sur le chemin du retour. Elle avait déjà vendu œufs, beurre, légumes, afin d'être revenue pour le réveil de ses petits.

Au lieu de crier au miracle du courage, de la diligence, de l'amour maternel, certaines bonnes langues insinuèrent qu'il ne pouvait y avoir là-dessous que de la sorcellerie.

« Enfin, tout cela n'est humainement pas possible, à moins... (en chuchotant) d'un accord avec le diable. Avez-vous remarqué qu'à la messe, elle se tient au fond de l'église et se sauve avant que M. le curé n'ait donné sa bénédiction? Vous pensez bien: le signe de croix... »

Mes parents étaient au courant de ces absurdités qu'ils combattaient de leur mieux. Ils tenaient à manifester leur sympathie à la pauvre femme. Un jour (vers 1900), ils s'étaient rendus dans la cour de Virginie pour la saluer et lui présenter leur bébé, Camille. Mon père le tenait dans ses bras. Elle sourit à l'enfant qui lui sourit aussi. Ell n'osa le toucher, encore moins l'embrasser, malgré l'insistance de maman.

« Vous savez bien ce qu'on dit de moi. S'il arrivait un malheur au petit... »

Mon père lui tendit son fils, le colla contre elle et, ramenant les deux bras inertes de la malheureuse, il en entoura l'enfant. Elle le serra alors et éclata en sanglots. Maman pleurait avec elle. Mais la pauvre Virginie n'alla pas plus loin: jamais elle ne reçut personne sous son toit.

Entre futurs ennemis

A l'heure de la grand-messe, la rue était noire de monde. Les invités de l'oncle : trois familles de Mulhouse, deux de Belfort, une de Pierrefitte et nous autres rejoignions les autres famille du village et leurs invités. J'étais ravie et donnais la main successivement à toute la parenté. Seules restaient à la ferme tante Thérèse et tante Marie, surveillant de grosses marmitées sur la cuisinière et les tartes dans le four à pain.

Pendant l'office, j'avais des fourmis. Mais comme je ne voulais rester qu'avec mes tantes, elles me passaient et repassaient de l'une à l'autre sans que cela troublât le moins du monde leurs oraisons. Le sermon était d'une longueur insupportable, surtout à la Saint-Martin où il était confié au curé doyen du canton. Il commençait sur un ton familier, racontait ce que tout le monde savait déjà de saint Martin, que ce soldat chrétien s'était signalé par un geste spectaculaire : avec son épée, il avait coupé son manteau en deux pour couvrir un mendiant presque nu. Puis le prédicateur s'échauffait, et aux vagues sonores amplifiées sous la voûte et suivies d'arrêts impressionnants, je devinais qu'il invectivait l'auditoire qui manquait de dévotion et s'enfermait dans l'avarice : « Méditez le geste de saint Martin. » Implicitement: « Le feriez-vous? » Les paroissiens baissaient la tête.

Tout a une fin, et la sortie de la messe ressemblait à une kermesse. C'est vrai qu'à deux pas il y avait un étal de pains d'épice, un autre de nougats et entre les deux un stand de tir. On m'offrait un nougat.

De retour à la ferme, dans le remue-ménage des chapeaux qu'on retire et qu'on va porter, superposés, avec un tas de vêtements, dans les chambres du haut par l'escalier craquant et prêt, semblait-il, à s'effrondrer, tante Eugénie triomphait: « Vous avez entendu comme il leur a dit leurs quatre vérités? » Je me posais des questions. Et d'abord, qui étaient au juste ces « leur »? En tout cas, elle n'en était pas, car elle ne manquait jamais la première messe à six heures, dans sa paroisse mulhousienne. Mais qu'est-ce qu'elle ferait de son manteau, elle? Irait-elle jusqu'à tailler dedans? J'observais pour moi que, svelte comme elle était, la moitié de son vêtement, de surcroît cintré, n'eût pas été très couvrante. Qu'importait le résultat. J'étais à peu près sûre que tante Eugénie eût fait le geste si, comme saint Martin, elle avait rencontré un mendiant à moitié nu et si elle avait eu un objet coupant dans les mains. J'étais prête à le croire parce qu'elle était ma tante préférée.

Miraculeusement, tout le monde trouvait place dans la salle où l'on suppléait au manque de chaises par des planches (à la Pentecôte, on mangeait dans la grange). On était serrés et il ne fallait pas s'aviser de quitter la table prématurément; les pipis des enfants étaient prévus et réglementés. Les platées circulaient, débordant de sauce sur la nappe. A la fin du repas, c'étaient les mentons des jeunes convives qui en étaient luisants. Le mien notamment. Ce qui ne m'empêchait pas d'être dégoûtée de voir mes oncles sucer leurs grosses moustaches tombantes qui avaient conservé un échantillonnage de tous les plats. C'est pourquoi j'appréciais que mon père eût une moustache recourbée en croc vers le haut. Il réussissait à la faire tenir fine et raide en la tortillant entre ses doigts pommadés. La même pommade, parfumée à la violette, disciplinait ses cheveux de part et d'autre d'une raie médiane. Je le trouvais élégant auprès de mes oncles à la tête embroussaillée.

Les conversations étaient animées et on ne s'embarrassait pas de manières. On s'interpellait d'un bout à l'autre de la table. Qui plus est, dans cette famille libérale, on accordait aux adolescents et même aux enfants le droit de s'exprimer. Cela pouvait aller loin... L'un des cousins de Mulhouse fit l'orgueil de son père (et quelque peu l'agacement du mien) quand vers sa seizième année il monta sur la table et harangua les assistants.

« Il sait bien parler », disait l'oncle, rouge d'émotion.

Les yeux de la tante, sa mère, pétillaient de tendre gloriole.

Nous ne savions pas qu'il faisait ce jour-là ses premières armes : il devint député quelques années après la guerre !

Quelques maris laissaient leurs femmes partir seules aux vêpres. Puisqu'on les avait fustigés dans le sermon du matin, eh bien, ils en prendraient à leur aise. Tant pis si les épouses les critiquaient, d'ailleurs avec assez peu de conviction, pour la forme. Ils jouaient aux esprits forts : « Les vêpres... très peu pour eux... », au grand scandale de tante Eugénie qui était toujours accompagnée de son mari pour se rendre à l'église, en couple chrétien modèle, ignorant que sa bonne volonté démonstrative frisait un certain pharisaïsme. Combien est subtile et fluctuante la frontière entre le bon exemple et l'ostentation dans des états d'âme qui se veulent irrigués par les grands sentiments religieux !

Au sortir des vêpres, maman allait, pour une heure, rejoindre Amélie, sa très chère amie d'enfance. A présent, elle était nantie d'une nombreuse famille, d'un mari taciturne et parcimonieux. D'année en année, maman scrutait, sur le front jadis si beau de la rieuse fille, les rides révélatrices de soucis corrosifs et voyait un insidieux désenchantement ternir les beaux yeux noirs. Elle essayait de plaisanter et ne recueillait qu'un pâle sourire. Malgré sa déception, elle ne pouvait s'empêcher de visiter son amie à chacun de ses passages. Auprès de cette silhouette effacée qui pliait sous les « devoirs », elle s'égarait à la recherche de sa jeunesse.

« Mon Dieu ! disait-elle à mon père en revenant, est-il possible que le mariage puisse éteindre ainsi un être ? »

Il accueillait la remarque comme il se devait. Si sa femme n'avait pas changé, c'était grâce à lui.

« Et puis, ajoutait parfois maman, elle est devenue avare, elle ne m'a rien offert. »

Dans la rue, parmi une troupe d'enfants, elle essayait de repérer ce qui était à elle : deux nœuds mauves dans une frisure en désordre la rassuraient, et elle allait à la cuisine rejoindre sœurs et belles-sœurs. Elle me savait d'ailleurs sous la surveillance discrète, mais efficace, de Camille qui, devant la grange, échangeait des timbres avec un cousin de Mulhouse. Ils apportaient toujours leur collection.

Les aînés, sept garçons de dix-sept à dix-neuf ans à la veille de la guerre, se dépensaient comme ils pouvaient, grimpaient aux arbres (on ne connaissait pas le précieux football, catalyseur du trop-plein de forces) ou déambulaient dans le village, riant, parlant fort, ceux de la ville étant fiers de leur qualité de citadins auprès des jeunes villageoises. Et puis, à la Saint-Martin, ils se bousculaient devant le stand de tir. Ignorants, ou insouciants du drame qui allait bientôt les opposer, cinq dans l'armée allemande, deux dans l'armée française, ils s'exerçaient, sans le savoir, à ne pas se rater.

Les hommes aidaient l'oncle Émile à s'occuper des bêtes, puis assis à califourchon sur des chaises dans la cour ou dans la grange, selon le temps, ils discutaient des derniers événements : affaires d'Agadir ou de Saverne, crises balkaniques, rétablissement du service de trois ans dans l'armée française. Ils s'inquiétaient de la rivalité franco-allemande qui n'attendait que l'étincelle... Ah ! ces bruits de bottes et ces cliquetis de sabres ! Ils se méfiaient de Guillaume II, le Feldherr. Toutefois, en ce jour de liesse, ils s'efforçaient de refouler le pressentiment qu'ils allaient tôt ou tard être pris entre deux feux, et de plus dans des armées ennemies. Mobilisables tout comme les jeunes, ne seraient-ils pas, eux les anciens, opposés les uns dans la Landwehr, les autres dans la territoriale ?...

Tard dans la nuit, nous rentrions. Naturellement, je dormais.

Août 1914 — la guerre

La guerre ! Un beau jour (traîtrise de la langue) elle éclata. Attentat de Sarajevo — mécanisme des alliances. La guerre !

Son irruption dans notre vie se présenta pour moi par l'image de deux couples devant notre maison : mes parents, un douanier et sa femme. Celle-ci, en sanglotant, dit à ma mère :

« *Der Krieg ist erklärt* » — La guerre est déclarée.

Elles ne se sont pas jetées dans les bras l'une de l'autre. Ce n'est pas dans nos manières, assez sobres au chapitre de l'émotion, et cette femme aussi était réservée. Mais le cœur y était. Chez l'une comme chez l'autre, il y avait la grande peur pour les siens et l'immense pitié pour ces deux mondes qui allaient chercher à s'entre-détruire. Et encore, ne pouvaient-elles soupçonner jusqu'à quel point.

Les deux hommes discutaient sur un autre mode. Toujours frondeur, mon père fit une plaisanterie douteuse : « Les Français vous construiront des petits bateaux, vous allez voir ça ! » (Le douanier s'appelait Schiffbauer, c'est-à-dire constructeur de bateaux.) Dans le fond, l'un comme l'autre détestaient cette intrusion dans leur vie paisible, mais semblaient admettre que, puisqu'il y avait litige, on allait forcément devoir en découdre. C'était une fatalité.

Les femmes, en pleurant, parlaient déjà famine. Moi, près de maman, je supputais mes chances de survie et faisais l'inventaire des nourritures possibles. Cela se passait près du cerisier. Je me délectais toujours de la sève qu'exsudait l'écorce et qui se solidifiait en une petite masse brunâtre, collante et délicieusement amère. Après tout, je n'avais jamais goûté à l'écorce elle-même. C'était à essayer. Je formulai mon avis : « Nous mangerons du bois... » Pas un mot. La chose était donc possible. Je m'en allai rassurée, continuer l'exploration, autour de la maison, de tout ce qui pouvait être comestible, en n'excluant pas grand-chose, à part la ferraille et les cailloux.

Les jours suivants furent chargés d'anxiété dans l'attente permanente de catastrophes complémentaires. Ainsi qu'il fallait s'y attendre, mon père était mobilisé à Mulhouse, mais en tant que cheminot comme chauffeur de locomotive. Mes parents réglèrent fébrilement les détails de ce départ.

« Qu'allons-nous faire du Napi ? », dit maman. Dans l'état actuel des choses, les Allemands ne toléreront plus l'emblème tricolore (l'écharpe qui barrait sa poitrine et la cocarde de son chapeau).

« Enterrons-le », dit mon père. Bien enveloppé de papier, le buste fut mis en terre, au pied du pêcher, derrière la maison.

Tous deux pensaient que c'était un départ pour l'île d'Elbe.

Ce fut malheureusement Sainte-Hélène.

Le grand album à la bande tricolore trouva une cachette sûre sous les lattes du grenier.

Mon père nous quitta.

« Je reviendrai bientôt », dit-il, car il pensait à une guerre très courte. Comment ? Il n'en savait rien.

Maman allait dorénavant être seule avec ses deux enfants sur le chemin de l'angoisse où chaque aubc pouvait être un tournant fatal et chaque crépuscule un guet-apens.

Dans une région frontalière, la guerre crée une étrange psychose. En tout inconnu qui passait, les commères d'abord, puis les gens raisonnables après elles, soupçonnaient un espion.

Les cultivateurs durent livrer leurs voitures aux autorités pour faire des barricades afin d'empêcher les incursions nocturnes en territoire alsacien des automobiles françaises.

Les trains ne passèrent plus, les rails ayant été enlevés entre Montreux-Vieux et Petit-Croix, la première gare française. En revanche, de nombreux convois partirent en direction de Mulhouse, emmenant des familles allemandes et certains fonctionnaires. Mais après cette fièvre, un morne silence tomba sur la gare, naguère si mouvementée.

Le dimanche 2 août, entre les deux déclarations de guerre de l'Allemagne, le samedi à la Russie et le lundi à la France, la grand-messe ne ressemblait à rien de vécu jusque-là. Il y avait peu de monde et M. le curé paraissait nerveux. Il ne fit pas de sermon. C'était inquiétant. Nous, les gamines, en oubliions de bavarder. J'étais pourtant à côté de Maria qui, d'habitude, n'avait pas sa pareille pour me chuchoter ses confidences et me faire susurrer les miennes. Cette fois, nous n'avions rien à nous dire, et, la messe rapidement expédiée, nous nous précipitâmes chez nous.

A Chavannes-sur-l'Étang, ce fut quelque peu dramatique. Un jeune prêtre disait sa première messe. Quelqu'un entra : « Il faut sortir, on va tirer sur l'église. » L'assistance s'enfuit. Le prêtre finit cependant sa messe, mais en la seule compagnie de sa mère, de sa sœur et de son oncle.

On voyait peu de soldats allemands. Le bruit se répandit que des uhlans s'étaient aventurés au-delà de Montreux-Vieux en direction de la frontière, mais qu'ayant aperçu des douaniers français, ils s'étaient enfuis sur leurs chevaux, ventre à terre ; on en aurait aussi vu sur la route de Chavannes-les-Grands. C'est donc qu'ils surveillaient la frontière, mais furtivement, en nombre restreint.

Un incident qui devait compter dans les annales de la guerre avait eu lieu le 2 août, avant même le début des hostilités. On sait que le gouvernement français avait ordonné aux troupes de ne pas s'avancer jusqu'à la frontière, mais au contraire de se retirer à dix kilomètres en deçà. Une patrouille allemande avait pénétré en France à travers une région semée d'étangs et s'était heurtée à un poste français à Joncherey, à environ dix kilomètres de chez nous. Un échange de coups de feu avait fait un mort de part et d'autre. Ces premiers morts de la Grande Guerre

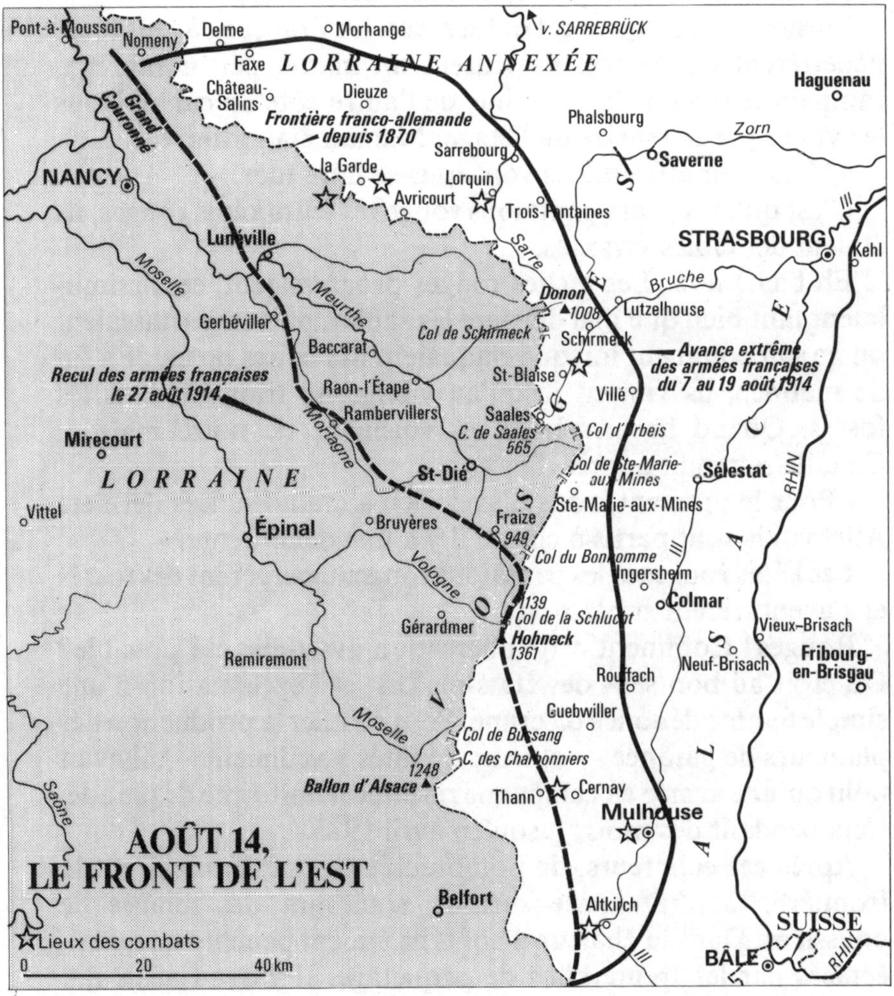

Août 1914: Le front de l'Est carte tirée de la revue L'Histoire *N° 107, janvier 1988.*
La première avance des troupes françaises du 7 au 19 août 1914 (trait plein) visait le Rhin. Les revers subis dans d'autres secteurs obligèrent l'armée d'Alsace à abandonner ses conquêtes. Le front sera dorénavant celui qui est indiqué par le trait en pointillé. Seuls quelques cantons du sud de l'Alsace seront, du côté français, derrière ce front.

étaient le caporal Peugeot[1], jeune instituteur abattu par le lieutenant Mayer, tué à son tour. C'était là un de ces éclairs précurseurs fulgurant sur un sinistre fond d'orage.

Plusieurs jours après cet événement, les Français, à leur tour, pénétrèrent en Alsace. Ils vinrent un matin, peu nombreux, rampant le long de la Suarcine, de l'autre côté du canal. Nous les vîmes par la fenêtre de l'étage. Maman était atterrée:

« Mais c'est affreux! Ils vont tous se faire tuer! »

C'est qu'avec leurs pantalons rouges et leurs képis rouges, ils étaient des cibles vivantes.

Eh bien! non. Les taches rouges progressaient, se dissimulaient tant bien que mal derrière les saules, puis disparaissaient on ne sait comment lorsque claquaient des coups de feu. En fin de matinée, ils vinrent jusqu'au village, se traînant dans les fossés. Quand ils arrivèrent au voisinage de notre maison, Camille se rendit auprès d'eux:

« Pour le moment, vous n'avez rien à craindre. Les derniers Allemands sont partis à cheval il y a une demi-heure. »

Les képis rouges et les pantalons rouges émergèrent des fossés et s'aventurèrent sur la route.

Rouges! Comment cette aberration avait-elle été possible? On croit au bon sens des états-majors, et l'exclamation d'une simple femme dénonce un crime. Pour écouler la production des planteurs de garance — et leurs députés y veillaient —, il avait fallu qu'une armée en campagne revêtît cet uniforme de parade. Cela pendant des mois: jusqu'en avril 1915.

Après ces éclaireurs, de nombreuses troupes franchirent la frontière, de l'infanterie surtout, soulevant des nuages de poussière. Dans la chaleur d'août, ils étaient penchés en avant, écrasés par les trente kilos de paquetage. Il y avait aussi des chasseurs alpins dont le pas rapide nous étonnait. Combien cela différait du lourd pas de l'oie allemand auquel nous avions été habitués! Les dragons, avec leur lance, étaient impressionnants.

---

1. L'inscription portée sur le monument au caporal Peugeot à Joncherey (Territoire de Belfort) est la suivante:

« Ici, dimanche 2 août 1914, a été tué le caporal Jules André Peugeot du 44e R.T.

« Plus de trente heures avant qu'elle déclarât la guerre à la France, l'Allemagne impériale a répandu le Premier Sang Français. »

Leurs casques flamboyaient dans la lumière d'été. Quelqu'un nous dit que la longue crinière noire retombant sur leur dos n'était pas un ornement, mais devait dévier les coups de sabre. (La pointe du casque allemand aurait eu le même but.)

Ces troupes passèrent pendant deux jours. Nous les regardions surtout à travers les rideaux.

En effet, que l'on ne s'imagine pas des scènes de retrouvailles.

Ces noms de localités écrits en allemand sur les gares, ces enseignes en lettres gothiques déroutaient les soldats qui commencèrent par les détruire. Dans la gare même, tout fut mis en pièces.

Ce n'était pas ainsi qu'ils s'étaient imaginé l'Alsace, celle des clochers à la Hansi piqués de drapeaux tricolores. Ils se croyaient en Allemagne et posaient d'étranges questions :

« C'est encore loin jusqu'à Berlin? »

et plus bizarrement encore :

« Où est le village Lalsace? »

Celui qui interrogeait ainsi n'était évidemment pas très au courant de l'affaire qui l'avait amené là, mais avait cependant été jugé capable de s'en occuper...

Ces premiers soldats n'avaient vraiment pas du tout l'air de vouloir sympathiser avec la population, surtout quand ils s'adressaient à qui ne pouvait pas leur répondre.

Alors, les femmes s'enfermèrent avec leurs enfants dans les maisons. Pourtant, le premier vendredi du mois, quelques dévotes osèrent aller jusqu'à l'église. Des soldats y entrèrent pendant l'office; ils coupèrent les cordes des cloches de peur qu'elles pussent servir de signaux à l'ennemi.

Le village plongea dans un lugubre silence.

La retraite de Mulhouse

Il fallut un premier malheur pour ouvrir les cœurs.

Ces régiments d'infanterie, de cavalerie, de chasseurs qui avaient défilé sur la route pendant de longues heures, avaient poussé leur marche en direction de Mulhouse, à une trentaine de kilomètres de chez nous. Après des combats meurtriers près d'Altkirch et dans la banlieue mulhousienne, le 8 août, en fin d'après-midi, les troupes du 7e corps d'armée, musique en tête, drapeaux déployés, entraient dans la ville que les Allemands, en apparence du moins, avaient évacuée. L'accueil fut enthousiaste. Une foule énorme se pressait sur le passage des soldats à qui on jetait des fleurs. Les drapeaux tricolores lancés par des avions fleurissaient les maisons. C'était l'Alsace retrouvée et, jusqu'au 10 août, la liesse.

Hélas ! Les Allemands revinrent en force, assaillirent les Français, les refoulèrent, les poursuivirent dans une retraite précipitée, les uns en direction des Vosges, les autres le long du canal du Rhône au Rhin.

Aux souffrances physiques s'ajouta, pour les Français, « l'impression atroce d'abandon » d'une population qui avait si vivement manifesté sa joie. Des lettres de soldats témoignent de ce désarroi :

D'un fantassin (après la première retraite): « Des fenêtres s'ouvraient et c'étaient toujours les mêmes appels anxieux: "Ne partez pas, pourquoi nous quitter?" Et nos cœurs de soldats se sentaient brisés, infiniment, de ne pouvoir céder à ces appels. »

D'un artilleur (après la deuxième retraite): « Pourquoi a-t-il fallu que cette campagne d'Alsace, qui fut une des plus jolies victoires de cette guerre, se terminât ainsi? Mulhouse est à nous, il faut l'abandonner pour aller au secours de Paris; et dans la demi-obscurité qui tombe, on retraverse silencieusement les rues qui résonnaient quelques jours auparavant des notes joyeuses de nos fanfares » (commandant Joguet). (*De la Trouée de Belfort à Mulhouse*, Éditions Lavanzelle, 1932.)

Mulhouse subit des représailles, Bourtzwiller, un faubourg, fut incendié et il y eut six fusillés dans la population. Tante Nanette nous raconta plus tard que les Allemands avaient fait sortir de chez eux les habitants de son quartier (elle habitait la rue du Manège) et les avaient dirigés hors de la ville. Dans le lamentable cortège de femmes, d'enfants, de vieux, elle cheminait avec ses cinq gosses.

« Nous allons être fusillés! » disaient les femmes entre elles avec un calme fataliste. Les enfants pleuraient de fatigue. On les portait à tour de rôle.

« Halte! »

On était arrivé devant un grand mur. C'était donc là que cela allait se passer. Les gardes attendaient des ordres.

Enfin, une proclamation fut lue. Elle se résumait en ceci:

« Vous pouvez rentrer chez vous, mais ne recommencez plus... »

Ils ne recommencèrent pas. Une deuxième bataille aura lieu à Mulhouse. La population se terrera dans les caves et les drapeaux resteront cachés.

Talonnés sur leurs arrières, les Français coururent le long du canal. Arrivés chez nous, ils se jugèrent hors d'atteinte et se jetèrent haletants, épuisés, dans l'herbe ombragée de cerisiers. La nouvelle monta dans le village: « Les Français sont revenus, battus. Ils sont à demi morts sur la berge du canal. »

L'élan fut spontané, unanime. Chacun prit chez lui ce qu'il

avait sous la main : pain, charcuterie, œufs, fromage, lait, vin, kirsch. Tout le monde se hâta vers ce talus de la misère humaine.

Maman avait rempli un panier. Accompagnée par Camille — et moi aussi à son côté —, elle se penchait vers l'homme couché ou assis, tendant ses victuailles, et mon frère parlait pour elle, qui ne savait pas le français. Il disait :

« Voulez-vous manger du jambon ? » Elle répétait : « Manger. »

« Voulez-vous boire un peu de kirsch ? » Elle disait : « Boire. »

Un pauvre sourire la remerciait.

Quand ils eurent repris des forces, les pauvres gens accompagnèrent leurs nouveaux amis chez eux où il y avait bien encore un bon petit verre à déguster. Avec mon frère vint un aumônier qui lui dit : « S'il ne m'arrive rien, je reviendrai vous voir et vous apporterai, en souvenir, une croix semblable à celle dont je ne peux me séparer. » Il ne revint jamais et nous savions pourquoi.

Le soir, tous les soldats eurent leur cantonnement dans les fermes. Les granges fourmillaient d'uniformes bicolores. Dans les cours, ils empilèrent des pierres pour faire des foyers. Ils demandèrent aux fermières les chaudrons dans lesquels on cuisait la nourriture des animaux et ils y mijotaient leur soupe, car ils n'avaient aucun matériel approprié. Malgré l'inconfort auquel ils n'étaient pas encore habitués, ils trouvèrent que la vie était belle et noyèrent leurs mauvais souvenirs dans des quarts de vin qui leur furent généreusement distribués par l'intendance. Dans la nuit, ils furent relevés par d'autres troupes et s'en allèrent au-delà de Belfort dont les casernes, derrière les fortifications, restèrent fermées aux nouveaux arrivants. On verrouillait, par prudence, cette illustre porte de la France.

Le 13 août

On ne savait au juste où les poursuivants allemands s'étaient arrêtés. Ils pouvaient fort bien s'être infiltrés de nuit dans les nombreuses forêts de la région. Ce dont on était sûr, c'est qu'il s'agissait d'un régiment de Badois et de Wurtembergeois, les plus proches voisins de l'Alsace. On s'attendait de toute façon à un « coup dur ». Mais civils et militaires avaient à se préoccuper du quotidien. De vaquer à leurs travaux anesthésiait quelque peu leurs pensées et refroidissait les imaginations.

Les nouveaux soldats bivouaquaient au haut du village au « Bout'd'do », où ils pouvaient parler avec les habitants. Les fusils étaient en faisceaux sur la route. Il faisait déjà très chaud de bon matin. Les pompes grinçaient dans les cours. De nombreux soldats envahissaient les deux cafés où de gros fûts de « pinard » avaient été mis en perce pour tant de monde.

Pourtant, toute la matinée, on entendit des coups de feu du côté de Magny. Des tireurs isolés ? On l'eût dit. Par précaution, à la sortie du village, des sentinelles s'étaient couchées dans les fossés, l'arme à la main. Elles étaient vigilantes pour tous ceux qui, déjà installés dans la guerre, allaient et venaient dans la localité.

Les Allemands, pendant ce temps, choisissaient leur position d'attaque à la lisière de la forêt, au-dessus du moulin de la Caille. Ils allaient dominer les environs.

Camille était allé au village et revint vers midi, très préoccupé. Maman, qui s'était inquiétée de son absence, avait la migraine et s'était couchée sur le canapé installé, depuis la veille, à la cuisine. Les coups de feu, lointains toute la matinée, se rapprochaient et s'intensifiaient en une fusillade de plus en plus nourrie. Face à la cuisine, une faîtière de la buanderie se fracassa. Camille ferma les volets.

Brusquement, vers trois heures de l'après-midi, le canon tonna.

« Vite à la cave ! » Mais déjà, dans un réflexe animal, j'avais disparu sous le canapé.

« Élisa, où es-tu ? Réponds ! »

Silence. Une deuxième fois, le canon ébranla l'air, fit trembler la maison.

Maman courait d'une pièce à l'autre, me cherchant. Camille me découvrit enfin, m'entraîna à la cave, me blottit contre la cheminée du côté opposé aux soupiraux. Maman s'assit tout près de moi et me serra contre elle. La bataille avait envahi les abords de la maison. Des balles claquaient sur les murs.

Maman, si vaillante quand les événements ne dépendaient que de ses efforts, devenait en ces instants faible comme une enfant. Elle pleurait et priait à haute voix. Tout ce qui était encore en son pouvoir, c'était de s'adresser à la parenté céleste en de longues litanies où revenait plus souvent qu'à son tour le nom de sainte Agathe qui protège des incendies. Elle les interrompait de temps en temps par une demande pressante : « Seigneur, fais tomber la nuit. » Elle disait : « Quand ils ne se verront plus, ils ne tireront plus. »

Hélas ! En été le jour est long.

J'écoutais, hébétée, la furia du dehors et les invocations de Maman.

Mais il y avait Camille et il me semblait qu'en sa présence rien de grave ne pouvait m'arriver.

Promu à quinze ans au rang de chef de famille, il s'ingénia à rendre notre précaire abri le plus confortable possible — avec des sacs à pommes de terre. Maman le suppliait de ne pas s'exposer en circulant dans la cave. Mais qui eût pu l'en empêcher? La passivité n'était pas dans sa nature. Il était cependant prudent, se baissait et s'accroupissait souvent devant les soupiraux. Cela lui permettait, en se levant furtivement, de nous renseigner sur ce qui se passait au dehors:

« Des maisons brûlent à Montreux-Vieux, la fumée monte dans le ciel. D'ailleurs on entend le crépitement des incendies. Écoutez... »

Nous n'entendions que le fracas de la bataille. Et plus tard, vers le soir:

« Le ciel est embrasé au-dessus de Romagny. On dirait que tout le village flambe. »

A un certain moment, nous entendîmes un long miaulement près de la maison. Ce devait être le chat Merraou. Je m'inquiétai: était-il blessé? Camille n'était pas choqué de ces préoccupations:

« S'il miaule, c'est qu'il est vivant, et s'il est blessé nous le soignerons. »

Maman n'avait pas entendu. Le canon continuait à tonner et la fusillade faisait rage. Malgré cela, un espoir se levait: la lumière déclinait. Certains coins de la cave étaient dans la pénombre. Il venait, le moment tant attendu.

En effet, à neuf heures du soir, le canon se tut. Les coups de feu s'espacèrent. La bataille s'éteignait. Nous remontâmes de la cave.

Sous le ciel indifférent, de la campagne baignée de clarté lunaire nous parvenaient de confuses rumeurs, des gémissements, des râles. Au loin, mais se rapprochant, on percevait des appels: « *Sanität.* » C'étaient des infirmiers allemands qui ramassaient leurs blessés.

Soudain, assez près, une voix, à jamais inscrite dans ma mémoire, s'éleva: « Au revoir, papa, au revoir, maman », à laquelle répondirent d'autres voix plaintives.

Camille voulut sortir; maman le supplia d'attendre le jour. Ces coups de feu que l'on entendait encore de temps en temps pouvaient être tirés dans la fièvre qui obscurcit la raison. Il n'était pas nécessaire d'ajouter au carnage la mort d'un garçon de quinze ans.

Sur la route, une voiture roulait lentement, attelée de deux chevaux, chargée de corps. Des blessés? des mourants? des morts? Un paysan conduisait les chevaux. Des soldats allemands suivaient, silencieux.

Nous nous cachions dans l'obscurité du couloir. Mais par la petite vitre de la porte, nous observions le lugubre cortège; une lanterne-tempête projetait des ombres fantomatiques sur la route baignée de lune.

Ils obliquèrent le long du canal. Quand ils furent loin, nous ouvrîmes à Merraou. Il était indemne.

Je dus être seule à dormir cette nuit-là. A mon réveil, Camille venait de rentrer.

Que maman eût un visage défait, les yeux battus, je le comprenais. Mais lui, je ne l'avais jamais vu ainsi: pâle, s'asseyant accablé, les yeux embués — quand enfin il se mit à parler:

« Si les pauvres familles voyaient... »

Par bribes, il nous décrivait l'horreur: sous le soleil qui monte, la campagne semée de taches rouges — et ces yeux qui semblaient contempler la radieuse matinée d'août — et ces positions recroquevillées sur des ventres ouverts — ce soldat mort presque debout appuyé sur sa baïonnette contre le haut revers du fossé, guettant encore, et cet autre étendu dans une cour de ferme, près du fumier, la tête plongée dans le purin comme pour étancher une horrible soif.

Camille n'était revenu que pour rassurer maman. Il repartit vite. Parmi les vieux paysans, les brancardiers, il avait pris sa place d'homme et remplaçait le père absent.

A midi, il mangea à peine, pressé de s'en aller.

« Dans la forêt, j'ai entendu des gémissements. J'ai exploré tous les fourrés d'alentour et n'ai trouvé personne. Les autres me disent que c'est l'appel d'un oiseau. Je ne le crois pas. »

Il chercha tout l'après-midi. En vain.

Deux ans plus tard, on découvrira un squelette là où pourtant il avait longtemps tourné en rond.

Il nous apprit quelques faits de la bataille. Le centre du combat avait été le moulin de la Caille, dont le corps de logis avait été incendié par les Badois.

Ce moulin, avec ses bâtiments annexes, est situé en contrebas d'une pente de trois cents mètres environ. La compagnie Japy du 235e régiment d'infanterie avait été chargée de sa défense. Elle avait élevé une barricade devant la passerelle traversant la Suarcine, large à peine de deux mètres. Le long du ruisseau, une tranchée peu profonde avait été creusée à la hâte. C'est dans ce secteur que l'on retrouvera de nombreux morts et blessés.

Plus haut, à l'entrée du chemin conduisant au moulin, près de la route, un abri avait été creusé pour deux mitrailleuses. L'une d'elles s'était enrayée; le servant de l'autre avait été blessé.

L'artillerie française paraissait avoir été dans l'ensemble plus puissante que celle des ennemis, mais ceux-ci semblaient avoir eu la supériorité numérique des effectifs. Aussi, vers 17 heures, étaient-ils sortis du Banbois, sur la commune de Magny, et avaient dévalé les pentes à travers champs de blé et d'avoine en direction de la Suarcine et du moulin de la Caille.

C'est alors que le commandement français ordonna la retraite vers le village, distant de cinq cents mètres environ, retraite rendue d'autant plus meurtrière qu'elle se faisait en terrain découvert. Dès le début, le capitaine Japy fut mortellement atteint. Les Français se battirent farouchement. Dans le village même, les soldats avaient dû charger à la baïonnette. Ils durent cependant évacuer Montreux-Jeune, mais tinrent solidement l'autre côté du canal vers Montreux-Vieux. Les Allemands se retirèrent au cours de la nuit. Ni vainqueurs, ni vaincus.

Mais quelle hécatombe! le 235e régiment d'infanterie perdit cent quarante-trois hommes, dont quatre capitaines et dix officiers et sous-officiers. On chiffre les blessés à plus de six cents dont trois capitaines. Quelques-uns des blessés furent emmenés, prisonniers, par les Allemands.

On ne sait ce que furent les pertes de l'ennemi.

Dès le lendemain, on enterra les pauvres morts dans une fosse commune à la lisière de la forêt. Les habitants la fleurissaient abondamment, et plusieurs fois par an nos maîtres nous y emmenaient et nous chantions l'hymne de Victor Hugo:

> « Ceux qui pieusement sont morts pour la patrie
> Ont droit qu'à leur cercueil la foule vienne et prie... »

De temps en temps on y voyait des silhouettes noires agenouillées, et de nouvelles couronnes s'ajoutaient aux anciennes.

Après la guerre, les corps furent transférés dans un cimetière national à Cernay.

A Montreux-Jeune on érigea un monument commémoratif près du moulin de la Caille. Une plaque y rappelle qu'« Ici le 235e régiment d'infanterie lutta vaillamment pour interdire aux éléments des 29e et 30e divisions allemandes l'accès du sol français ».

Tous les ans, le 13 août, se fait l'appel aux morts, suivi de la minute de silence. Y participe un détachement du 35e régiment d'infanterie (succédant au 235e, dissous). Des survivants (ils étaient deux à la fin des années 70) ont assisté à la cérémonie. Plus de soixante ans après la bataille, un des rescapés me parla de ses épreuves. C'était lui le mitrailleur blessé. Il s'était traîné jusqu'à la rivière pour y tremper sa jambe fiévreuse. Un soldat ennemi, furieux, lui décocha un grand coup de pied qui le fit rouler dans l'eau. Il se serait peut-être noyé sans l'intervention d'un médecin militaire allemand qui le fit retirer de là et transporter dans une grange où il pansa sa blessure, en même temps qu'il donnait des soins à d'autres blessés français.

L'inhumain et l'humain s'étaient côtoyés. Affaire d'individus.

Mais il y aurait eu aussi l'horrible. Voici le récit qu'en fait le général Thévenet, gouverneur de Belfort, dans son livre *La Place de Belfort et les Opérations de l'Armée d'Alsace* paru en 1919 chez Levrault :

« La journée du 13 août fut aussi marquée par un acte de barbarie que bien d'autres actes du même genre ont pu faire tomber dans l'oubli, mais qui souleva alors un frémissement d'horreur. En arrivant à Magny par la route de Manspach, des soldats allemands abattirent d'un coup de feu un pauvre gamin de sept ans qui avait commis le crime de les mettre en joue avec son petit fusil de bois. »

A vrai dire, le «frémissement d'horreur» ne nous atteignit pas, car nous ignorions tout de la tragédie. Pourquoi? Magny n'est pourtant qu'à deux kilomètres de Montreux-Jeune, faisant d'ailleurs partie de notre paroisse, et l'enfant avait mon âge. Personne à Montreux-Jeune n'était au courant de ce fait odieux. Je me pose encore la question: pourquoi? Ce n'est que depuis peu, par l'examen du registre d'état civil de Magny et l'audition d'un habitant qui avait une dizaine d'années à l'époque, que j'en connus les détails.

L'enfant était fils d'un douanier allemand demeurant dans la première maison de Magny sur la route qui mène de Chavannes-les-Grands (France) à Manspach (Alsace).

Au cours de la bataille, vers 5 heures de l'après-midi, le garçonnet, sans doute encouragé par le fait que les Allemands, donc des compatriotes, occupaient la localité, se tenait à la fenêtre du rez-de-chaussée, et, selon la rumeur publique, avec une arbalète rustique, faite d'une baguette de noisetier, aurait fait mine de viser les soldats allemands à l'affût. L'un de ceux-ci l'aurait visé à son tour et l'enfant fut tué net. Il s'appelait Evald Scharrschmitt. C'était le jeune frère du meilleur copain de Camille. (Ils avaient fait leur communion ensemble.) C'est avec ce copain-là qu'avant la guerre Camille avait épuisé les curiosités de ses quinze ans en de longues randonnées à bicyclette, des vagabondages à travers bois et champs.

Quelques jours après le 13 août, les familles allemandes de la région furent regroupées et acheminées par les soins de la Croix-Rouge, à travers la Suisse, vers leur patrie.

Dans l'effervescence des événements, Camille n'avait pas revu son camarade Scharrschmitt et n'entendit plus jamais parler de lui ni de la tragédie qui avait endeuillé sa famille. Mais la France entière était au courant de l'acte de barbarie que l'on relatait dans les livres pour enfants, sans citer la localité.

Après la guerre, un professeur allemand s'insurgea contre ce qu'il considérait comme de la propagande haineuse. Voici le libellé d'un article (traduit) qu'il fit insérer dans un journal alsacien :

« La fin d'un mensonge sur les atrocités de guerre
dans les livres scolaires français.
(Prof F. Ehringhaus-Kassel)
Reproduction recommandée. »

« Il y a quelques années, un enfant de Strasbourg me montra un abécédaire en usage dans les écoles françaises et alsaciennes.

« Dans ce livre et dans beaucoup d'autres, on relate l'horrible histoire de l'enfant de sept ans au fusil de bois, avec l'illustration adéquate.

« Près de Belfort, y écrivait-on, un gamin de sept ans jouait avec son fusil de bois. Arrivent les soldats allemands. Le gamin les vise. Le Hun abat le garçonnet. Dans la revue de philologie allemande, le fait est cité pour être diffusé dans un vaste public.

« L'éditeur d'un abécédaire écrivit alors à un instituteur français pour lui demander si l'auteur de cette histoire n'était pas le poète Miguel Zamacoïs, alors journaliste : l'événement se situerait à l'automne de 1914 et aurait été publié par plusieurs journaux. L'instituteur s'adressa alors au poète et eut pour réponse qu'il aurait composé le petit récit dans un moment d'humeur d'après les communiqués de presse. " Je reconnais que sa véracité ne peut être prouvée avec certitude ; je vais faire des recherches et vous communiquerai le résultat. "

« Mais aucune réponse ne vint ; l'instituteur persévérant continua ses investigations et apprit finalement ceci : " Il s'agit de l'enfant d'un douanier allemand de Magny qui au cours de la bataille du 13 août à Montreux-Jeune regarda par la fenêtre et fut atteint par une balle. L'histoire du fusil de bois est donc finalement pure invention pour rendre la nouvelle sensationnelle et influencer l'opinion publique qu'il fallait tenir sous pression. "

« Toute notre estime à ce maître français soucieux de vérité qui sanctionne ainsi le mensonge de ses compatriotes et fit arracher des livres de ses élèves ces pages d'horreurs. Que d'autres l'imitent pour faire aussi disparaître des livres de classe d'autres mensonges de guerre (mains coupées...). »

Nous touchons là aux aléas de l'Histoire.

En tout cas, le drame fut abondamment exploité par la propagande française sur la « sauvagerie teutonne ».

En fait de propagandes, il y en eut qui ne reposaient sur rien. Elles avaient pour but d'exciter la haine pour soutenir le moral. Même à l'usage des enfants.

Mais qu'il me soit permis d'évoquer honnêtement celle qui, justifiée, s'attaquait à une mystique allemande sacrilège légitimant en quelque sorte la guerre. Le fameux « *Gott mit uns* » (Dieu avec nous) n'était pas une fable française. C'était la formule (plus qu'une prière) gravée sur la boucle du ceinturon de chaque soldat allemand et qui semble authentifier le tableau attribué au peintre allemand Hermann Clementz représentant le Christ « enrégimenté » et qui est singulièrement hallucinant (voir cahier d'illustrations).

Toutefois, trop proches du front, plongés dans les vérités amères, nous autres Alsaciens fûmes épargnés par la vague de propagande qui submergeait le reste de la France — au point d'ignorer même ce qui se passait au milieu de nous.

Lendemains de bataille

Au bout de deux jours, j'oubliais déjà le cauchemar de la cave. Le malheur d'une famille me réservait, à moi, dans mon inconscience enfantine, un bonheur inattendu.

Au cours de la bataille, une jeune femme portant sa petite fille dans ses bras s'était approchée de la fenêtre. Une balle tua en même temps l'enfant et la mère. Le père, mis on ne sait comment au courant de la tragédie, réussit à traverser ce qui n'était pas encore la ligne du front, mais arriva après l'enterrement. Maman, qui avait eu de la sympathie pour la jeune femme, se rendit chez lui avec moi pour prodiguer d'impossibles consolations. Elle ne réussit qu'à pleurer avec lui. Il alla dans la chambre, revint avec une poupée qu'il me tendit dans un sanglot. Elle était plus petite que mes poupées, mais elle avait un bien joli sourire. Je la serrai dans mes bras et je sus qu'elle, la fille adoptive, allait devenir l'enfant de mon cœur. Ai-je réalisé que je la devais à la mort d'une petite fille semblable à moi ? Sans doute, puisque je l'appelai Ursula comme elle, mais l'instant était une fête qui m'inonda de bonheur. Ainsi doivent être les sentiments de ceux qui reçoivent pour la première fois le sourire de l'enfant adoptif.

Nous étions à peine rentrées et je cajolais Ursula, lorsqu'une parente se présenta avec un grand chien et nous demanda l'hospitalité.

C'était une cousine de mon père. Elle s'était « placée » comme gouvernante à Montreux-Vieux chez un fonctionnaire allemand célibataire, présentement mobilisé. Un obus avait éventré l'appartement au cours de la bataille.

Maman accueillit avec la plus grande sollicitude cette tante que nous n'avions guère fréquentée jusque-là, cependant que Camille et moi faisions fête à Pacha.

Enfin, nous avions un chien. Notre rêve de toujours. C'était ce que la race canine produit de mieux: un colley, berger écossais à pelage noir, blanc et roux, au museau allongé, haut sur pattes, gracieux, un genre de lévrier à longs poils.

Grâce à la présence de ce compagnon inattendu, la page tragique était tournée. Dès le premier jour, les jeux, les courses folles, le dressage à notre manière de ce chien intelligent étaient une nouveauté passionnante. Tante Albertine haussait d'un étonnement indigné ses sourcils de vieille fille grincheuse. Pacha, en congé de son maître, nous marquait une nette préférence en nous obéissant instantanément et en faisant la sourde oreille quand il entendait la voix grondeuse. Elle se lamentait:

« Quand il reviendra (elle y croyait donc?), mon maître ne reconnaîtra plus ce chien mal élevé. »

Le deuxième jour, elle était déjà décidée à partir pour rejoindre sa famille près de la frontière suisse, non loin du village natal de maman. Elle réussit à convaincre celle-ci qu'il fallait tout abandonner pour retourner au bercail. Maman, torturée d'angoisse à l'idée d'un retour possible des combats, décida de retrouver son frère à Moos. Dans notre village, il n'y avait plus de militaires. Peut-être n'y en aurait-il pas non plus là où nous allions passer.

De bon matin, elle ouvrit les clapiers. Les lapins sauraient bien se débrouiller en liberté... à moins qu'un amateur de civet n'abrège leur vie errante. Pas question de s'inquiéter pour les poules.

Elle attela Lisette au petit plateau à foin qu'elle chargea, avec Camille, surtout de literie et de vêtements, l'oncle Émile ayant tout le reste.

Je fus juchée sur deux matelas superposés. J'avais Ursula sur mes genoux et je serrais Merraou dans mes bras. Peut-être un peu trop fort, car il se dégagea, sauta du plateau et disparut dans la nature. Introuvable. Je pleurai.

Et l'attelage se mit en route. Ainsi, partaient à l'aventure les pionniers, vers les dangers du Far West. Nous, vers un imprécis et redoutable front que nous espérions traverser comme ça, parce qu'au-delà devait être le havre de sécurité...

Maman conduisait Lisette pour se donner de l'énergie et Camille marchait à ses côtés. La vaillante petite vache allait de son pas vif, un vrai pas de chasseur parmi les pas des vaches. Tante Albertine avait du mal à suivre, égrenant le chapelet d'une main, récitant le rosaire à haute voix, serrant d'une poigne décidée la laisse de Pacha qui ne comprenait pas ce qu'il faisait dans ce convoi. De temps en temps, Camille allait lui donner une caresse et Pacha geignait: « Tu vois bien que j'ai perdu la liberté... »

A mesure que nous allions, la canonnade s'amplifiait, se rapprochait. Maman jugea opportun de seconder tante Albertine dans ses prières en faisant les répons. Camille conduisait Lisette.

Avant de descendre sur Manspach, là où l'on domine le ravissant panorama de la vallée de la Largue, une patrouille française nous arrêta.

On parlementa. Rien à faire. Nous étions refoulés. Demi-tour à Lisette. *Manu militari.*

Maman se demandait si ce n'était pas un avis du ciel, car nous nous dirigions tout droit vers les combats. Mais tante Albertine maugréa et, vindicative, en négligea le rosaire. Lisette, qui n'en voulait à personne, ne variait point le pas du retour et Pacha, tout remuant, semblait avoir compris que nous avions échappé à une catastrophe. Merraou nous attendait sur le pas de la porte. J'étais bien soulagée. Restait à retrouver les lapins. Ils s'étaient regroupés dans le potager et savouraient choux et carottes. Deux ou trois, en goguette, manquaient à l'appel.

Nous étions heureux de nous retrouver chez nous. Qu'eût-ce été si nous avions deviné la surprise que nous réservait la soirée: l'arrivée impromptue de mon père?

Une bavure « Gott verdammi »

Lisette avait eu assez d'exercice dans la journée pour se laisser traire docilement, sans le moindre déplacement de patte. Mais pourquoi l'éclairage faiblissait-il déjà dans la petite étable? Maman regarda vers la porte. La silhouette de mon père s'y inscrivait. Il regardait, ne disait rien, savourant sa présence et, d'avance, l'effet qu'elle aurait sur maman. Elle était si étonnée que pour un peu elle lui eût dit: « Que fais-tu là? »

Déjà le bruit de son retour courait dans le voisinage, et ceux qui venaient aux nouvelles eurent droit au récit de son odyssée. Mais d'abord, maman ouvrit une bouteille bouchée de vin de rhubarbe « de l'année dernière ». L'on trinqua à la vie, à la chance d'être là et à la fin prochaine de toutes nos épreuves. Le retour de mon père n'en était-il pas un signe avant-coureur?

Au dépôt des locomotives à Mulhouse, il avait appris ce qui s'était passé chez nous, les nombreux morts, les incendies, mais avec tant d'imprécision que l'angoisse le saisit: si les siens étaient dans le malheur? Qu'est-ce qui le retenait? Assurément pas un zèle pro-germanique. Il mit sa locomotive sous pression et, connaissant toutes les consignes, roula sans difficulté jusqu'à Altkirch, où il laissa sa machine sur une voie de garage. Il trouva à acheter une fourche et s'en fut en direction de l'ouest à travers champs, passant parfois dans un village. Ayant jeté veste et casquette dans un fossé, il avait l'air du paysan qui, dans l'événement, accorde une priorité à sa récolte. Mais il était en chaussures. Cela le complexa. Il voyait bien des sabots sur les seuils, mais il n'osa pas les subtiliser. Il aurait dû le faire, disait-il. Mais allez donc essayer un tel geste quand il ne vous est pas coutumier.

Jusqu'à Manspach, il ne rencontra ni Allemands ni Français. Enhardi par cette chance, il allait résolument sur la route. Plus qu'une courte étape : un village à traverser et un raccourci à prendre le long du petit bois, et il serait chez lui. Il était dans le tournant qui aborde la côte, quand...

Il lâcha le classique juron alsacien... « *Gott verdammi* »

Devant lui, dans la descente, caracolaient des dragons. Ils venaient vers lui. Leur parler ? Ils n'auraient eu que faire de ses explications... Il obliqua dans une cour de ferme et entra dans la cuisine où une famille, la grand-mère, la mère et les enfants, était attablée, mangeant une bouchée. Par bonheur, il connaissait ces gens.

« Je suis votre domestique », souffla-t-il. Toute une mimique leur fit comprendre qu'il y allait de sa liberté, peut-être de sa vie.

Il s'assit parmi eux et se débarrassa de ses chaussures sous la table. Les enfants le regardaient, médusés ; les deux femmes se taisaient, impressionnées. Un piétinement de chevaux dans la cour, une porte qui s'ouvre brusquement : « Du fourrage, de l'avoine... » Le « domestique » se leva, chaussa des sabots, s'en fut dans la grange et grimpa l'échelle. Le foin voltigea sur l'aire en un grand tas. Par chance, l'avoine était entreposée là-haut. Il en emplit un demi-boisseau et descendit. Dans la cour, les chevaux s'abreuvaient à l'auge.

« C'est tout ce qu'il vous faut ? » dit mon père, qu'un séjour comme valet de ferme en Suisse francophone avait pourvu d'un français sommaire.

« C'est tout. »

Il rentra prudemment et ne prit congé de ses hôtes involontaires que lorsque la route lui parut sûre.

« ... Et me voici ! » Il lui semblait que le fait d'être assis, en compagnie, devant un bon verre, le reportait aux temps heureux de l'avant-guerre.

« Être ensemble ! » s'extasiait maman, sachant déjà le prix qu'il fallait accorder à cette expression garante de sécurité, lui semblait-il.

Le lendemain, mon père s'aperçut qu'il n'avait pas été le seul à avoir faussé compagnie à l'armée de Guillaume II, chacun faisant état de ses prouesses. A vrai dire, il n'y avait pas encore de ligne de front. Dans cette mobilité des troupes, un civil pouvait passer, à condition de ne pas être la victime de « l'espionnite », ce mal inévitable en période de guerre.

Le village se remplit à nouveau de militaires. Tout donnait à penser que nous ne reverrions plus les Allemands.

« Si nous déterrions le Napi ? » suggéra maman, que la présence de son mari rassurait plus que tout un corps d'armée.

Avec la dévotion du grognard pour son empereur, mon père s'agenouilla au pied du pêcher et gratta précautionneusement la terre. Le sol était mouillé. Apparut le papier, humide aussi. Mes parents n'avaient pas pensé qu'un orage avait trempé la terre. L'enveloppe en lambeaux ne contenait qu'un petit tas informe de plâtre mouillé avec, ici et là, des traces de vert, de noir, de bleu et de rouge.

« Pauvre Napi, dit maman, il a été à la peine et il ne sera même pas à l'honneur. »

Mon père fignola l'oraison funèbre :

« Il a rempli sa mission. Il a tenu tête. Ça, c'est fini. Napi, je suis content de vous. »

Il connaissait son histoire napoléonienne sur le bout des doigts.

Les officiers étaient en général pleins d'égards pour la population, qui admirait la camaraderie entre chefs et troupe. Le curé de Montreux-Vieux note dans son journal que « le général Bernard traite le moindre soldat en ami ».

Ces gradés furent parfois amenés à organiser la vie civile pour le bien de tous. Mais des maladroits, des obsédés brouillons de tout et de rien, imbus de leur pouvoir, firent œuvre néfaste.

Le curé écrit : « Un colonel a fait établir la liste des femmes dont le mari se trouve en Allemagne ainsi que celle de leurs enfants. On se propose de renvoyer les bouches inutiles.» Inquiet pour ses ouailles, il ajoute avec une évidente satisfaction: «Le soir-même, le colonel dut partir pour le front.»

A Montreux-Jeune, un capitaine ne voulut rien laisser au hasard. Il suggéra à un responsable municipal qu'il devait bien y avoir des «indésirables» dans la population. Celui-ci se crut obligé de dresser une liste de cheminots. L'un d'eux ne connaissait pas l'alsacien, encore moins l'allemand.

Un après-midi, trois jours après son arrivée, mon père descendit au canal, espérant rapporter une friture. Un gamin vint l'y prévenir qu'il devait se rendre d'urgence à la mairie. Interrogatoire d'identité d'une demi-douzaine de cheminots. Un camion attendait.

«Montez. Direction Belfort pour une formalité.»

Il n'avait pas sa veste. Prévenus, nous guettions, inquiets; Camille la lui tendit au passage du camion. Les autres étaient en pantoufles.

Le déserteur de l'armée allemande devint un otage!

Quelque chose à mettre sous la dent de populations avides de victoires et de prisonniers.

Un peu plus tard, furent aussi pris en otages des éclusiers et des cantonniers. N'avaient-ils pas porté une casquette les assimilant à des fonctionnaires? Ces deux catégories furent internées à Sainte-Maxime pendant toute la durée de la guerre.

Au départ, mon père avait été optimiste; il trouvait normal qu'un contrôle fût exercé sur les civils. Mais quand, à Belfort, on ne les interrogea même pas, qu'on les enferma dans les W.-C. de la gare et qu'ils furent embarqués dans des wagons à bestiaux, il comprit que la petite formalité prenait un mauvais tour.

Le passage d'un convoi d'otages dans les gares fut annoncé aux populations, qui huèrent ces «traîtres». Les pierres pleuvaient sur le wagon. Cette fois, la colère de mon père (celle des autres sans doute aussi) était prête à exploser. A Besançon, pendant une halte, une voix alsacienne interrogea, sévère:

«Qu'est-ce que vous avez fait?

— Nous n'avons pas tué père et mère... voilà pourquoi nous sommes là...»

Celui qui répondait assimilait le questionneur à ces fugitifs de droit commun qui avaient souvent franchi clandestinement la frontière en direction de la France pour s'y mettre à l'abri de la police allemande. Il voulait oublier que trois de ses frères et un beau-frère l'avaient passée pour d'autres motifs dont, à ce moment-là, il n'était pas à même d'apprécier la noblesse. A son tour, il se fit inquisiteur :

« Et vous ? Qu'est-ce que vous faites là ? » Indigné : « Vous devriez être en uniforme ! »

L'autre bredouilla de vagues explications. Mon père ferma la porte du wagon sur tant de bêtise, sur le faux patriotisme bêlant ou hurlant. Il s'assit dans la paille et rongea son frein.

A Moulins, on leur distribua des cuillères ; en ce temps-là elles étaient en fer étamé. Avec son canif, il grava dans la partie concave : « Moulins », mais si gros qu'il n'avait évidemment pas prévu d'autres étapes. Un petit « Hennebont » se faufila encore dans la cuillère. (Je la possède toujours.) Le terminus fut l'île de Groix, où les conditions de détention furent d'abord très dures, mais devinrent supportables dès qu'il y eut des contacts avec cette population bretonne d'esprit sain et de cœur généreux.

Souffrir seul, il le pouvait ; mais il étouffait de rage en pensant au désarroi des siens. Comment supporteraient-ils cette infamie ?

Ils la supportèrent.

Pas un instant ma mère ne rendit la France responsable de cette bavure. Elle connaissait celui qui en était la cause. C'est à lui seul qu'elle en voulut. Avec son fils, elle s'efforça de faire face comme toutes les familles pendant l'absence d'un ou de plusieurs des leurs. Elle espérait fermement en la justice d'un pays qui sacrifiait ses enfants pour recouvrer l'Alsace.

Et puis, quand se rouvrirent les écoles, que l'école primaire supérieure de Montreux-Vieux compta parmi ses enseignants des professeurs de faculté, que maman sut l'avenir de son fils en de bonnes mains, elle fut toute reconnaissance.

Il en fut de même pour d'autres. Deux filles de l'éclusier interné dans le Midi bénéficièrent d'une bourse d'internat à l'école primaire supérieure de Gray (elles devinrent institutrices).

La France généreuse faisait oublier le gâchis de quelques militaires. La main gauche (celle du cœur) pansait les blessures faites par la main droite.

Pénurie

Dès le premier jour de la guerre, maman avait eu la hantise de la faim. La saga alsacienne était pleine de ces récits où guerre et famine étaient associées. L'on n'avait pas oublié les Suédois qui brûlaient les récoltes tout en exterminant les populations. Des gens en guerre, cela devenait des Suédois, pensait maman.

Tout de suite, les événements justifièrent ses craintes de pénurie. Fin août déjà, tout commença à manquer. Le blé avait été piétiné et mal rentré. Pourtant on s'était entraidé pour finir les moissons, et le moulin de la Caille avait fonctionné à plein jusqu'au 13 août. Mais les paysans avaient gardé leur farine.

Par bonheur, maman en avait une petite réserve d'une vingtaine de kilos.

Les boulangers n'en avaient reçu que trois sacs début septembre. Puis, plus rien.

Plus de pain ! Donc, plus de tartines ! Nous allions devoir danser la capucine.

Maman nous fit des gâteaux. Nous en fûmes écœurés. Avec la levure de boulanger, tout comme elle eût fait un kougloupf, elle se mit à faire du pain. Eh bien ! elle qui savait faire les pâtisseries les plus élaborées, ne réussit pas son pain. Ce n'était pas du vrai pain, alvéolé et croustillant, dont l'odeur nous devenait une obsession.

Au bout d'un mois, nous n'en pouvions plus.

Nous fûmes réduits à la mendicité, c'est-à-dire que nous devions faire appel à la générosité de paysans qui, eux, avaient l'habitude de faire leur pain, et tâcher d'obtenir une miche. Il y en eut qui eurent pitié.

Cette première miche, quel événement!

Un soir (ce n'est pas à étaler au grand jour), tous trois nous nous rendons chez Thiébaut, où l'on vient de « cuire ». Camille et moi nous sommes fascinés par la belle miche dorée, un peu farinée, qu'on nous tend. J'obtiens de porter ce trésor, mes deux bras l'enserrant contre mon cœur. Maman se répand en remerciements.

Habituellement, le pain du boulanger n'arrivait pas intact à la maison: nous cassions la croûte, nous creusions la mie. Rien de tel cette fois. Nous nous refusons à ce sacrilège. Mais nous rentrons vite, très vite, chez nous. Malgré mon fardeau, je précède.

A la cuisine, je pose la miche comme un objet sacré sur la table-autel. Camille officie: il coupe les tranches en silence. Nous mangeons debout, en nous regardant, sans mot dire. Soudain, je vois des larmes briller dans les yeux de maman et elle sourit. Tous deux, nous sourions aussi.

Enfin, bien que repus, nous nous offrons, Camille et moi, encore un luxe: moi une tartine de confiture de baies d'églantier, Camille une salade au lard dont il saucera avec délices la vinaigrette. Jamais nous ne nous régalerons pareillement.

Nous eûmes aussi nos entrées — crépusculaires — chez Antoine, chez Boyat... quand ils venaient de cuire. Une miche par-ci, une miche par-là, c'étaient nos victoires de la Marne, aussi miraculeuses que celles de l'état-major français.

Camille eut vent qu'à Chavannes-les-Grands le boulanger aurait reçu un important stock de farine. C'est dans le Territoire de Belfort. Il fallait un laissez-passer que l'on n'accordait que difficilement. Il en décrocha un. Du coup, il rapporta trois miches ficelées à la diable et brinquebalant sur son dos. Maman n'aimait pas être égoïste. Elle alla en offrir aux voisins. Sourires.

On s'était débrouillé aussi. Il y en eut donc pour au moins quinze jours.

Petit à petit, les choses se normalisèrent, c'est-à-dire que nous touchions des tickets; l'Alsacien n'est pas gros mangeur de pain: la ration nous suffisait. Le cours officiel des denrées fut fixé par un général: vin rouge 0,60 F — bœuf 0,90 F le kg — pain 0,90 F le kg (viande et pain étaient au même prix).

Nous avions nos pommes de terre et d'autres légumes. Lapins et poules permettraient de tenir quelque temps.

Mais que serait l'avenir?

« Tant que nous avons Lisette, disait maman, nous pouvons nous estimer heureux. » Notre vache était une divinité tutélaire, au moins autant que chez les Égyptiens. Maman avait un regard neuf pour elle, mais ce regard chavirait quand elle évoquait le cas où, en ultime ressource, nous serions amenés à... la manger. Elle devait certainement prier:

« Seigneur, faites que nous ne soyons jamais obligés de sacrifier Lisette. »

En attendant, il fallait pourvoir à sa nourriture. Notre pré lui fournissait d'habitude l'herbe fraîche; mais il était fauché, tondu à ras. Notre Bretonne rondelette était gourmande; cela se traduisait en été par des grognements de plaisir quand elle plongeait un museau avide dans le râtelier débordant de trèfle. Il était à prévoir qu'elle n'aurait sans doute pas son content de foin cet hiver.

C'était bien par sa faute.

Camille s'était initié à la fauche avec les bons conseils et l'aide de Seppi, un vieux célibataire du voisinage. Nous avions fait l'impossible pour rentrer un peu du regain des Beusses, le long du canal. A quel prix!

Quand on chargeait le petit plateau, Lisette savait patienter dans les brancards, subir l'assaut des taons sans bouger, et quand on avançait de tas en tas, obéir à chaque injonction: « hicht » et « hot ». Mais que parût sur le chemin de halage, à un kilomètre de là, la tache rouge d'un pantalon de soldat, elle perdait son sang-froid et d'un coup sec vous enlevait la voiturée en cours de chargement avec Seppi là-dessus, et au galop fonçait en direction de ce rouge provocant — sans souci des soubresauts du plateau, du regain qui s'envolait dans toutes les directions et de Seppi amerrissant dans les joncs du canal.

C'était Lisette de Barcelone. Quant à la muleta, le pantalon visé, il ne lui restait qu'à dégringoler le talus et à disparaître dans les saules en contrebas du canal.

Selon les scientifiques, les vaches ne distingueraient pas les couleurs, pas plus le rouge qu'une autre. Il y avait de quoi en douter. Était-ce peut-être l'uniforme qu'elle abhorrait? Nous finissions par nous demander si le demi-tour de Manspach n'était pas resté dans sa mémoire. En tout cas, elle se tailla une réputation de vache antimilitariste.

Il n'était donc plus question de finir les regains. Pour ménager le foin, il fallut trouver une pâture. Un paysan mit à notre disposition un grand pré fauché où Lisette pourrait encore se choisir quelques touffes entre les colchiques. C'était loin du village, au milieu d'un quadrilatère de forêts, au voisinage d'un étang. Là, elle ne risquerait pas de voir des soldats. Mais pour s'y rendre, que de ruses, de détours afin de déjouer toute rencontre! Camille la tenait ferme par la longe. Nous courions auprès de cette vachette à l'allure pressée qu'accentuait le mouvement saccadé de sa tête. Une fois dans la pâture, nous lui ôtions la longe. Elle ne gardait que le licou: la tenue de liberté. Ce qui ne la changeait d'ailleurs pas beaucoup de la tenue d'attelage, car dans nos régions, la coutume barbare du joug était inconnue; les vaches, même attelées ensemble, portaient un collier. C'étaient les chevaux du paysan pauvre.

Lisette broutant n'était pas à surveiller: elle ne divaguait pas.

Au bout d'un moment, une impression de dépaysement nous gagnait: la solitude, le silence du lieu, rendaient plus perceptibles les grondements lointains. L'étrangeté du monde au-delà des forêts donnait au mystère automnal une dimension inhabituelle. Nous tressaillions aux craquements des arbres quand se levait la brise; un plouf dans l'étang voisin nous faisait battre le cœur. Cette émotivité n'était pourtant pas vraiment la peur; elle s'apparentait à des réflexes de prudence: il fallait que notre présence fût secrète, qu'on ne nous voie et ne nous entende pas. Nous n'avions pas de laissez-passer et on ne nous en aurait pas accordé pour ce motif: faire brouter une vache.

A plusieurs reprises, il était arrivé qu'un avion allemand ou français survolât nos forêts, et certain après-midi un appareil français avait passé juste au-dessus du pré. Nous nous étions précipités sous les arbres d'où nous surveillions le biplan qui volait à basse altitude; nous pouvions l'identifier par sa cocarde. Cela aurait dû nous rassurer, mais nous voyions très bien le pilote se pencher; il aurait pu trouver insolite notre présence en ces lieux. Nous aurions aimé agiter les bras et répondre aux rafales de crécelle du moteur par des cris de joie. Il valait mieux nous tenir cachés. Lisette, elle, ne serait pas soupçonnée d'être une espionne. Mais, vus d'en haut, nous deux...

Nos jeux furent donc silencieux et n'en eurent que plus de prix.

Camille coupa des branches et fit une hutte à la lisière du bois. Une bonne cache d'où nous pouvions observer le ciel et surveiller Lisette. Pendant qu'il me sculptait toutes sortes de jouets, je ramassais les dernières fleurs et ces jolies baies roses à bosselures, que j'enfilais et qui me fournissaient couronnes, bracelets et colliers dont j'étais chargée comme une vahiné. Même Lisette était décorée: je lui tressais des guirlandes, enroulées autour des cornes, et elle réussissait parfois à les garder jusque chez nous.

Tout l'après-midi, elle arrachait au pré ses dernières touffes, mais soudain, vers le soir, elle lançait aux échos plusieurs mugissements revendicatifs: « Vite, vite à la traite! » et nous obéissions instantanément. Nous rentrions presque au trot par le même itinéraire qu'à l'aller.

L’école française

Comme pour tous les petits Français, notre rentrée scolaire se fit le 2 octobre 1914, un vendredi. Notre ancienne école, ayant été transformée en ambulance le 13 août, était restée local militaire. On nous transféra dans la maison de la douane, libérée des douaniers allemands. A la sortie du village, tout en hauteur comme une guérite, elle surveillait la campagne qui s’étendait par delà des vallonnements jusqu’aux lointains bleutés du Jura suisse. Cette maison avait payé cher sa situation éminente dans le champ de bataille. Elle était criblée de centaines de petits trous de haut en bas et devait figurer sur les cartes postales encore longtemps après la guerre, tel un monument historique pour témoigner de ce que peut être l’impact d’une fusillade. Même le canon l’avait touchée en trois endroits, au premier étage.

C’est donc dans une pièce du rez-de-chaussée que nous eûmes accès au savoir, dispensé en langue française, et que l’on nous initia au culte de la mère patrie.

Le premier jour, il n’y eut pas de longue attente dans la cour comme cela se fait dans les rentrées scolaires. Au fur à et à mesure qu’arrivaient les enfants, ils entraient dans la classe. Là, un soldat en pantalon rouge et vareuse bleu marine nous souriait de toute sa figure, de la bouche, des yeux, des joues à fossettes et je dirai même de la moustache agréablement ébouriffée au-dessus de dents tous ris dehors. C'était notre instituteur. Il se tenait devant un tableau noir, celui-là même sur lequel, avant guerre, étaient écrits en lettres gothiques les chants à la gloire du Kaiser. Et voici que ce tableau semblait nous faire risette: de chaque côté deux petits drapeaux tricolores croisés dessinés à la craie de couleur encadraient une phrase tracée d'une écriture souple en lettres enlacées comme pour une ronde: « La douce France est mon pays. » Cette phrase même que chantera Théodore Botrel. C'était mystérieux et simple à la fois, les grands nous la traduisirent.

Coupé d'une grande partie de son petit auditoire par le problème de langage comme l'eût été le missionnaire parmi les petits Esquimaux ou les petits Papous, notre maître militaire réussit ce miracle, dès le premier jour, de nous rendre enthousiastes de l'école. Par la suite, quand il voyait que nous comprenions ce qu'il disait, il éclatait une telle joie sur son visage que nous nous efforcions de nous rendre dignes de cette illumination. Nos progrès furent spectaculaires. Bien sûr, il avait recours aux procédés classiques de l'école active. J'oublierai si peu le rituel: « Je me lève, je sors du banc, je vais vers la porte, j'ouvre la porte, je referme la porte, je retourne à ma place, je m'assieds. Tu te lèves, etc. » que lorsqu'il m'arrive de dire, au saut du lit: « Je me lève... », j'ajoute pour l'attendrissante réminiscence: « Je sors du lit... », et je souris au passé.

Les grands, ceux du Bout'd'do, qui connaissaient le français, apprenaient beaucoup de récitations, dont certaines fables de La Fontaine, à commencer par *Le Corbeau et le Renard...* A force de les entendre, nous, les petits, les savions aussi bien que nos aînés et, très fière, j'étalais mon savoir devant Camille: « Vous êtes le phénix des hôtes de Seppois. » (Seppois était le village natal de mon père.) Nous chantions beaucoup. Les chants avaient toujours le même thème: l'amour de la France: « *Ma patrie — France chérie — Dis-moi quel est ton pays — Les trois couleurs — Écoutez, mes frères d'Alsace* »... Nous étions enveloppés comme par un grand manteau radieux de cet amour maternel d'une nation entière pour nous, les enfants retrouvés.

Mais pas la moindre allusion à l'ennemi actuel ; pas de relents de haine. Bien sûr, comme on était en guerre, il fallait bien faire allusion aux soldats : *Le Clairon,* de Déroulède, *La Sentinelle — C'est le beau régiment qui passe — Le Régiment de Sambre et Meuse — Le Chant du départ,* le mâle *Chœur des Girondins* avec son refrain « Mourir pour la patrie », et pour ceux qui sont morts, l'*Hymne* de Victor Hugo. Bien entendu, en tout premier lieu nous chantions *La Marseillaise* avec trois couplets. Pendant quatre ans nous eûmes l'occasion d'en faire un généreux usage.

Si *La Madelon* ne fut pas de notre répertoire, c'est évidemment pour des raisons de convenance. Mais que l'on se rassure : nous la connaissions par les militaires qui la chantaient après un bon repas, surtout quand les jeunes filles du village étaient présentes. Et plus tard, nous ne fûmes pas longs à fredonner l'illustre *Tipperary*, qu'il nous importait peu de ne pas comprendre.

Ambiance d'aimable patriotisme, travail joyeux, voilà le souvenir qui me reste de cette période tricolore, celle de M. Dusoulier, le gentil maître.

Au début du moins, nos récréations ne furent cependant pas en harmonie avec la classe. La guerre y faisait rage parmi les grands. Le 13 août demeurait dans les mémoires. Des « tireurs » se postaient aux angles du bâtiment. Les balles, dzinn ! zziu ! et les rafales de mitrailleuses, tactactactac ! vous abattaient à tout coup un combattant dont on ne savait jamais la nationalité : celui qui tirait voulait être un invincible, valeureux Français, celui qui tombait tenait, bien entendu, au titre de héros national mort pour la patrie. Palabres. Le moribond, à terre, discutait ferme et ne rendait l'âme que lorsque justice lui avait été accordée. Si certains s'effondraient instantanément raides morts, d'autres, plus nombreux, « débaroulaient » du talus dans le fossé, gravement atteints. En ces jours d'automne, après les pluies, ils avaient piteuse allure.

Nous, les filles, avions fort à faire avec tous les blessés que des brancardiers nous amenaient, soutenus sous le bras ou carrément empoignés par les pieds ou les épaules et traînés dans l'herbe ou dans la boue. Tous les vieux chiffons, blancs de préférence, dont disposaient nos mères s'enroulèrent en pansements autour des têtes et rattachaient parfois un bras au thorax sans qu'il fût toujours possible de le défaire à la hâte quand sifflait la rentrée en classe.

Le maître, s'adressant au saucissonné: « Untel, au tableau. »

L'élève, le bras droit handicapé, avec un air de héros candide: « M'sieur, je suis blessé ! » Le maître, à un camarade: « Enlève-lui le pansement. Il sort de l'hôpital, il est guéri... » Écris: « Je suis au front, tu es blessé, ta sœur est infirmière... » Le maître jouait le jeu, le jeu tragique, sachant bien que, présentement conditionnés, nous finirions par nous en lasser.

D'ailleurs, comme il n'y eut pas d'autres batailles chez nous, elles s'éteignirent aussi dans la cour de récréation. Le vocabulaire et les conjugaisons eurent dorénavant un support pacifique.

Bientôt, nous allions contempler, à côté du tableau noir, une nouvelle carte de géographie: la France aux contours harmonieux et qui comprenait aussi l'Alsace-Lorraine, avec cette particularité, que l'ensemble étant rose, ces deux provinces étaient hachurées — mais à peine — de violet, couleur de deuil. C'était la carte que tous les écoliers de France connaissaient depuis 1871 et qui, à elle seule, renouvelait la protestation des parlementaires alsaciens à Bordeaux.

Au début de 1915, on creusa des tranchées dans la région. L'une d'elles, venant de Chavannes-les-Grands, aboutit au voisinage de l'école. Quelle aubaine ! Dès la sortie en récréation, nous nous engouffrions dans le « boyau »; stimulée par la sonorité des traverses de sapin claquant sous nos sabots de frêne, notre course nous entraînait au-delà des limites raisonnables. Plus près de Chavannes que de notre village, nous entendions, dans les lointains, un coup de sifflet prolongé qui se voulait aussi persuasif que la trompe de M. Seguin. Mais nous étions si loin ! Jamais punis, nous essayions d'être obéissants. Le maître dut se résoudre à accorder la récréation au temps indispensable à une bonne course de fond.

Avant la fin de l'année scolaire, on adjoignit au militaire un instituteur civil alsacien évacué de Balschwiller, un village sur le front. Par la suite, d'autres militaires, tous d'excellents maîtres, se relayèrent d'année en année. Je me les remémore par des détails: il y avait celui qui traînait souvent une molletière défaite; le professeur de mathématiques en temps de paix qui paraissait toujours dans la lune et que je faillis écraser sur la route, un soir que je m'exerçais à aller à bicyclette. Honte à moi! il dut se jeter dans le fossé où je fus bien près de le rejoindre. Nous admirions l'uniforme haut en couleur de celui qui était sous-officier dans les zouaves: petit gilet brodé, pantalons bouffants garance, ceinture bleu pâle et chéchia rouge. Le dernier fut un professeur de chant qui disciplina nos voix tout comme notre écriture. Il devait, après la guerre, publier un ouvrage de chant choral.

Nous ne nous doutions pas un instant que nos maîtres, quand ils nous quittaient, s'en allaient au front. Nous ne nous posions pas de questions. Simplement, à la rentrée, c'était un autre qui s'occupait de nous. Le précédent s'en était allé, peut-être vers les champs de bataille du Nord ou vers ce «tourniquet» de Verdun, l'enfer, où devait l'accompagner, comme une vision de paradis, le souvenir de ces visages d'enfants, de petites filles bavardes aux maigres nattes, de garçons éveillés, fièrement coiffés en récréation de calots à pointes comme les soldats; le tailleur de la localité les avait coupés dans le drap laissé par l'intendance.

En octobre 1915, notre ancienne école fut rouverte. Nous abandonnions dans l'autre, la «maison de la douane», les fantômes de nos jeux guerriers et échevelés. Ici une cour allait nous imposer ses limites. Dans la classe, sur nos bancs aussi grinçants qu'aux temps allemands, nous apprenions chaque jour davantage à devenir de vrais petits Français comme le rêvaient nos maîtres.

Vies de chiens

N'eût été Pacha, tante Albertine n'était vraiment pas un cadeau du ciel. Elle passait son temps à soupirer, maugréer, gronder, invectiver. Elle exécrait les soldats : « Quand donc ne verrai-je plus ces pantalons rouges ? » Nous l'eussions volontiers souhaitée dans le séjour de ses rêves à mijoter les sauces pour un maître qui avait toujours opposé à ses humeurs chagrines une bonne dose de *Gemütlichtkeit*, cette philosophie allemande de la bonne humeur. Mais voilà ! ce maître en était au même point que les pantalons rouges et ne pouvait non plus être où il aurait voulu.

Elle eût pu s'adresser à la Croix-Rouge pour passer du côté allemand en prétextant que sa famille y était. Elle ne le fit que bien plus tard.

Comme elle ne levait pas le petit doigt pour aider maman, même pas pour faire la pâtée de Pacha, elle était, après le café au lait du soir, en excellente forme pour s'attaquer à un nombre invraisemblable de rosaires, auxquels elle contraignait maman qui, bien qu'épuisée, ne voulait pas s'y soustraire. Encore qu'elle détestât notre présence, tante Albertine exigea que nous y fussions associés, à genoux comme elle, devant une chaise. Nous faisions les répons machinalement, mais en catimini inventions toutes sortes de jeux discrets à la barbe de la vieille fille. Maman finissait par nous dire: « Allez-vous coucher, les enfants. » Tante Albertine levait les yeux au ciel, hochait la tête et bougonnait quelque chose qui devait signifier: « Si vous croyez que c'est comme ça que finira la guerre... » Maman haussait un peu les épaules, mais continuait à l'aider à désamorcer les canons.

Si elle la supportait, c'était en tant que réfugiée. Ses ennuis lui donnaient droit à l'indulgence. Et pourtant il fallait songer à son départ. A cause de Pacha. Nous ne savions plus que donner à manger au brave chien. Quand maman faisait sa pâtée avec des pommes de terre et carottes, tante Albertine ouvrait des yeux ronds: « Un chien de cette race se nourrit de riz en plus de légumes, de pâtes et d'une demi-livre de viande par repas. » Maman écarquillait des yeux plus ronds encore: « Mais où devrai-je prendre tout cela? Nous n'en avons pas pour nous! »

Pacha ne paraissait pas souffrir de son régime. Quand sa maîtresse ne l'enfermait pas, il était un animal heureux.

Vint le jour, fin novembre, où quelqu'un trouva, pour la tante, un emploi dans une cantine du Doubs où le chien était accepté. Le départ de notre joyeux ami fut un crève-cœur pour nous, même s'il entraînait celui de son acariâtre maîtresse.

Nous savions que nous n'aurions plus de chien, même après la guerre. « Jamais », avait dit un jour maman. Pourtant, elle avait toujours montré de l'intérêt et de la pitié pour ces bêtes qui, à la campagne, étaient pour la plupart les forçats de la chaîne du gardiennage. Quand nous passions devant des fermes, elle regardait avec compassion les pauvres chiens qui, attachés trop court, n'avaient pas toujours, aux plus grands froids, une niche où se réfugier. Ils aboyaient sauvagement et pour peu que vous mettiez un pied sur leur territoire, le fermier vous avertissait: « Faites attention! Il est méchant. Il vous mordrait. » Elle murmurait: « Attaché ainsi, le maître mordrait aussi! » Quelques vagabonds survivaient comme ils pouvaient. C'étaient pourtant des privilégiés.

Par bonheur, il y avait aussi des maîtres pour qui le chien était l'ami. Une photographie, dans un cadre sculpté par mon père, représentait mes parents, jeunes mariés, de part et d'autre d'un guéridon sur lequel était assis, attentif, avec l'assurance d'un prince héritier, un tout petit chien — noir et marron, affirmait maman. C'était Amela, diminutif en alsacien de Ami. Il était si menu qu'à l'âge d'un an, il pouvait encore se dissimuler dans la poche du veston de mon père ou dans le manchon de maman. Ses astuces étaient célèbres dans le quartier mulhousien où résidait le jeune couple. Lorsqu'il y avait un baptême à l'église voisine, il s'assurait une bonne part des dragées. Éparpillées sur le parvis, elles étaient ramassées rapidement par les enfants. Amela s'affairait à donner un coup de crocs à celles que rencontrait son museau. Sans plus. Les enfants négligeaient les débris, dont le petit chien se régalait ensuite longuement quand tout le monde était parti.

Le marchand qui l'avait vendu à mes parents leur avait spécifié qu'ils pourraient toujours le garder petit en lui faisant boire du *schnaps* (alcool de fruits), ce que fit le couple inexpérimenté. Hélas ! leur Ami était une Amie qui mourut dans les spasmes d'une impossible maternité, victime d'une pratique dénaturant une race (elle se continuerait aujourd'hui encore).

Le souvenir d'un émerveillement était si intimement lié à une souffrance avivée de remords qu'il s'était mué en une inaltérable fidélité.

« Jamais plus de chien ! »

« Adieu Pacha ! »

Le front d'Alsace

L'Alsace, qui était sentimentalement pour chaque Français l'enjeu de la guerre, ne fut pourtant pas un champ de bataille important. Au début, on aurait pu le craindre puisque selon les plans des militaires, la 1re armée devait rapidement pousser jusqu'au Rhin. Si les Mulhousiens avaient été enthousiastes lors de l'entrée du général Curé dans la ville, que devait être le délire à travers la France?

Dans un petit livre du Dr Bussi-Taillefer, aide-major au 23e, *Les Campagnes de Mulhouse et le combat dans les Vosges* (Imprimerie Nicolas-Niort), on lit ceci:

« A la mobilisation, un grand motif de joie règne parmi nous, chez les officiers et hommes de troupe: le 23e est destiné à l'Alsace, il part pour l'Alsace... Nous allons délivrer l'Alsace! Je ne pensais pas que de tels sentiments étaient encore aussi bien accrochés chez nous. Tous ces officiers — et j'en connais un certain nombre — se déclarent heureux de partir pour l'Alsace. »

Dès le 7 août, le général Joffre adresse une proclamation aux Alsaciens:

« Enfants de l'Alsace, après quarante années d'une douloureuse attente, des soldats français foulent à nouveau le sol de votre noble pays. Ils sont les premiers ouvriers de la grande œuvre de la revanche... Dans quelques semaines, toute l'Alsace sera française. »

Après la retraite de Mulhouse, une nouvelle offensive conduisit le général Pau à proximité de Colmar. Elle n'eut pas de suite du fait du danger couru par nos armées dans d'autres secteurs est et au nord de la France. Les troupes d'Alsace furent retirées de cette province pour renforcer d'autres théâtres d'opérations. La garnison de Belfort assura sa défense en poussant ses troupes en avant avec prudence et refoula l'ennemi le plus loin possible dans le Sundgau sans pourtant se couper de ses bases : les fortifications de Belfort. Le front se stabilisa selon une ligne sud-nord partant de la frontière suisse près de Pfetterhouse, coupant en biais la ligne de partage des eaux entre la vallée de la Largue du côté français et la vallée de l'Ill du côté allemand et, par les cantons de Dannemarie, Masevaux, Thann et une partie du canton de Cernay rejoignant les crêtes des Vosges près du Hartmannswillerkopf et, plus au nord, du Linge.

Bientôt, dans le secteur vosgien, le général Joffre fera construire, par le génie, une bonne route stratégique à la place des chemins médiocres courant le long de la montagne et reliant sur une quinzaine de kilomètres la vallée de la Doller (Masevaux) à la vallée de la Thur (Thann). C'est la « Route Joffre », ainsi dénommée encore de nos jours, et qui est une des plus pittoresques des routes vosgiennes, offrant à chaque tournant le vaste panorama de la plaine d'Alsace limité par les lointains de la Forêt-Noire.

Il y eut peu de fluctuations dans cette zone, même si dans les Vosges attaques et contre-attaques se succédèrent, laissant 60 000 morts français et allemands sur les pentes. Les habitants de Cernay racontèrent que les chasseurs français s'installaient avec leurs mitrailleuses sur les arbres et s'attachaient aux branches. Il était difficile de dégager les blessés de ces observatoires. Au bout de quelque temps, le paysage étant dorénavant dénudé, les adversaires s'enfoncèrent dans la roche. Aucun d'eux ne pouvait songer à déloger l'autre sans sacrifices énormes. La montagne nous apparaissait comme une vaste taupinière surveillant la plaine et grondant par intermittence.

Comme en bas aussi le front s'était fixé, la canonnade se fit souvent entendre du côté d'Aspach et de la frontière suisse, au cœur même du paysage natal de mes parents.

Dans son livre paru en 1919 chez Berger-Levrault, *La Place de Belfort et la pénétration française dans le sud de l'Alsace en 1914*, l'ancien gouverneur de Belfort, le général Thévenet, note que Pfetterhouse fut mise en état de défense et une batterie de 155 fut installée sur les pentes au sud du village pour contrebattre l'artillerie ennemie établie aux abords de Moernach (cela tirait par-dessus Moos, le village de maman aux mains des Allemands). « Cette batterie gêna beaucoup les Allemands, qui, non contents de la contre-battre, firent demander par l'intermédiaire de la Suisse au gouverneur de Belfort d'en opérer le déplacement, en prétextant que leurs coups destinés à la batterie de Pfetterhouse pouvaient, s'ils étaient trop longs, atteindre le territoire helvétique » (humour noir de l'état-major allemand !). « Le gouverneur répondit que la batterie n'avait qu'à tirer juste et la batterie resta là où il l'avait fait installer. »

Si les bruits venant du front ne nous renseignaient que dans l'à peu près sur tel ou tel secteur, en revanche nous voyions très bien ce qui se passait dans le ciel, au-dessus des lignes, que surveillaient « saucisses » et avions, ces derniers évoluant souvent au-dessus de nous.

Bien sûr, cette guerre-là ne pouvait se comparer à l'enfer des fronts du Nord et de Verdun. Cependant, l'horreur n'épargna pas certaines localités. « Lorsque les lignes françaises se furent stabilisées en face des lignes allemandes, écrit encore le général Thévenet, quelques villages situés dans leur proximité immédiate, comme Pfetterhouse, les deux Seppois, Eglingen, Falckwiller, Ammertzwiller et les deux Burnhaupt reçurent pendant trois ans tant de projectiles que les ruines s'amoncelèrent. » Ajoutons que les délicieux bosquets ou les grands bois entourant ces localités furent totalement ravagés et que n'en subsistèrent que des troncs déchiquetés.

Du point de vue stratégique, il n'y eut plus, en haute Alsace, à partir de janvier 1915, que des petites actions locales, des rencontres de patrouilles, des fusillades de tranchée à tranchée et des bombardements intermittents exécutés soit sur les lignes, soit sur des cantonnements et des ouvrages situés vers l'arrière, mais il n'en demeure pas moins qu'il ne fut pour nous pas de jour sans menaces, sans danger. Il y a quelques années, un vieillard désirant perpétuer un souvenir, celui de Mgr Gauthey, archevêque de Besançon, distribua dans le village des tracts où il racontait le périple courageux accompli par le prélat pendant la guerre pour confirmer les petits Alsaciens des cantons reconquis. Il note: « Avec l'aide de l'armée, Mgr Gauthey poursuit une tournée triomphale en Alsace sous les bombardements: à Montreux-Vieux, salve d'artillerie allemande, à Thann, bombardement pendant la cérémonie. Plus personne n'y fait attention, par habitude. »

Nos villages furent lieu de transit pour infanterie, cavalerie, files d'automobiles et de camions qui passaient dans un nuage de poussière. C'était assez étonnant pour nous qui n'avions vu avant-guerre que l'automobile du docteur, devenue légendaire depuis qu'un attelage avait dû la désembourber dans un pré de Magny où elle avait basculé après un virage téméraire... à 20 kilomètres à l'heure!

Nos campagnes étaient propices à la détente pour nos troupes; des poilus rescapés de Verdun s'y reposeront, y réapprendront à vivre et, dans notre village relativement épargné, s'efforceront d'oublier ces villages meusiens qui n'étaient plus que des noms: Fleury, Glorieux, Regret, Sommeilles... la vie paisible, la gloire, les larmes et l'évanouissement dans la mort. Mais tous silencieux sur la terrible épreuve.

Pour la poste nous étions la haute Alsace, et pour la France entière, l'Alsace reconquise.

On nous fêta. Le théâtre aux armées offrit des séances aux civils et aux militaires. Les chansonniers s'y produisirent. L'un d'eux fredonna les étonnements d'un permissionnaire:

« Et puis on va au cinéma,
Quel chic instrument que ç'truc-là:
On voit Poincaré sur le front...
(Une petite pause)
...Quand on va en permission! »

C'était spirituel, mais nous pourrons affirmer dans quelque

temps avoir bel et bien vu Poincaré sur le front — ou à peu de distance.

Ce front n'a plus bougé et, au moment de l'Armistice, en novembre 1918, il était encore là où la garnison de Belfort l'avait assis à la fin de 1914.

Un front tout proche — une douzaine de kilomètres à vol d'oiseau —, un village où les civils se perdaient dans le fourmillement des militaires, où le danger à fond sonore planait sur les occupations, les jeux, le sommeil, telle fut pendant les quatre années de guerre l'atmosphère à laquelle je m'habituai et qui me paraissait l'état normal de tout humain.

Carte ci-contre: Place de Belfort et la Pénétration française dans le sud de l'Alsace en 1914 (Général Thévenet) sur cette carte les positions occupées par la garnison de Belfort montrent que la pénétration assez restreinte des troupes françaises en Alsace avait pour but essentiel la protection de la place forte avec ses nombreux forts en satellites. Tout au long du front, stabilisé dès la fin de 1914, les localités seront en ruines et le paysage sera dévasté.

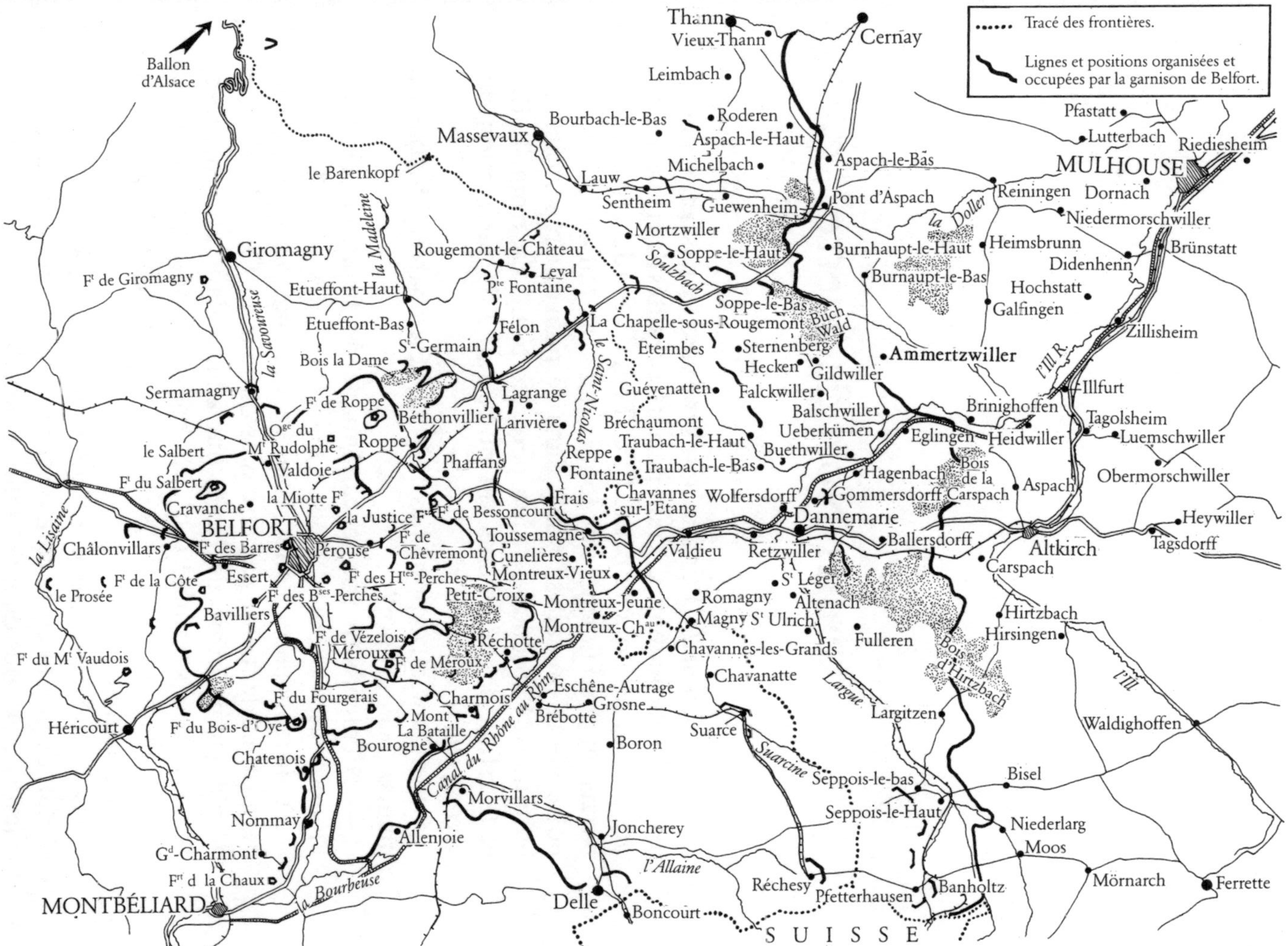
Tracé des frontières.
Lignes et positions organisées et occupées par la garnison de Belfort.
Ballon d'Alsace
Thann
Vieux-Thann
Cernay
Leimbach
Roderen
Bourbach-le-Bas
Aspach-le-Haut
Massevaux
Michelbach
Aspach-le-Bas
le Barenkopf
Lauw
Sentheim
Guewenheim
Pont d'Aspach
Reiningen
Dornach
MULHOUSE
Pfastatt
Lutterbach
Riediesheim
Niedermorschwiller
la Doller
Mortzwiller
Soppe-le-Haut
Burnhaupt-le-Haut
Heimsbrunn
Brünstatt
Didenhenn
Giromagny
Rougemont-le-Château
Leval
Soulzbach
Burnaupt-le-Bas
Hochstatt
Galfingen
Fr de Giromagny
la Madeleine
Etueffont-Haut
Pte Fontaine
Soppe-le-Bas
Buch Wald
la Savoureuse
Etueffont-Bas
Félon
La Chapelle-sous-Rougemont
Zillisheim
St-Germain
Eteimbes
Sternenberg
Ammertzwiller
Bois la Dame
Hecken
Gildwiller
l'Ill R.
Sermamagny
Lagrange
le Saint-Nicolas
Guévenatten
Falckwiller
Illfurt
Ft de Roppe
Béthonvillier
Balschwiller
Brinighoffen
Tagolsheim
Oge du
Larivière
Bréchaumont
Ueberkümen
Eglingen
Heidwiller
Luemschwiller
le Salbert
Mt Rudolphe
Roppe
Traubach-le-Haut
Reppe
Buethwiller
Bois de la
Valdoie
Phaffans
Fontaine
Traubach-le-Bas
Hagenbach
Obermorschwiller
Ft du Salbert
Aspach
la Miotte Ft
Frais
Chavannes -sur-l'Etang
Wolfersdorff
Gommersdorff
Carspach
Cravanche
la Justice Ft
Ft de Bessoncourt
Dannemarie
Heywiller
la Lisaine
BELFORT
Toussemagne
Ballersdorff
Tagsdorff
Ft de Chèvremont
Châlonvillars
Ft des Barres
Pérouse
Cunelières
Valdieu
Retzwiller
Altkirch
Essert
Ft des Htes-Perches
Montreux-Vieux
St Léger
Carspach
Ft de la Côte
le Prosée
Ft des Bses-Perches
Petit-Croix
Romagny
Montreux-Jeune
Altenach
Bavilliers
Montreux-Chau
Magny St Ulrich
Hirtzbach
Fulleren
Hirsingen
Ft de Vézelois
Réchotte
Chavannes-les-Grands
Méroux
Ft de Méroux
Ft du Mt Vaudois
Bois d'Hirtzbach
Chavanatte
l'Ill
Eschêne-Autrage
Larque
Ft du Fourgerais
Charmois
Grosne
Largitzen
Héricourt
Mont
Brébotte
Ft du Bois-d'Oye
La Bataille
Suarce
Waldighoffen
Boron
Bourogne
Chatenois
Canal du Rhône au Rhin
Suarcine
Seppois-le-bas
Bisel
Morvillars
Seppois-le-Haut
Nommay
Joncherey
Niederlarg
Allenjoie
Moos
Gd-Charmont
l'Allaine
Ft d la Chaux
Réchesy
Banholtz
Mörnarch
Ferrette
la Bourbeuse
Pfetterhausen
MONTBÉLIARD
Delle
Boncourt
SUISSE

Premier Noël de guerre

« Le *Christkindle* (l'Enfant Jésus) ne viendra pas cette année », avait affirmé maman. C'était, parmi les réalités de la guerre, une des plus dures pour la petite fille. Tout d'abord, ce verdict me paraissait aussi normal que tout ce qui avait fait irruption dans notre vie et prenait sa place dans ce nouveau répertoire des habitudes : l'absence de mon père, les bruits du front, le flux et le reflux des régiments sur notre route, la raréfaction des vivres, etc.

Cependant, aux approches de Noël, désemparée, j'interrogeai maman : « Pourquoi ?

— N'entends-tu pas la canonnade du front, de Thann à Pfetterhouse ? »

J'étais songeuse. Faire cesser ce vacarme sur un signal ne devait tout de même pas être plus difficile au *Christkindle* que de planter un arbre de Noël tout allumé dans une chambre, portes et volets fermés ! Il n'y eut pas de réponse à ma logique. Mais à quelques jours de Noël, une lueur d'espoir se leva. Elle vint de maman.

« Qui sait ? » disait-elle. Et elle fit des petits gâteaux à l'anis. C'était de bon augure, comme si elle avait averti les puissances célestes : « A vous de jouer maintenant ! »

Je ne pouvais pas communiquer mes espoirs à Camille. Depuis une quinzaine, il avait tant de devoirs à faire pour l'école supérieure que, craignant d'être dérangé par moi, il s'enfermait à double tour dans la chambre du bas. Un frère pas communicatif, un frère absent, pas de frère du tout. Même aux repas, il n'avait rien à me dire et surtout rien à me répondre.

Le 24 décembre au soir, le repas fut comme à l'ordinaire. Camille se retira, ayant toujours à faire. J'en étais à ma dernière bouchée quand j'entendis, du côté de la *Stuwe*, la sonnette irréelle, celle des enchantements de Noël. Je me précipitai dans la pièce.

Il n'y avait pas de sapin, mais à sa place habituelle, je contemplai ce dont je n'aurais jamais osé rêver: une épicerie et une chambre de poupée. Ici, dans un décor à rideaux, des meubles: lit, armoire, commode, chaise. Là, sur un comptoir, une balance avec son fléau, ses plateaux suspendus, ses poids de plomb et des tiroirs pleins de marchandises: lentilles, pois, haricots, même un peu de riz et des cornets pour les ensacher avec une petite pelle ronde.

Qu'est-ce que mes camarades vont dire de tout cela? Et maman qui avait osé douter du *Christkindle*! Et Camille qui ne disait rien et souriait. Bien entendu, je ne remerciai pas ce merveilleux grand frère qui, pour la petite sœur, s'était découvert des dons d'ébéniste, de miniaturiste, de fondeur. Pour moi, il n'y était pour rien. Il joua toute la soirée avec la petite épicière et l'initia aux poids et mesures.

«Si tu veux, nous irons à la messe de minuit», proposa maman. J'avais sommeil, mais je luttai pour ne rien en laisser paraître. Le marchand de sable n'eut pas le dessus. L'air vif de la nuit vint aussi à mon secours.

L'église était pleine de soldats, debout, les bras croisés, regardant droit devant eux le maître-autel aux cierges clignotants et, par delà les petites lumières, de chers visages. En cette nuit de la Navité, les liens sacrés de la famille étaient palpables. Douloureusement.

La guerre ne pouvait s'oublier. Pendant l'élévation, à la voix grêle de la sonnette répondit au loin la terrible voix du canon.

Pourtant, au-dessus de la crèche, courait toujours la même banderole «*Pax in caelo et in terra*».

A la fin de la messe, un ténor chanta *Minuit chrétien*, que nous entendions pour la première fois. Le très solennel et un peu théâtral «Peuple à genoux, attends ta délivrance» faisait de la petite église, en même temps qu'un lieu de foi, un haut lieu de la patrie.

Sur le chemin du retour, je tanguais un peu entre Camille et maman. Elle voulut savoir dans quelle direction exacte se situait l'île de Groix.

«C'est simple, lui dit son savant fils. Regarde du côté de Belfort (il prit pour repère une étoile). Traverse par la pensée tout ce grand pays, la France. Après, c'est la mer et Groix.»

Elle soupirait: «Il pense à nous. Quel Noël pour lui! Quel Noël pour les pauvres soldats en danger! Et Dieu voit cela...» Après un silence: «Et où est Bethléem?»

Nous regardions à l'est, là où était le front en rumeur.

Dans la nuit bleue, une fusée éclairante monta, se balança un moment et retomba. Il y a bien longtemps, une étoile s'était arrêtée au-dessus de la crèche et des voix célestes avaient chanté:

> «Gloire à Dieu au plus haut des cieux
> Et paix sur la terre aux hommes de bonne volonté.»

Tout cela hantait les pensées de maman, qui hochait la tête, effarée, en cette nuit sainte, par les aberrations humaines narguant les desseins de Dieu.

Moi, je me hâtais d'une démarche incertaine pour retrouver, avec mon lit, les trésors grâce auxquels ce premier Noël de guerre aura été pour moi un merveilleux Noël.

Suis-je belle?

Au début de la guerre, je traversai une crise: la conscience suraiguë de mon apparence physique et le sentiment douloureux d'avoir été jouée. Les événements extérieurs, quels qu'ils fussent, me paraissaient secondaires. Le problème majeur se posait ainsi: « Suis-je belle? »

Quand j'étais toute petite et que maman m'emmenait dans ses courses, assise dans la charrette, les dames qu'elle rencontrait lui disaient en me souriant: « Eh bien! vous en avez une belle petite fille! » Si l'une d'elles, distraite, ne disait rien, j'attirais, d'une manière ou d'une autre, l'attention sur ma personne. Si malgré cela, la malapprise ne sacrifiait pas au rite du compliment, je lui gardais une rancune tenace; qu'elle s'avisât un jour de vouloir m'embrasser, je me détournais d'elle avec un dégoût ostensible et maman était très confuse.

Lorsque j'atteignis l'âge scolaire, que le bébé se fut depuis longtemps mué en une sauvageonne aux gestes disgracieux, les compliments se firent rares et j'en eus un complexe. Alors je m'adressai au seul être qui me parût susceptible de me dire toute la vérité: à maman. Pas à Camille, qui m'eût appelée le plus beau des laiderons. Me faisant exceptionnellement câline, je disais à maman: « Est-ce que je suis belle? »

Si elle ne répondait rien, j'insistais, avec le ton impératif de la marâtre de Blanche-Neige interrogeant son miroir, sans oser toutefois demander si j'étais la plus belle au monde. Maman, excédée et se méfiant de cette nouvelle manie, répondait invariablement: « Tu es la plus belle dans ta chemise. »

Oh! J'étais doublement choquée. D'abord qu'elle ne me reconnût aucun attrait. C'était clair. Ensuite qu'elle l'eût formulé sur un ton si peu en rapport avec la poésie de la chose. Jamais elle ne voulut consentir au compliment attendu. Même pas le plus petit « oui » jeté en pâture. Même pas pour avoir la paix. Et cela, c'était significatif.

Je finis par me dire qu'il existait un idéal de beauté qui ne correspondait pas à la petite fille que j'étais. Je me fis là-dessus des idées nettes et exclusives.

D'abord, j'étais blonde et j'aurais voulu être brune. En feuilletant un livre illustré, j'étais tombée en arrêt devant le portrait d'une jeune bohémienne au regard de feu. Les cheveux de jais s'éparpillaient sur les épaules qui retenaient à peine un corsage froncé. Une ample jupe s'arrêtait juste au-dessus de ses pieds nus.

De temps en temps, j'allais à la dérobée sortir le livre de la commode; à peine le feuilletais-je qu'il s'ouvrait tout seul sur l'image qui me narguait. Mon idéal.

Maman, elle, avait de la chance: elle était brune et belle. Comment se faisait-il que le jour où elle avait demandé une petite fille, la cigogne ait bêtement piqué dans le tas et lui ait apporté ce qu'il y avait de moins présentable: une fille blonde? Avec un peu plus d'attention de sa part, j'aurais pu être une autre.

J'étais donc blonde et le resterais. Et ce n'était pas tout: mes cheveux étaient raides et plats. On me les frisottait dans les grandes occasions, mais cette filasse enchevêtrée, atrocement rebelle au peigne, ne pouvait se comparer aux boucles bien tire-bouchonnées qui se balançaient gracieusement autour de la tête de quelques privilégiées.

Je me regardais souvent dans la glace de la chambre, faisant des mines, me cachant tantôt le haut, tantôt le bas du visage.

Ces deux moitiés pouvaient peut-être aller. Séparément. Mais la charnière, le nez, gâtait tout. Il n'était pas tout à fait droit comme un vrai beau nez. Avec cela, allez donc avoir un air un peu tragique d'enfant «enlevée»! (Avant-guerre, on s'était apitoyé sur des petites filles enlevées par des bohémiens.) Même, il entraînait la lèvre supérieure à jouer la mutine, elle aussi.

Mes yeux, assez grands, auraient pu être beaux. Mais, là aussi, j'avais été trahie. Deux couleurs seules convenaient. On connaît les vers de Sully Prudhomme avec son exclusive de poésie:

«Bleus ou noirs, tous aimés, tous beaux...»

Les miens étaient verts. Ratés.

Étant donné toutes ces malfaçons, j'aurais dû, en bonne logique, m'abandonner au fatalisme: c'était écrit — rien à y faire. Mais non. Je n'étais pas petite fille à en prendre mon parti. Je voulais faire de moi une autre, par tous les moyens.

C'était la mode des franges. On appelait cela la «coiffure à la chien». Justement une frange aurait caché mon front blanc que je jugeais trop haut. Je m'en ouvris à maman. Rien à faire: elle avait horreur de ce genre.

«Bien sûr, quand on n'a que trois centimètres de front plein de taches de rousseur, on le cache...»

Tiens, tiens! Voilà un compliment déguisé. Elle se trahissait. De ce fait, mon grand désir de frange s'effilocha quelque peu au fil des jours.

Mais nous voici en novembre, le jour de ma fête, un jeudi. Ma pauvre maman n'a pas de quoi la célébrer. Pas un bonbon dans la maison. Pas le temps de faire un gâteau.

Le matin, après m'avoir embrassée, elle me déclare: «Aujourd'hui, tu as le droit de faire tout ce que tu veux.»

C'est un cadeau bien embarrassant. Je passe la journée à me demander ce que je pourrais faire d'inhabituel et le soir arrive sans que j'aie résolu ce problème.

Maman est en train de traire Lisette. Sous la lampe à pétrole, je me morfonds à la cuisine. Sur la table traînent des ciseaux, et il me prend soudain une irrésistible envie de couper quelque chose. Victoire! J'ai trouvé. Vite avant que maman ne rentre, la petite glace devant moi, d'un coup de peigne rapide je me couvre la figure de la moitié de mes cheveux jetés en avant, et clic! clac! au niveau des sourcils je coupe. De longues mèches tombent sur la table. Je n'ai pas fini quand maman entre. Elle a un recul, mais elle dit seulement, fatiguée:

« Eh bien, oui, j'ai tout permis... » Il lui reste à parfaire, puis fignoler mon travail à peine dégrossi. Me regardant avec un sourire:

« Ça ne te va pas trop mal », elle règle la question. C'est ainsi que j'eus mes « chiens » pour de nombreuses années. Maman avait évidemment commis une imprudence. Elle récidiva lors de mon anniversaire, par oubli, je pense, par lassitude peut-être: « Fais ce que tu veux... » Cette fois, je m'attaquai à un détail vestimentaire: les chaussures.

J'avais vu des petites filles portant, le dimanche, des « molières ». Nous appelions ainsi des chaussures basses et vernies. Pour soutenir mes chevilles — « Tu ne veux pas avoir des jambes tordues?... » — maman me mettait des bottines. Oh! ce crochet qui va chercher les boutons ronds à travers un œillet, et qui serre, serre — « Tu me fais mal! » — à faire parfois sauter un bouton à travers la pièce! Je tannais maman: « Je veux des molières! »

A vrai dire, elle n'avait pas d'argent pour m'en acheter.

Le matin de mon anniversaire, forte de ma permission de tout faire, je m'isolai dans la remise.

Le dimanche suivant, à l'heure de la messe, on ne retrouva pas mes bottines. Il fallut mettre les pantoufles et les sabots. Pendant des mois, le mystère des bottines plana dans la chambre, la cuisine, la salle à manger et s'insinua dans les recoins de la buanderie.

Au printemps suivant, un matin, Camille voulut prendre l'échelle appuyée au mur intérieur de la remise, qui était haute. Il reçut une petite chaussure sur la tête et découvrit sa pareille fichée sur l'un des montants de l'échelle. Toutes deux étaient horriblement mutilées, la tige coupée en dents de scie. Je ne les avais pas jugées présentables et avais préféré les cacher, puis les avais, en toute innocence, parfaitement oubliées là-haut.

Une photographie

Il faut se souvenir de ce que représentait l'Alsace au cœur de tous les Français pour comprendre la vague de sympathie et de tendresse qui nous submergea une fois passé le choc des premiers jours.

Si elle était bien petite, la portion d'Alsace reconquise, elle était d'autant plus précieuse. Nous représentions, nous préfigurions tout ce qui manquait encore à la France. Derrière nos églises se profilaient deux silhouettes chères aux Français: la cathédrale de Strasbourg et celle de Metz.

Bon nombre d'officiers, en arrivant à l'ancienne frontière, au sortir du petit bois qui domine Montreux-Vieux, faisaient arrêter leurs troupes et commandaient:

« Garde-à-vous ! Voici l'Alsace. Présentez armes ! »

Cet hommage, Théodore Botrel l'exprima spontanément dans un chant qui fut un des premiers et des plus beaux que nous ayons connus et chantés dès que nous sûmes un peu de français.

Venu de l'autre bout de la France, le barde breton fut ému de découvrir dans les paysages et dans l'âme des choses comme une correspondance mystérieuse avec la France. Et quand il connut les habitants de ce pays, il fut encore plus ému puisqu'il épousa une Alsacienne.

Voici les deux premières strophes du chant avec leurs refrains:

«Quand nous franchîmes la frontière
Pour reconquérir le pays
Où depuis la guerre dernière
Tant d'exilés sont endormis,
Sur un ton nostalgique et tendre
Dans le vent les sapins chantaient.
Nous fûmes surpris de comprendre
Ce qu'entre eux ils se chutotaient.»

Refrain:

«Des Vosges fidèles
Sombres sentinelles
Comme aux anciens jours
Les sapins d'Alsace
Parlent à voix basse
En français toujours, toujours.»

et surtout cette strophe qui nous intéressait au premier chef:

«Le lendemain c'était dimanche,
D'un talon sonore et joyeux
Nous martelions la route blanche
Qui descend jusqu'à Montreux-Vieux.
Les cloches de chaque village
Carillonnaient à l'unisson,
Et nous comprenions leur langage
Et leur prière et leur chanson.»

Refrain

«Des vertus chrétiennes
Ferventes gardiennes,
Comme aux anciens jours
Les cloches d'Alsace
Chantent dans l'espace
En français toujours, toujours.»

Théodore Botrel chanta pour la première fois ces couplets

dans le poêle (salle basse) de la famille Boyat, à Montreux-Jeune. A ses côtés se tenait un acteur de la Comédie-Française. Trois jeunes filles, petites paysannes émerveillées, furent les premières auditrices d'un chant qui magnifiait l'amour de la France pour l'Alsace.

Les grands chefs militaires, les principaux hommes d'État eurent à cœur de nous rendre visite et de nous exprimer les sentiments de la France à notre égard.

En novembre 1914, le général Joffre, venu à Thann, fit une proclamation solennelle qui fut lue sur les places, affichée dans les mairies et commentée dans les écoles:

« Notre retour est définitif. Vous êtes des Français pour toujours. La France vous apporte, avec les libertés qu'elle a toujours représentées, le respect de vos libertés à vous, des libertés alsaciennes, de vos convictions, de vos mœurs.

« Je suis la France, vous êtes l'Alsace. Je vous apporte la baiser de la France.

Signé: Joffre. »

A Montreux-Vieux même vinrent successivement Briand, Millerand qui dit sa joie d'être le premier à saluer l'Alsace au nom du gouvernement.

A la Saint-Sylvestre 1914, les militaires organisèrent une fête où tous les enfants des environs étaient conviés et où furent distribués des jouets offerts par Mme Poincaré. Assise au troisième rang, je voyais, entre les notabilités du premier rang, de splendides poupées qui semblaient toutes me sourire. Mais au moment du défilé pour la distribution des jouets, les belles poupées échurent toutes à de gracieuses demoiselles dans leur dix-septième ou dix-huitième année, que je n'imaginais guère jouant à la poupée, sinon avec une poupée vivante. Je reçus une petite boîte d'aquarelle. A l'intérieur du couvercle, une image représentait une fillette avec coiffe près d'un rocher surplombant la mer houleuse. Camille me dit qu'il s'agissait d'une Bretonne. C'était donc comme ça qu'étaient habillées les petites filles de l'île de Groix, et je fus heureuse d'envoyer ma belle image à mon papa.

Au début de janvier, il y eut de nouvelles étrennes de

Mme Poincaré, de la Ville de Paris et de quelques grands journaux. Toujours les plus belles boîtes étaient remises par de fringants militaires à de souriantes jeunes filles qui exprimaient leur gratitude par de jolis battements de cils.

J'eus un livre illustré. Camille le lut et me l'expliqua. Il s'agissait d'une petite fille qui habitait un beau château et qui voyait beaucoup d'hortensias dans un grand jardin près du parc de ses parents. Je ne savais pas ce que c'était que des hortensias, quoiqu'ils fussent abondamment représentés dans le livre. Le nom me parut beau et très distingué. J'étais contente de mon cadeau.

Dès les premiers jours de février, on chuchota que le Président de la République française lui-même allait nous rendre visite. Quel honneur! Un après-midi, une amie de maman habitant Montreux-Vieux vint lui dire que nous allions bientôt voir le Président *Biencaré*. Ce nom sembla mal sonner aux oreilles de maman qui se permit de rectifier: « Il s'appelle *Boncaré*.

— Mais non, protesta son amie: c'est Biencaré. » Cela ne les empêcha pas de prendre un café au lait et de le boire à la santé de Biencaré et de Boncaré.

Lorsque Camille rentra dans la soirée, il annonça la venue de *M. Poincaré*. Elles se regardèrent et éclatèrent de rire. La veille du jour J (un 12 février) on vint demander à ma mère d'envoyer sa fille en costume d'Alsacienne pour accompagner la fillette d'une douzaine d'années qui devait réciter un compliment au Président.

« Mais elle n'a pas de costume, protesta maman.

— On nous l'a cependant affirmé de divers côtés.

— Il s'agit d'un costume de fantaisie que je lui avais fait l'an passé pour le Carnaval.

— Il y a un nœud? Il y a un corselet? Il y a une jupe?

— Certainement, mais je vous répète que c'est de la fantaisie. Le nœud est très petit.

— Habillez-la, c'est important. »

Maman, craignant que l'on puisse attribuer son refus à de la rancune due au départ de mon père, sortit de l'armoire le costume, bien étroit.

Le lendemain, je pris place aux côtés de deux autres fillettes et devant trois filles plus grandes, toutes magnifiquement habillées. Heureusement maman, empêchée, n'était pas là et ne put me voir auprès d'elles. Le drame, pour elle, était que je n'avais pas de chaussures et c'était en pantoufles montantes fourrées que j'allais paraître devant M. le Président de la République française.

Il devait venir par la route de Chavannes-sur-l'Étang et nous l'attendions devant le temple protestant. Il faisait froid.

A mes côtés, une fillette plus jeune que moi avait de jolies boucles, et des dents proéminentes. Je la regardais à la dérobée et tout en elle me plut. Si je ne pouvais pas avoir ses boucles, du moins pouvais-je faire une bouche comme elle: j'avançais la mâchoire supérieure et rentrais celle du bas. De temps en temps, je devais suspendre ma grimace qui me faisait mal.

Il y eut des mouvements, des ordres chez les militaires. Les officiels ajustèrent leur cravate et se figèrent dans une attitude solennelle. Une automobile s'arrêta: un officier se précipita pour ouvrir la portière et laisser descendre un monsieur en pelisse, coiffé d'un bonnet de fourrure. C'était le Président. Il s'arrêta devant notre groupe. La plus grande des Alsaciennes lui lut le souhait de bienvenue.

Dans le journal de M. le chanoine Tschirrhart, curé de Montreux-Vieux, on peut lire: « Visite de R. Poincaré, Président de la République. Réception devant l'école protestante. Des chasseurs et des hussards formaient la haie depuis Chavannes. Cortège de huit automobiles. Parmi la suite: le général Joffre, le général Thévenet commandant le secteur, M. Millerand, ministre de la Guerre. Devant l'école, une petite fille, Augustine Kempf, souhaita la bienvenue au Président qui, tout ému, embrassa l'enfant, exprima sa confiance dans la victoire finale, causa quelques instants avec les enfants... »

Mais moi, je me rappelle bien qu'il se pencha aussi vers les trois petites filles et leur donna à chacune un baiser, « le baiser de la France... ».

Un photographe fixa la scène juste au moment où, pour être la plus belle possible, j'avançais mes dents autant que je pouvais, ce qui déformait mes joues.

Derrière nous, en haut des marches, se tenait la suite du Président.

En souvenir de ce grand jour, je reçus deux beaux livres. Le premier était offert par M. le général Thévenet, gouverneur de Belfort, «en souvenir de la visite faite par M. Poincaré, Président de la République française, à l'école de Montreux-Vieux, le 12 février 1915». Une photographie montrait le Président avec toque de fourrure et devant lui les trois grandes filles dont l'une lisait le compliment. Nous, les petites, étions cachées derrière elles. Le plus beau livre était offert par le Président. A l'intérieur de la couverture, deux photographies représentaient notre groupe d'Alsaciennes, les petites, cette fois, en avant et, derrière les fillettes, sur les marches d'un escalier, nos maîtres et une partie de la suite du Président.

Le photographe avait pris deux clichés. Je me regardais longuement sur celle des deux photographies où j'étais naturelle. J'osais à peine jeter un regard sur l'autre où j'étais ridiculement bouffie. Maman n'en croyait pas ses yeux.

Ce fut le choc salutaire. Cette vision grimaçante surgissait par la suite chaque fois que je cherchais à imiter des expressions ou des gestes. Elle me permit de lutter contre la tendance à singer les autres par manque de confiance en moi-même.

L'instituteur militaire me fit écrire deux belles lettres de remerciements. Je recopiai ses brouillons à quatre heures, après la classe, et sous ma signature je dessinai sur chaque lettre deux petits drapeaux français.

Il y a quelques années, je visitai, à la Bastille, une exposition de «Papiers anciens», dont beaucoup de journaux de 1914-1918. Je tombai en arrêt devant un numéro de *l'Illustration* dont la couverture représentait la photographie du «souhait de bienvenue au Président de la République». Il était daté du 27 février 1915. Vint à mes côtés un vieux couple qui regarda longuement, silencieusement. Puis la vieille dame dit à son mari: «Tu te rends compte de l'âge que doivent avoir maintenant ces petites

Alsaciennes ! Calcule..., etc. » Alors, je me présentai : « Vous en voyez une. Elle était derrière la grande fille de droite... » Exclamations ! Et nous causâmes. Dans la grande salle aux vieux papiers, le passé ressuscita et rendit émouvantes ces images figées.

Autour d'une maladie

La guerre avait promu la plupart des femmes au rang de chef de famille quand ce n'était pas à celui de chef d'entreprise. Les paysannes se mesuraient avec les plus durs travaux des champs; les femmes d'ouvriers occupaient la place de leurs maris dans les usines. Partout, quels que fussent les emplois, elles suppléaient à l'absence des hommes.

Maman était aussi de ces vaillantes. Il s'agissait de nourrir ses deux enfants et de soutenir le moral de son mari prisonnier. Mais alors que les autres femmes étaient mues par le patriotisme qu'exaltaient les journaux, les affiches, le cinéma, maman se débattait dans le sentiment d'une injustice et dans l'impuissance, aussi néfaste, devant le mur de l'irresponsabilité et de l'immobilisme.

Elle écrivait à sa sœur de Belfort qui avait un fils et un gendre aux armées, à sa nièce de Pierrefite dont le mari était sous-officier. Elles firent des démarches, mais se heurtèrent à l'indifférence d'une administration qui avait d'autres chats à fouetter. Et puis, « se mouiller » dans une affaire pareille, quel subalterne l'eût osé? C'est ainsi que l'injustice se perpétuait. Cependant, jamais maman n'eut un mot d'amertume à l'égard de la France. Les responsables lui étant connus, elle n'accusait pas la communauté. Elle était reconnaissante aux autorités françaises de prendre en charge l'éducation de son fils qui admirait et aimait ses professeurs militaires.

Mais il fallait survivre en attendant le retour de son mari.

Au début, l'argent allemand eut cours encore quelque temps dans la région, puis les marks purent être échangés contre des francs. Naïvement, maman en mit dans chacune des lettres à mon père. Il ne les reçut jamais. Les économies fondaient rapidement. Elle était lutteuse. Elle réussit à se faire connaître comme une des meilleures laveuses du village. Sa clientèle de soldats fut importante et payait fort convenablement.

Tout en s'occupant de nous, elle ne quittait pratiquement plus sa buanderie. Elle réussit à nous cacher l'excès de son labeur, en se dépêchant pendant que nous étions en classe. Son travail était ingrat. Déjà, apparaissaient les fameux «totos» dont souffrirent tant les poilus. Maman dut surmonter ses dégoûts. Mais il y avait aussi les efforts demandés à sa constitution délicate: la pompe si dure à manier, la lourde lessiveuse, et puis l'eau qui la glaçait, la buée qui la suffoquait. Nous voyions le linge séchant en permanence, l'hiver, à la cuisine sur des fils tendus dans tous les sens. Heureusement, les soldats ne demandaient aucun repassage.

Camille s'inquiétait des fatigues de maman. Quand il rentrait de la classe, il portait les lourdes charges, s'occupait de Lisette, mais ne sut jamais traire comme il faut. Il évitait toute dépense, se confectionnait des cahiers avec de vieux registres d'avant-guerre, à table se déclarait repu alors qu'il maigrissait à vue d'œil, ce qui était un crève-cœur pour maman. C'était à qui des deux se dévouerait le plus à la famille. Moi, j'étais en dehors de tout cela, apparemment insouciante de leurs problèmes.

Pourtant, je m'apercevais bien du teint jaunissant de maman et du cerne qui creusait ses beaux yeux. Un jour, elle apprit de mon père que le colis envoyé récemment avait été vidé de la presque totalité du contenu annoncé: chemises, chaussettes, pommes, paquets de tabac, flacon de kirsch. C'est alors qu'elle eut des vomissements et dut s'aliter. Bientôt de fortes douleurs lui arrachèrent des cris. Camille se rendit à l'ambulance proche de chez nous. Des médecins militaires diagnostiquèrent des coliques hépatiques, hochèrent la tête et regardèrent les deux enfants avec pitié. Mais ils ne firent rien. Sans doute, à cette époque, n'y avait-il rien à faire. Ils s'en allèrent, un peu honteux de leur impuissance.

Entre les crises, maman nous regardait avec désespoir. Qu'allaient devenir ses deux enfants? Car elle se sentait mourir. Alors Camille entourait sa petite sœur d'un bras protecteur, plongeait son regard dans celui de maman et elle s'apaisait, confiante dans ce fils qui saurait prendre la relève.

Il dut s'absenter quelque temps de l'école supérieure, obtint d'une voisine qu'elle terminât les lavages entrepris, remit tout bien plié aux clients soldats. Entre-temps, il faisait office de tendre garde-malade. Cela dura une quinzaine. Mais il ne pouvait pas s'accommoder de l'état de malheur. Il avait appris qu'en un village des environs un pharmacien réfugié de Saint-Louis suppléait à l'absence de médecin en administrant avec efficacité des médicaments conçus et fabriqués par lui. Camille se rendit chez lui, revint avec une bouteille d'huile d'olive, deux autres d'eau de Vichy et une petite boîte pleine de pilules mystérieuses que le pharmacien venait de confectionner. Maman but le contenu des bouteilles, prit les pilules à des heures très précises et... se sentit mieux. Bientôt, elle entrait en convalescence. Toute sa vie, elle prit périodiquement les pilules du pharmacien qui garda toujours le secret de leur composition.

Elle retrouva le sourire.

Les autorités ayant accordé des allocations aux femmes chargées de famille, elle en bénéficia.

De l'île de Groix vinrent de bonnes nouvelles de mon père. On avait séparé les Alsaciens d'avec les « Prussiens ». Il ne disait pas « les Allemands ». Sans doute était-ce l'appellation que la population donnait à l'ennemi — souvenir de la guerre de 1870 — et mon père l'avait faite sienne. Ces « Prussiens » étaient internés dans un fort de l'île. « Quant aux Alsaciens, écrivait-il, la population a compris qu'ils ont du sang français dans les veines et elle sympathise avec nous. »

Quel soulagement! Maman ne tremblait plus dans l'attente des nouvelles. A chaque lettre, elle se réjouissait de ce qui arrivait d'heureux à mon père. Il aspirait à travailler et le travail ne manqua pas: les pauvres Bretonnes, aussi courageuses qu'elles fussent, étaient heureuses lorsqu'un homme prenait les plus durs travaux en charge ou les secourait dans les difficultés inévitables quand on élève des bêtes. Lorsqu'une vache devait vêler et que le veau se présentait mal, vite, on courait chercher cet Alsacien qui en un tournemain remettait tout en place et bientôt frottait de foin un vigoureux petit veau. Plus d'une Bretonne reconnaissante écrivit à maman pour l'assurer qu'elle priait Dieu pour elle et ses enfants.

Un docteur s'intéressa à mon père qui, de commis, devint un peu aussi son ami. Le retour parut proche, mais les choses traînèrent en longueur...

Rassurée sur le sort de mon père, habitée par l'espoir, maman avait recouvré la santé. Bien sûr, la guerre demeurait présente, nous l'entendions toute proche, nous partagions le village et même aussi notre maison avec les militaires.

Camille se passionnait pour ses études à l'école primaire supérieure où il préparait le concours d'entrée à l'école normale de Belfort. Pour sa mère, cela paraissait une étape essentielle vers les hautes destinées auxquelles il était nécessairement promis.

Maman guérie, il y avait donc place pour une vie qui, malgré la guerre, reprenait de la saveur. Moi, je tirais des événements tout ce que je pouvais pour faire de mes journées, autant que possible, un jeu perpétuel.

Aussi insouciante que l'oiseau qui bâtit son nid en mêlant au duvet les poils du chat pourtant prêt à le dévorer.

Les facéties du canal

Nous sommes réveillés à l'aube par des bruits insolites: des gens parlent sur la route et, du canal, proviennent des appels. Maman entrouvre les volets et s'exclame: «Mon Dieu! L'inondation!»

A moitié endormie, je regarde moi aussi: un véritable lac s'étend des berges du canal au jardin de nos voisins du bas et par delà les prés, d'un côté jusqu'à Lutran, de l'autre jusqu'aux Beusses.

Camille s'habille à la hâte et va voir cette étendue d'eau qui nous menace et devant laquelle discutent déjà presque tous nos voisins rangés le long de la frange d'eau qui avance traîtreusement.

« Il y a une brèche dans le canal, dit Camille à son retour. Cela s'est passé il n'y a pas bien longtemps. Une heure peut-être et l'eau continue à monter. »

Maman est pâle. « C'est pire qu'un incendie, dit-elle. Contre l'eau il n'y a rien à faire; on ne peut que fuir, et encore! pas toujours... »

Ce qui doit un peu la troubler, c'est qu'elle ne sait pas à quel saint se vouer. Elle ne connaît pas de saint spécialiste des eaux. Notre sainte Agathe, en image d'Épinal au-dessus de la porte d'entrée dans le couloir, ne nous est d'aucun secours. Elle ne s'occupe que du feu. Quand on peut s'adresser à l'au-delà par un intermédiaire qualifié, c'est une fenêtre ouverte sur l'espoir et déjà un gage de sécurité. Toutes les chapelles régionales proclament cela avec leurs saints dont chacun a un rôle déterminé. Mais aucun ne s'occupe des inondations dans une contrée où normalement il n'y en a pas.

Cependant, je me rends bien compte qu'intérieurement maman prie. Elle veille à ce que je sois habillée. Puis, elle ouvre fébrilement les portes de l'armoire, les tiroirs de la commode et va chercher deux panières à linge dans la buanderie. Elle y entasse toutes sortes de choses, dont des couvertures qu'elle a retirées des lits. Sur l'une des panières, au-dessus de la literie, je vois son chapeau des dimanches et le livre de médecine. Camille s'en étonne.

« Et si l'un de vous tombait malade?

— Et le chapeau?

— Si papa rentrait, je n'aimerais pas être sans chapeau. »

Elle a réponse à tout, mais elle perd un peu le nord, notre chère maman.

Cela pourrait être pire, et je pense maintenant à ce couple de professeurs de ma connaissance, expulsés brutalement de Metz par les nazis en 1940, et à qui on n'avait accordé qu'une demi-heure pour emporter, je crois, dix kilos de bagages. Lui, avait pris ses cannes à pêche ; elle s'était chargée du lustre, récemment acheté. Ils voyagèrent ainsi jusqu'en Corrèze !

C'est jour de classe, mais c'est là le moindre de nos soucis, des miens en particulier. Camille retourne aux nouvelles.

Maman descend à la cave. « Il n'y a pas encore d'eau, mais cela ne tardera pas. Heureusement qu'il n'y a que des pommes de terre. Elles seront lavées. »

Camille revient déjeuner. Il nous rassure. Le niveau s'est stabilisé, il aurait même tendance à baisser. Mais en contrebas du canal, les maisons Karm et Poure ont leur rez-de-chaussée envahi par des tourbillons qui font s'entrechoquer les meubles. Beaucoup de poules et de lapins ont été noyés. Les soldats ont sorti les deux vaches de Poure et pataugent avec elles pour les éloigner et les conduire dans une étable du haut du village.

Les attroupements grossissent à mesure qu'avance la matinée. Chacun essaie d'identifier ce qui danse dans les remous; une brouette, une caisse, un van...

Le garde champêtre annonce que les militaires assureront le ravitaillement en pain et qu'ils feront leur possible pour le transbordement des civils ayant affaire au-delà du canal. Ce «possible» consiste à prendre sur leur dos les dames et demoiselles fanatiques du pot-au-feu et du veau braisé qui ne sauraient se passer de la boucherie et du reste...

De la chambre, je vois trois ou quatre soldats traverser l'eau en lentes enjambées avec leur chargement. Ce spectacle me paraît grotesque. On entend des cris aigus de femmes. Je me précipite à la cuisine:

«Maman, tu entends comme elles ont peur de l'eau?

— Elles feraient mieux de mettre une poule à la casserole que de s'exposer ainsi.

— Tu crois qu'elles vont tomber à l'eau?»

Maman ne répond pas. Je vais guetter. Aucune ne tombe. Il faut croire qu'on les tient bien. Je suis déçue.

Devant sa maison, le père Poure va et vient, de l'eau au-dessus des genoux. Puis il aborde la terre ferme pour aller voir ses vaches au village. A qui veut l'entendre, il se plaint surtout de ce que le courant lui a emporté certain petit édicule fort utile qui était au fond du jardin.

«Il s'en est allé vers Lutran. Je ne le vois plus.»

L'après-midi, les militaires amènent une barque. Les transbordements deviennent des promenades sur un lac. Ils vont aussi vers Lutran, ils retrouvent et rapportent sur leur barque l'édicule fugitif. On dirait une gondole. Les soldats chantent. On s'attend à entendre des mandolines. Le public applaudit.

Des sapeurs sont descendus dans le canal pour colmater la brêche. Provisoirement, dit-on. Mais l'eau est toujours là. Camille, en cette circonstance, me donne la première leçon de géographie qui m'ait vraiment rendue attentive.

«La nappe d'eau va s'en aller. Elle coulera d'un côté vers l'Alsace et de l'autre vers la Franche-Comté. D'une part, les eaux de l'Ill iront dans le Rhin qui finit au-delà de l'Allemagne dans la mer du Nord. D'autre part, la Suarcine en emmène une partie dans le Doubs et dans la Saône; par un grand fleuve, le Rhône, elle coulera vers la Méditerranée. »

Il me montre cela sur une carte de géographie. Elle me fascine. Je vois du vert.

« Des plaines, me dit Camille. L'eau vagabonde parmi les prés, les champs. Elle n'y est pas pressée. Elle s'amuse.

— Et dans ce marron?

— Ici, elle est dans la montagne et doit se frayer un chemin entre les rochers. Elle saute de l'un à l'autre en cascades. Elle est un peu fofolle. »

Je suis émerveillée que l'eau puisse aller ainsi librement, où bon lui semble, sans souci du front. Une autre image que celle de nos contraintes de guerre se lève comme un mirage et je devine le vaste monde au-delà de mes horizons. Je suis cependant fière d'être dans ce haut lieu qui dit aux gouttelettes: « Toi, à droite; toi, à gauche. »

Camille marque un point sur la carte et dit:

« Nous sommes là. »

Là où je suis l'ondine qui préside au partage des eaux.

La pêche miraculeuse

L'aventure du canal aura des prolongements. Dans le courant de juin, des travaux de consolidation éviteront le renouvellement de l'accident qui couperait notre route, dont l'importance stratégique est incontestable. Le canal est vieux. Il date de Napoléon Ier.

Un matin, le garde champêtre annonce: « Aujourd'hui, à cause des travaux, le canal sera vidé entre les deux écluses. La population pourra, dans l'après-midi, pêcher à la main dans les trous d'eau. »

Quelle chance ! un jeudi ! Après déjeuner, des hommes, des jeunes gens, des enfants, garçons et filles, descendent dans le canal et dans ces fameux trous d'eau où le poisson s'est réfugié. J'y suis aussi, pieds nus, en jupon, ma robe nouée autour de la taille.

C'est un extraordinaire jour de revanche. Me l'a-t-on assez interdit, ce canal au fond duquel guette le *Hogemann* — l'homme au crochet — à l'affût des enfants qui s'en approchent trop ! Au-dessus de mon lit, un tableau représente une fillette cueillant des fleurs au bord de l'eau. Un ange gardien étend ses ailes sur elle : il ne lui arrivera donc rien. « Oui, mais quand les parents défendent cette approche de l'eau et que l'on désobéit, l'ange gardien replie ses ailes et s'en va. Et alors... vient l'ennemi au crochet qui vous happe et vous tire dans l'eau. »

Maintenant, je n'ai que faire de cet ange gardien qui replie ses ailes. D'ailleurs, je ne crois plus au *Hogemann*. Cependant, prudente, je ne m'approche pas des grands trous d'eau. Je vais dans les petites flaques où cela grouille de petits poissons que j'essaie d'enfermer dans ma main. Ce n'est pas facile: ils frétillent, glissent, m'échappent presque tous. J'en prends cependant quelques-uns que je mets dans un seau où il y a un peu d'eau. Non, ils ne seront pas mangés, ils sont trop mignons. Je les élèverai dans une bassine. Je leur donnerai des noms. C'est du moins dans mes projets.

Autour de moi, on rit, on crie, on gesticule. On se croirait à la fête du village comme autrefois, avant la guerre. Il m'en reste de vagues souvenirs de bruit et de mouvement. Quelques figures avinées émergent parmi les autres. Il est vrai qu'un café est à côté. Le Jules longe la berge et farfouille dans les hautes herbes. Il a un air triomphal et tout de suite une mine déçue. Il bougonne: *« Ç'at une grenaille »*. L'Ugéhn est au beau milieu du plus grand trou, de l'eau jusqu'au ventre. Il brandit quelque chose qui se tortille au bout de son bras: *« Ç'at une anguille »*, annonce-t-il à la ronde — *« Ç'at une életche »*, (couleuvre) crient les autres. Toutes les filles hurlent d'horreur.

La pêche miraculeuse dure jusqu'au soir. Je finis par m'en lasser. Dans mes yeux fulgurent des éclairs argentés. L'odeur du poisson m'écœure, aussi subtile soit-elle. Je quitte le canal, mais non ces exhalaisons qui se mêlent, dans le village, à celles du poisson frit. Les ménagères nettoient du poisson, cuisinent du poisson, servent du poisson. Les soldats en mangent aussi.

A la maison, quelqu'un a apporté à maman des tanches. Elle a remercié en versant un verre de ce vin de groseilles, couleur de rubis, de sa fabrication d'avant-guerre, donc bien liquoreux. La bouteille est restée sur la table. Personne à la cuisine. Je m'en verse un fond de verre. C'est sucré, c'est bon comme du sirop. Vite! Plein le verre, que je vide d'un trait. Cet alcool, très riche en aldéhides, fait tout de suite son effet. Comme tous les ivrognes, j'oublie enfin ce qui me gêne. Tout chavire. Je m'affale sur le bord de la table et je dors.

La nuit tombée, vers neuf heures, je me réveille dans mon lit, un peu ahurie. J'appelle :

« Maman, j'ai faim !

— Veux-tu du poisson ? » me crie-t-elle de la cuisine.

Dis-moi où tu vas et prends bien garde aux avions

Tout lieu et tout moment m'étaient bons pour le jeu. Je savais jouer seule; dans ce cas, mon univers c'était mes poupées. Lorsque j'avais accordé à chacune les soins que requéraient son état de santé, ses exigences d'enfant gâté, lorsque j'avais lavé, habillé, coiffé, nourri, bichonné, grondé, consolé, promené chacune de mes filles, un après-midi de jeudi pouvait être fort avancé. Mais si Camille était à la maison, elles devenaient orphelines, leur mère s'étant muée en garçon. Un garçon tout habité de roueries féminines avec provocations et inconséquences dans l'agressivité. Taquine, je n'avais de cesse qu'il devînt grand méchant loup, bête féroce prête à me dévorer. Il jouait le jeu. Toujours à ses dépens.

Combien de fois l'enfermai-je dans la buanderie? Pourquoi la porte avait-elle une clé parfaitement inutile puisqu'on ne la fermait jamais? Il tambourinait: « Ouvre-moi! » Je distillais un silence politique. Quand enfin je le devinais à bout de patience, j'entamais les pourpalers:

« Mais tu me poursuivras?

— Ouiii! hurlait-il. C'était bon signe.

— Tu me battras?

— Oh! Ouiii!» C'était gagné.

Alors prestement, je tournais la clé et m'enfuyais à toutes jambes, faisant le tour de la maison. Tout ce qui avait plume ou poil disparaissait à notre passage. Si je me sentais près d'être rattrapée, je jetais un tel cri de terreur que mon frère, impressionné, ralentissait et me concédait la victoire. Mais si je parvenais à pénétrer dans la maison, je grimpais trois ou quatre marches de l'escalier intérieur, me retournais, et profitant de mon altitude, je saisissais ses cheveux. Alors, il criait sa défaite et je lâchais prise. Une porte s'ouvrait, maman intervenait: «Grand imbécile, c'est une petite fille!» Nous nous regardions. Il ne m'accusait pas. Je ne m'excusais pas. Camille retournait à ses devoirs en se frottant la tête, et moi — provisoirement — à ma voiture de poupées.

Excédé, Camille décida, un beau jour de mettre fin à ces hostilités par un traité en bonne et due forme: Le traité de *Tchun Metruë*. Il stipulait laconiquement: «On ne se tire plus les cheveux.» C'était signé des deux belligérants. Je déposais les armes sans avoir été vaincue. Pour faire plus historique, Camille passa une ficelle dans le «parchemin»; aux deux bouts il apposa des scellés — de la cire dans laquelle il appuya un sou en bronze: avers pour l'un des scellés, revers pour l'autre, toutes garanties pour que le pacte fût pour toujours respecté.

Il était des jeudis et des jours de vacances où maman n'arrivait pas à me garder à la maison. J'aimais aller chez les autres, chez Cécile, Anne-Marie, Maria ou Émilie. Selon les unes ou les autres, les jeux variaient de nature et aussi de lieu. Quand je m'en allais, maman faisait suivre une exigence: «Dis-moi où tu vas» d'une recommandation: «Prends garde aux avions, entre dans une maison si tu en vois un.»

Cécile habitait le plus près, à portée de voix. Plusieurs fois dans l'après-midi, un appel de maman: «Elisaaa» franchissait deux grands potagers et interrogeait une cour et un jardin. Si je ne renvoyais pas un «Ouiii» rassurant, la minute d'après maman était là et je devais la suivre pitoyablement. C'est qu'au-delà d'une maison, d'un ruisseau, d'un talus et d'un chemin de

Les parents d'Elisa jeunes mariés, avec le petit chien Amela sur le guéridon.

Le grand-père d'Elisa, toujours soucieux.

La grand-mère d'Elisa, toujours grave.

Les élèves de la Mittelschule en classe de sport. Camille est le garçon blond, à gauche dans la troisième rangée.

Elisa vers un an.

La Première Communion d'Elisa. Sa maman porte le corsage de soie fait avec le beau tablier breton.

Le groupe des Alsaciennes et des maîtres devant M. Poincaré. Elisa est en Alsacienne de Carnaval et en pantoufles. Le premier militaire à gauche est M. Dusoulier, le ''gentil'' maître.

L'ancienne ''maison de la douane'' devenue École communale au rez-de-chaussée. On remarque au premier plan des barbelés.

Le cuisinier « nègre » à la large face d'ébène, en compagnie d'un « gastelas » (aide cuisinier).

Les élèves de l'École communale de Montreux-Jeune. A gauche, le maître civil ; à droite, le militaire. Elisa, qui porte une coiffure en tissu, est à côté de lui. Les garçons portent des ''calots'' militaires.

Le pont-levis était en bois. La manœuvre de levée se faisait par des chaînes et à la main. On distingue à droite le début du "bassin" destiné aux manœuvres de demi-tour; en effet quelques bateaux seulement allaient en direction de la France. Au loin, la silhouette de Montreux-Vieux.

Une tradition : les noces sablent le champagne à la frontière. Mieux : celles de la vallée de la Largue traversaient la frontière à Chavannes-les-Grands et accompagnaient le champagne d'une Marseillaise bien enlevée.

La grange du Moulin de la Caille a été totalement incendiée. Le Moulin lui-même, qu'on ne voit pas sur cette carte postale, en face du corps de logis, ne l'a été que partiellement.

Le village sous la neige. Les voitures bâchées sont celles des militaires. A certains moments, les vergers en étaient remplis.

Le cousin Edouard, de Mulhouse, qui va déserter en 1917 l'armée allemande et sera incorporé dans l'armée française d'Afrique.

M. Pégoud à Montferrat.

Toutes les troupes descendant la « route blanche » qui va jusqu'à Montreux-Vieux s'arrêtaient. « Présentez armes, voici l'Alsace ! » commandait l'officier.

Un des ateliers de réparations de voitures des Usines Peugeot à Audincourt. Le père d'Elisa est le deuxième en partant de la droite.

Gott mit uns : *un tableau sacrilège du peintre allemand Hermann Clementz.*

halage, coulait, reflétant hypocritement le ciel et les nuages, le canal, souci de maman.

Mais elle pouvait être tranquille, je ne m'y serais pas aventurée : de grands garçons, pêcheurs sourcilleux, n'aimaient pas qu'on dérangeât les poissons, fût-ce par un chuchotement. Puisqu'il y avait aussi de l'eau dans le ruisseau, cela nous suffisait largement. Des araignées y zigzaguaient et de toutes petites rainettes étourdies sautaient parfois jusque dans les casseroles de la dînette de Cécile, que nous installions en bordure, sous l'odorante toison de reines-des-prés. Il arrivait que pour nous ravitailler en salades — le cresson qui frissonnait sous un courant subtil —, je me penchais et mon pied dérapant dans l'eau, je le ramenais alourdi de glaise. Le soir, maman grondait : « Même par temps sec, tu as l'art de trouver des saletés. »

Pour traverser notre ruisseau, nous jetions une planche étroite par-dessus et marchions, un pied devant l'autre, les bras écartés, expertes, hardies, aériennes, ravies du balancement de notre pont. Un jour, crac ! la planche cassée, je fus précipitée à l'eau. Je ne pouvais me déshabiller, des militaires allant et venant sur la route voisine. Je restai mouillée tout un après-midi. Une fessée sur une culotte encore humide tua dans l'œuf une vocation de funambule.

Mieux valait s'en tenir dorénavant à la terre ferme : la grande cour et le potager-jardin y attenant. En bordure des légumes, sans souci d'ordonnance ni de préséances, croissaient phlox, marguerites et rosiers mousses, ces derniers promus par nous au rang de stations de chemin de croix dans un lieu de pèlerinage. Nous nous prosternions jusqu'à terre entre poireaux et rosiers.

Cet après-midi-là, une clé glissa de mon tablier — celle que maman, absente pour quelques heures, m'avait confiée. Soudain, je tâtai ma poche : vide. Je me mis à pleurer. Mes yeux brouillés de larmes ne distinguaient le précieux objet ni sous les rosiers, ni entre les légumes. Cécile chercha avec moi, mais, bien vite, elle vint à mon secours d'une autre manière, toute simple, selon elle : « Il n'y a qu'à s'adresser à saint Antoine. » Elle s'agenouilla, joignit les mains, leva les yeux au ciel, comme la sainte Cécile du vitrail de l'église : « Bon saint Antoine, faites qu'Élisa retrouve sa clé.» Et à l'instant même, à quelques pas devant moi, dans l'herbe qui envahissait la petite allée, je vis briller ma clé, comme posée là par une main surnaturelle. Le soir, je racontai le miracle à maman. A ma manière. Ne craignant pas d'en ternir la sainte brillance des vapeurs sulfureuses d'un mensonge. Ma clé devenait la clé de Cécile et j'inventai des circonstances plausibles. A mon étonnement, maman me dit: «Tant mieux que Cécile ait retrouvé sa clé. Mais il y a sur terre, surtout en ce moment, des pertes autrement importantes. On n'invoque pas les saints pour des bagatelles.»

Des bagatelles! Je savais bien, moi, quel blâme et peut-être même quelle correction m'eussent été réservés si saint Antoine ne s'était pas mêlé de l'affaire. Aussi je lui gardai toujours de la reconnaissance, mais n'osai jamais aller jusqu'à le déranger encore une fois pour une clé.

Quand nous étions à plusieurs camarades et que la cour était vide de soldats, nous organisions des séances théâtrales tout comme les militaires, avec spectateurs — deux ou trois — et acteurs en même nombre. Nous grimpions — sans échelle — dans un hangar jusqu'à un plancher à trois mètres du sol. Les lattes en étaient vermoulues ou pourries et manquaient même par places. Nous improvisions des scènes en criant à nous écorcher la voix et finissions par nous donner des coups de bâton au risque de nous précipiter par les ouvertures. Heureuse ignorance des mères!

La séance se terminait par le tableau final des grimaces. Il semblait que s'étaient donné rendez-vous les démons les plus abjects ayant inspiré les imagiers du Moyen Age: c'était à qui présentait les contorsions les plus désarticulantes, les écarts dissymétriques des jambes les plus disgracieux, les figures les plus défigurées par des strabismes exorbités, des gauchissements des mâchoires. Surtout, c'était à qui tirerait la plus longue et la plus large langue, avec tant de vigueur qu'il nous en demeurait, pour le restant de la journée, un gonflement douloureux au niveau des amygdales. C'est d'ailleurs à la dimension des langues tirées que se mesurait notre succès à ce concours des grimaces où nous, les filles, étions plus douées que les garçons.

A Maman, je présentais, en rentrant, un visage angélique, les démons de la laideur s'étant évanouis au long de la route à l'heure sereine de l'angélus.

Pour jouer à la marelle, j'accordais ma préférence à une portion de route près de chez Anne-Marie. Comme nous n'avions pas souvent de craie sous la main, une pierre vaguement calcaire faisait l'affaire. Mais quand nous étions bien en train, un convoi ou un défilé militaire nous interrompait. Le frottement des « godillots » effaçait nos ronds et nos carrés. Nous attendions patiemment sur le bord de la route et refaisions nos tracés sitôt passés les pans de la dernière capote.

Lorsque je me rendais chez Maria, qui habitait à l'écart, en pleins champs, je savais que nous allions battre les prés. Nous y distinguions tout ce qui fait ventre : l'oseille sauvage que nous mâchions avec délices, l'herbe de Saint-Jean en flocons légers et, bien entendu, les épis amylacés d'avoine, de blé et d'orge des champs voisins. Personne, en ce temps-là, n'eût eu l'idée de chasser méchamment des enfants laissant après leur passage des plaques d'herbe foulée ou des galeries dans les céréales. On ne s'en défendait pas plus que des oiseaux du ciel. Rien n'était enclos hors du village. Cela pouvait nous mener jusqu'à la petite Suarcine là où elle coulait en deçà du canal, qu'elle traversait plus loin et d'où nous parvenaient les échos des baignades. Deux excavations naturelles dans la rivière ménageaient des bains, l'un assez important pour les garçons, l'autre peu profond accessible aux filles dont aucune ne savait nager. On enlevait tablier et robe et on barbotait en jupon. Les grandes poussaient des cris. Pour rien. Uniquement pour informer les garçons de leur présence. Ceux-ci, de leur côté, à une dizaine de saules de là, faisaient les intéressants en s'invectivant avec des voix mal assurées parce qu'elles muaient. Mais aucun n'eût enfreint la consigne de la séparation des sexes. C'eût été un beau scandale dans le village qu'un spectateur mâle auprès du bain des filles ! Nous étions mieux gardées par des mœurs ancestrales rigides que des odalisques par les eunuques du sultan.

Ces baignades étaient exceptionnelles, sauf aux périodes de

front calme. Assez loin du village, nous y étions trop exposées aux avions. S'il en survenait un, nous nous cachions sous les saules. Mais surprises en cours de route, nous devions courir vers le toit le plus proche et y attendre qu'au-dessus de nous le ciel fût à nouveau silencieux et pur.

Le verger d'Émilie

Ce n'est qu'aux grandes vacances que j'ai la permission d'aller jusque chez Émilie au Bout'd'do parce que présentement il y a peu de militaires. Ses parents ont un grand verger riche de tant de fruits qu'ils n'en ramassent et n'en cueillent qu'une infime partie: petites poires des foins sucrées et un peu farineuses, pommes précoces pâles et acides, mais surtout « blouetches », ces prunes qu'on ne connaît qu'en Fanche-Comté et dans la petite zone voisine d'Alsace. Grosses, rondes, juteuses, parfumées, rouge et or à pleine maturité, elles n'ont pas d'équivalent pour le sucre — on en mangerait des pleins paniers. Mais ce sont des traîtresses. D'abord, on ne peut en faire des confitures, car, à la cuisson, elles développent une acidité qu'aucun sucre ne peut combattre, et, par ces temps de pénurie, ce serait du gaspillage. Mais surtout, pour peu qu'on ne connaisse pas ses limites, on est assuré de dérangements intestinaux.

Nous le savons et c'est pourtant à elles que nous en avons. Pas dans le verger d'Émilie où tout est à nous, mais, en passant par derrière, dans celui d'à côté, chez Schacker, le nouveau maire, et qui est enclos d'une haie épineuse, tout à fait ce que Dieu le Père devait avoir inventé pour protéger le fruit défendu — après le péché. Deux magnifiques «blouetchiers» sont à portée de bras, mais pas des nôtres, trop courts. D'autres que nous — car il y a de la concurrence — ont pratiqué un trou dans la haie, mais il a été bouché avec des fagots. S'insinuer par là nous exposerait aux craquements du bois sec et alerterait le mâtin qui, en façade de la ferme, va et vient en tirant une chaîne; elle gémit sur un gros fil de fer tendu le long du bâtiment. Nous palabrons en chuchotant. Émilie me fait la courte échelle, mais au moment où je vais atteindre une prune, ses doigts se dénouent et je tombe dans la haie d'où je ne me dépêtre que moyennant des écorchures aux bras et une déchirure au tablier.

Voici du renfort dans le chemin qui vient de la forêt. L'Émile et le Marcel sont galants. Ils nous aident. Émilie faisant le guet, Marcel se hisse sur les épaules d'Émile et, pressé, arrache au hasard prunes et branchettes qu'il jette à mes pieds dans le chemin poussiéreux. Je fouille dans ce pêle-mêle pour la communauté des voleurs. Alerte! Un chariot grince au tournant du chemin. Marcel dégringole. Le père Schacker marche à côté de ses deux bœufs. Passant auprès de nous, penauds, il nous dit d'une voix doucement geignarde: «Mes pauvres enfants, vous avez bien du mal. J'ai bouché le trou à cause du renard. Quand je serai revenu des champs, vous viendrez en manger, des prunes, autant que vous voudrez. J'en ai ramassé une pleine panière.»

Tous les quatre nous sommes là, bêtes et silencieux comme deux Adam et deux Ève à qui le Père éternel aurait dit: «Mangez-en autant que vous voudrez, ce n'est pas défendu.» Plus de chapardage, partant plus de plaisir. Nous nous en allons et n'avons pas la moindre envie de revenir manger des prunes dans une panière.

Dieu merci! Il y a encore le long des chemins de quoi faire battre nos cœurs de maraudeuses. Cela ne se fait pas sans fuites éperdues, sans chutes — et souvent nous n'atteignons pas nos objectifs. En cours de route, nous collectons d'autres comparses. A l'heure du goûter, toutes deux nous faisons irruption dans la cuisine où se tient la mère d'Émilie. Elle nous regarde, ahurie: nattes en déconfiture, rubans perdus, cheveux dans les yeux et combien dépenaillées! «*Tcherpaignir!*» nous dit-elle en patois (marchandes de paniers). Maman a un nom alsacien pour cela : « *Koutlmoutl* ». Avec nos tartines, nous rejoignons, pressées, la horde à qui appartient aujourd'hui le village. Encore un moment du moins, jusqu'à l'heure du souper où elle se dissout tout à coup et vide route et ruelles de la turbulence enfantine.

Ouf ! Je suis éreintée. Quand il me voit, Camille me dit, goguenard : «Tiens, te voilà, balai de village !» Ce n'est pas flatteur, mais je sais que c'est le mot vrai, car il n'est pas un coin où je ne sois passée et repassée.

Pégoud

« Un aéroplane ! un aéroplane ! » criaient les enfants s'il survenait un avion. Ils prononçaient « aréoplane » et plus souvent « aréo ».

Avant la guerre nous n'en avions jamais vu, mais dès le début des hostilités, nous fîmes connaissance avec monoplans, biplans, voire triplans et distinguions les français des allemands : cocarde ou croix de fer, c'est-à-dire inoffensifs ou dangereux. Dans ce dernier cas, nous disparaissions de la route. Si, aux premiers jours de la guerre, les uns et les autres se bornaient à surveiller les mouvements de troupes, il n'en fut pas de même en 1915. Le 6 août, un aéroplane allemand jeta des bombes à Chavannes où se trouvait un parc de quatre avions français, mais sans les atteindre. Puis ces bombardements se multiplièrent et créèrent un climat d'inquiétude permanente. Un certain nombre de militaires furent tués, d'autres blessés. La première victime était de Cavaillon.

Au début, les soldats tiraient des coups de fusil rageurs en l'air, gestes inefficaces, sans doute, mais les défoulant d'une exaspération contre cette guerre venant d'en haut. Bientôt un poste de défense contre les avions, à quelques kilomètres de chez nous, ajouta aux vrombissements de l'appareil le bruit des tirs réguliers ponctuant la route de l'ennemi de petits nuages qui grossissaient et finissaient par se dissoudre dans l'azur.

Les gamins du village connaissaient les noms des avions: *Taube, Fokker, Albatros, Gotha* des Allemands, *Blériot, Voisin, Nieuport, Spad* et plus tard *Caudron, Farman, Morane* pour les Français et qui s'opposaient dans la chasse où s'affrontaient les casse-cou du ciel. Leur célébrité dépassait de loin ce qu'avaient pu leur valoir leurs exploits d'avant-guerre. Garçons et filles commentaient les prouesses de Roland Garros, de Fonk, de Nungesser, de Védrines et surtout plus tard de Guynemer, de l'Escadrille des Cigognes. Mais celui qui sensibilisa toute la population fut Pégoud, déjà légendaire avant la guerre avec son fétiche, le pingouin.

Le 31 août 1915, alors que les paysans étaient aux champs, que les enfants jouaient dans les cours ou sur la route, l'attention de tous fut attirée par deux avions qui tournoyaient au-dessus de nos campagnes: grands cercles autour de l'adversaire, fuites à brusques revirements, chutes libres avec reprises inattendues. Soudain, l'un d'eux, à cocarde tricolore, piqua vers le sol en vrilles rapides suivies d'un long panache noir. Cela se passait dans les champs de Petit-Croix à l'intérieur d'un quadrilatère de forêts. Ainsi, Pégoud, le premier «as» de la guerre, devint des nôtres, dormant de son dernier sommeil chez nous, à Belfort. Du moins provisoirement, car plus tard son corps sera transféré au cimetière Montparnasse à Paris. Le 6 septembre, à l'emplacement de sa chute, une couronne tomba du ciel avec un ruban où s'inscrivaient ces mots: «De la part de son adversaire, honneur à l'aviateur Pégoud tombé au combat pour sa patrie.»

Cet adversaire était le mitrailleur lieutenant von Bilitz, assisté du caporal Kandulski. Leur appareil était blindé, celui de Pégoud ne l'était pas. Il était seul. Remarquable précurseur par ses virtuosités, il comptait sur son sang-froid et son adresse. Hélas! une balle lui traversa l'aorte.

Camille trouva le geste de von Bilitz chevaleresque, mais maman se désolait: «N'eût-il pas mieux valu qu'il ne l'abattît pas?» Les nécessités de la guerre étaient hors de sa portée et ce romantisme lui paraissait souligner la cruauté et l'ineptie des actes de guerre.

On parla longtemps de ce drame. Nos maîtres nous firent chanter une naïve complainte se terminant ainsi — dans l'esprit de l'époque et dans un style qui n'était pas celui de Péguy :

« Dors, dors, pauvre Pégoud,
D'autres fils de France
Sauront, pleins de vaillance,
Te venger jusqu'au bout. »

Plus tard, quand nous chantions *Les Grands Oiseaux*, hymne poétique à l'aviation, c'est à Pégoud que nous pensions au quatrième couplet :

« J'ai vu tomber l'un des oiseaux
Ivre d'azur, ivre d'espace
Et le sang rougissait sa trace... »

Nous avions, la mélodie aidant, les yeux embués à ce souvenir.

En 1916, les camarades de l'illustre aviateur, le « Souvenir français » et des industriels de l'aviation firent ériger un monument à la gloire de Pégoud, là où il était tombé. Sur trois plaques noires l'événement est commenté :

— « Au brave et modeste Pégoud, tombé ici pour la patrie dans un combat aérien le 31 août 1915. »

— « Adolphe Pégoud, né le 13 juin 1889, surnommé Roi de l'air par ses prouesses aériennes à travers le monde entier. »

— « Sous-lieutenant. Cité cinq fois à l'Ordre du Jour de l'Armée. »

La quatrième plaque manque aujourd'hui — celle où l'on évoquait la couronne jetée par l'adversaire allemand. Le monument fut saccagé en 1978 et cette plaque arrachée.

Pour éviter le retour de tels actes de vandalisme, le monument Pégoud a été transféré en plein village de Petit-Croix, sous la protection des habitants, dont certains se souviennent. L'aviateur était originaire de Montferrat, dans l'Isère. En 1989, on y célébrera le centenaire de sa naissance.

Bouquets

Nos prés étaient très florifères. Ils le sont encore. Les connaisseurs attribuent cela à une certaine pauvreté du sol. Le fait est que, en mai, le bétail au pâturage doit chercher l'herbe savoureuse: l'étendue n'est pas verte, mais multicolore. Elle l'était déjà en ce temps-là et — me semble-t-il — même davantage.

Pour les offices du mois de Marie, que nous appelions « saluts », nous faisions des bouquets de marguerites associées à toutes sortes de fleurettes roses et jaunes pour les autels. Nos prés étaient aussi très riches de myosotis et nous en tressions des couronnes. Nous les mettions dans un plat creux avec de l'eau. En une nuit les fleurs poussaient en hauteur et nos couronnes pouvaient même croître de dix à quinze centimètres si nous les laissions deux jours. Tout cela était un joyeux prétexte pour courir dans les prés sans risques de remontrances. A l'office, nos couronnes exposées sur le banc, nous chantions des cantiques à Marie tout en comparant nos chefs-d'œuvre. Jalousie et pensées pieuses cohabitaient.

A la sortie vers huit heures du soir, nous jouions à nous poursuivre sur la route et nous poussions des cris tout pareils à ceux des martinets qui croisaient dans le bleu profond du ciel, insoucieux tout comme nous de la canonnade sonorisant tout le front, du Jura aux Vosges, plus rageuse certains soirs dans le secteur du *Hartmannswillerkopf*.

Pour la fête-Dieu, on faisait la razzia dans les jardins. La guerre n'avait pas interdit le déroulement de la procession à laquelle la population tenait beaucoup. Certains militaires aidaient à monter les reposoirs que fleurissaient ensuite les jeunes filles. Nous, les fillettes, nous garnissions un petit panier pendu à notre cou par un ruban blanc. Nous y effeuillions des pivoines et des roses mousseuses, les seules roses de nos jardins, qui ne connaissaient pas encore les savantes hybridations des horticulteurs. Nous étêtions les œillets mignardises et d'autres petites fleurs. Il s'élevait de nos petits paniers un mélange de parfums dont s'emplissait l'église. Le parcours de la procession était jonché de fleurs et de feuillages. Les garçons avaient coupé des joncs dans les étangs du voisinage et les avaient disposés en soleils sur la route.

Habillées de blanc — la plupart des robes héritées des générations précédentes —, nous devions, à tour de rôle, lancer notre provende de fleurs en direction du saint sacrement que portait M. le curé, abrité sous un dais. Toute la procession marchait sur un tapis floral; mais c'était pour moi un supplice quand je voyais une grosse chaussure écraser une candide marguerite ou une délicate rose. Parfois, quand l'attention de tous était retenue par la cérémonie devant un reposoir, je me baissais furtivement, ramassais l'une ou l'autre rescapée du piétinement et la jetais dans l'herbe, où elle aurait une mort plus digne d'elle.

Pendant ce temps, l'on pouvait voir, du côté de Seppois, des avions piquer sur une « saucisse » ou un ballon qui surveillait le front. Tout autour, les shrapnells (obus) s'épanouissaient en bouquets blancs. Au bout d'un moment, lentement, se dégonflant, la cible flottante regagnait le sol. Dans la nacelle, il y avait sans doute parfois d'autres écrasements que sur notre route.

A la mi-juillet, la distribution des prix coïncidait avec la fête nationale et il fallait fleurir la salle de classe. Les prés et les jardins se faisaient moins opulents. Le long des allées de notre potager, les fleurs se limitaient aux œillets de poète et aux bleuets. Maman avait à cœur de me composer un bouquet tricolore. Mais pour le blanc ne restaient que des fleurs de camomille. Qu'à cela ne tienne! Elles atténuaient de leur légèreté la raideur des œillets de poète. Dans la salle de classe abondamment pavoisée, devant une estrade, sur une longue table, s'entassaient de beaux livres rouges à la tranche dorée surmontés de couronnes de laurier et de chêne, certaines dorées aussi, d'autres plus modestes, simplement vertes, et — bien entendu — moins convoitées. De part et d'autre, nos bouquets formaient une haie d'honneur et développaient leur arôme dans la chaleur estivale. Le mien, par une prérogative qui me gênait, repoussait les suaves odeurs et emplissait la salle de la douceâtre insolence de mes camomilles.

Boches

La guerre a forcément augmenté — je répugne à écrire « enrichi » — le vocabulaire. Nous apprenions comme étant des mots courants : les *barbelés,* le *boyau,* les *taubes,* les *shrapnells,* etc., bien avant d'autres mots de tous les jours. D'autres vocables apparurent, portés par une sensibilité exacerbée se refusant à utiliser, quand il s'agit de l'ennemi, des termes où n'entreraient ni le mépris, ni la haine, ces sentiments dans lesquels baignent les foules en temps de guerre. Appeler les ennemis des Allemands eût déjà été leur accorder de la considération. Au début de la guerre, les Parisiens les appelaient les *Pruscos,* puis les *Boches* (mot apparu pour la première fois en 1889 et dérivé d'*Alboche,* lui-même antérieur à 1870), quintessence de toutes les laideurs, lâchetés, férocités.

C'était employé à l'arrière comme dans les tranchées. Quel petit Parisien arrivant dans la cour de son école eût lancé : « Dites, les gars, les Allemands ont été délogés de leurs positions » ? Malgré l'heureuse — et souvent fausse — nouvelle, il aurait essuyé les sarcasmes de ses camarades : « Tu ne peux pas dire boche comme tout le monde ? » — « Boche toi-même... » Et l'on devine la suite.

Chez nous, le cheminement du mot fut pourtant assez lent.

Je n'ai pas souvent entendu des civils alsaciens le prononcer. Il me souvient pourtant qu'après la guerre, dans une circonstance burlesque, il joua un rôle percutant.

Deux habitants d'un village voisin, père et fils, baignant à longueur d'année dans les effluves du *schnaps*, s'étaient pris de querelle. Le fils lança au père des injures dont notre capiteux dialecte a plus d'un cru millésimé. Le père n'en parut pas subir l'atteinte. A court d'invectives, le fils hurla: « Boche ! » Ce fut un finale triomphant. La reddition paternelle fut totale, puisqu'il ne dit plus rien. Accablé. Tout le village s'en ébaudit. Eh oui ! Sans pitié.

Pendant la guerre, bien autres furent les circonstances où ce mot éclata pour moi comme une bombe chargée de toutes les contradictions humaines.

C'est l'été. La canonnade au loin. Des crépitements plus près. Malgré cela, les soldats sortis de leurs cantonnements s'occupent, qui à laver ses chaussettes dans un ruisseau, qui à conter fleurette à une fille en mal d'amoureux. Je crois bien que de l'autre côté du canal quelques militaires ont organisé un jeu, car on entend des éclats de voix, des rires bruyants.

Moi, je déplace mes activités du jeudi selon mon humeur. Je viens d'être une marchande dans le verger de chez Anne-Marie et j'irai maintenant jouer à la marelle dans la cour de chez Cécile. Je suis en route. En sautant d'un pied sur l'autre. Je vais passer devant notre maison comme d'habitude, c'est-à-dire comme si je n'y connaissais personne. Mais cette fois, je m'arrête. Dans le bleu du ciel se forment des points blancs qui se dilatent en moutonnements. Ils s'approchent de mon zénith. C'est inquiétant. Soudain, je vois quelque chose qui tombe en vrille suivi d'une longue fumée. D'effroi je suis clouée sur place. Cela descend de plus en plus vite. Un choc, une explosion et, au-delà du canal, un immense brasier. Sur la route, déjà des cris: « Ils l'ont eu, le Boche ! » Des soldats, des civils, des gosses courent vers le canal pour « voir ça ». Le Boche, le Boche, le Boche...

Devant tous ces enthousiasmes, je me sens bien seule, bien médiocre avec mon idée saugrenue que quelqu'un meurt atrocement, là, tout près. Mon pincement au cœur me fait honte. Oui, je vais me joindre à la foule et manifester aussi fort que les autres. Est-ce que maman sait? Je vais vite le lui dire: «Ils ont abattu un avion près du canal.» Je ne peux dire «boche» comme les autres. Cependant, j'arbore un triomphe que j'ai importé du dehors et qui me serre la gorge. Je suis dévorée par un étrange feu comme si les flammes de l'épave étaient parvenues jusqu'à moi. Mais me voici dans le sanctuaire de la pitié. Maman ne dit rien. Pressée de repartir, je hurle: «Il brûle!» Maman alors murmure: «Le malheureux! Il a aussi une maman, et elle pleurera.» Et comme si elle avait pressenti les fanatismes que distille cette guerre inhumaine, elle ajoute: «Si elle ne pleure pas, ce n'est pas une vraie maman.»

Enfin, au dedans de moi, quelque chose se dénoue. Je me précipite dans ses bras et pendant que là-bas tout se consume sous les bravos, je pleure, je pleure sans arrêt et maman berce doucement sa petite fille meurtrie par la cruelle incohérence qui ravage cette terre violente et même le bleu du ciel. Car nous savons toutes deux que de là-haut peut venir la bombe meurtrière qui porte en elle toute la haine d'un monde en folie. Et qu'elle, elle n'aura pas de pitié.

Il y a peu de temps, j'eus l'occasion de consulter une collection de la publication hebdomadaire de *La Guerre aérienne illustrée.* Dans le numéro du 23 novembre 1916, un sous-lieutenant parle des risques de la chasse et relate un incident:

«...En ce qui concerne les bombes, elles n'étaient pas encore jetées au moment de l'arrêt du moteur. J'avais alors dit à mon compagnon:

— Nous sommes f... il ne faut pas qu'on nous prenne avec nos bombes, lance-les n'importe où.

Le bombardier avait écouté mon conseil et, au hasard, avait précipité son chargement. Or, par la suite, un prisonnier allemand donna des renseignements curieux sur ce geste, on peut le dire, désespéré. Il affirma que le 7 octobre, à l'heure exacte de mon passage, un avion français d'un nouveau type, très lent et ne faisant pas de bruit, avait lancé des obus qui avaient tué quatre hommes, quatre chevaux et blessé grièvement six personnes. Comme quoi le hasard fait bien les choses. Si nous avions visé, à cette époque où les moyens étaient précaires, nous n'aurions peut-être jamais obtenu ce résultat. »

« Comme quoi le hasard fait bien les choses ! » Combien ces sentiments et ce langage de guerre eussent horrifié maman ! Ils n'étaient pas davantage approuvés par bon nombre d'aviateurs tel Roland Garros qui, après avoir abattu deux adversaires de vingt-quatre ans, eut cette réflexion : « Je n'aurais jamais cru que l'aviation servirait à ça. Quelle saleté ! »

Messes

Très pieuse, maman n'avait pourtant jamais été très soucieuse des « devoirs » religieux. Elle était tout le contraire d'une bigote. Avant la guerre déjà, on ne la voyait pas beaucoup à la messe, sauf aux fêtes carillonnées dont elle appréciait le faste : or des chasubles, ruissellement des lumières dans les lustres, dentelles et blancheur de l'autel. Elle aussi avait aimé, aux temps heureux des réunions familiales, « sortir » la nappe damassée et les assiettes à dessert aux bords ajourés. Car, pour elle, l'au-delà était également une immense famille que l'on fête certains jours, et sur laquelle elle pensait pouvoir compter quand elle n'arrivait pas à surmonter elle-même les difficultés de la vie.

Quand elle s'adressait à Dieu à haute voix — cela lui arrivait à la maison —, c'était à la façon des protestants, en le tutoyant, mais avec respect : « *Herr* » (Seigneur). Elle implorait sa bonté qu'elle voulait infinie. Je suis certaine qu'elle ne se référait à aucune représentation matérialisée de Dieu. Le Père éternel avec sa barbe majestueuse, qu'elle pouvait voir sur les images de piété ou sur les fresques et vitraux des églises, n'avait guère de sens pour elle, fût-il de Michel-Ange. Mais elle savait Dieu dans la lumière qui pénétrait dans sa maison quand elle ouvrait ses volets, tout aussi bien qu'elle le devinait dans la mystérieuse pénombre qui envahissait sa cuisine à l'heure de l'angélus.

De la vie du Christ, elle retenait surtout l'attendrissante poésie de sa naissance et la tragédie de sa mort, dont l'évocation lui était presque intolérable. Le vendredi saint était pour elle le jour sacré par excellence. Pour rien au monde, elle n'eût effectué le plus petit voyage, la moindre promenade ce jour-là. Une coïncidence ou une secrète prérogative a voulu qu'elle fasse le grand voyage un vendredi saint.

A Pâques, à Noël et à quelques autres fêtes, on la voyait à l'église. Pour la circonstance, elle se faisait élégante — robe neuve terminée souvent la nuit précédente et chapeau à la mode —, non pas, comme disent les langues villageoises, « pour se faire voir », mais pour honorer comme il se doit, selon son état d'ancienne couturière, les participants *visibilium et invisibilium* à la cérémonie. Parmi ces derniers, certains étaient représentés sur les vitraux : sainte Catherine, sainte Cécile, saint Antoine, saint Joseph et, au fond du chœur, en tableau, saint Denis, évêque et patron de la paroisse. Elle n'oubliait pas pour autant les saints de son enfance, dont le généreux saint Martin.

Les dimanches ordinaires, maman vaquait à ses occupations, fermement convaincue qu'elle n'aurait jamais affaire au juge tatillon que certains curés annonçaient en tonnant du haut de la chaire. Il faut dire que ce n'était pas le genre de notre brave curé qui, berger débonnaire, conduisait tout son troupeau, les zélés et les tièdes, les « marchant droit » et les habitués du faux pas avec la même sollicitude et la certitude de l'égalité dernière. Pour lui, les uns étaient promus d'emblée aux félicités célestes, les autres gagneraient le ciel par un repentir d'autant plus édifiant qu'il était tardif.

La guerre n'avait rien changé dans le comportement religieux de maman, sauf qu'elle s'astreignait, chez elle, le soir, à certaines pratiques de son jeune âge, comme de dire le rosaire et réciter les litanies, ce qui était une façon, à l'heure de l'épreuve, de rassembler autour d'elle tout son monde de l'au-delà. Mais elle n'avait plus du tout le temps d'aller à la messe.

Elle m'y envoyait ponctuellement. Et là, je lui causais des

ennuis en perturbant la cérémonie avec une régularité qui tenait du rite. Je m'y évanouissais tous les dimanches.

Jusqu'au *Pater Noster*, j'étais sage ou bavarde selon mes dispositions du moment. Mais dans l'atmosphère saturée d'encens, dès que s'élevait le chant grégorien aux intonations pleurantes, une langueur s'insinuait en moi et amollissait mes jambes. Un voile noir s'étendait devant mes yeux cependant que dans les brumes auditives un ineffable *fiat volontas tua* me faisait glisser doucement, délicieusement, sous le banc.

Je me réveillais hors de l'église, mes chaussures raclant les marches de granit, soutenue énergiquement de part et d'autre par des bras de femmes — toujours les mêmes. L'on me conduisait jusqu'à l'ambulance militaire, non loin de chez nous. Maman, prévenue, accourait. J'étais assise dans un fauteuil. L'alcool de menthe avait agi : je lui souriais pour la rassurer. Les infirmiers disaient : « Cette petite grandit sans doute trop vite ; elle est pâlotte. » Ils lui donnaient un fortifiant iodotannique. Maman me le faisait prendre. En vain. Il ne me permettait pas de franchir le cap du *Pater Noster*.

Alors, elle envisagea les grands moyens.

Abondances

Maman savait bien ce qui manquait à cette petite qui s'évanouissait et aussi à ce garçon tout en longueur dont les côtes saillaient. C'était la viande, indispensable à une bonne croissance. Elle n'avait presque pas de lapins et peu de poules. Il fallait bien garder quelques pondeuses. Jamais de viande de boucherie.

Les militaires n'en manquaient pas, et ceux des habitants qui hébergeaient une « popote » n'en avaient jamais tant mangé.

Elle pensa qu'il fallait intriguer pour l'obtenir, cette popote convoitée par tous, mais comme c'était contraire à sa nature, elle n'aurait pas su comment s'y prendre.

Ce fut Camille qui créa involontairement les conditions favorables à la réalisation de son rêve. Un jour, il rendit service au capitaine de la compagnie en lui traduisant un document. Introduit dans la *Stuwe*, le gradé, malgré la modestie de la pièce, fit un compliment de politesse : « Une belle salle à manger... », dit-il.

Maman saisit sa chance, ouvrit la porte de la cuisine et dit : « Elle est grande », et elle ajouta avec un sourire gêné : « Pour la popote », avec le même courage qu'il lui aurait fallu pour se précipiter par la fenêtre ouverte. Son vocabulaire limité ne lui permettait pas d'habiller son désir des nuances de la diplomatie.

Cela signifiait : « Voici deux pièces à votre disposition si tel est votre bon plaisir. » Miracle : « C'est ce que je cherche », dit le capitaine.

Le lendemain, l'abondance s'installa chez nous. Des quartiers de viande étaient coupés sur la table de la cuisine, comme si elle eût été un étal de boucherie. Les ragoûts parfumaient la maison. Les biftecks grésillaient sur le feu de bois. C'était une nouveauté pour maman qui, selon les habitudes alsaciennes, n'avait connu que les viandes mijotées en sauce. Nous étions étonnés devant des fruits et des légumes inconnus, en particulier les tomates. Nous adoptâmes la plupart de ces mets, enthousiastes des frites en particulier. Cependant, ce sera avec un haut-le-cœur qu'à Noël nous assisterons à la dégustation des huîtres, nous refusant à goûter à cette chose visqueuse et, paraît-il, vivante. L'aberration nous semblait atteindre les sommets quand sur la nappe blanche on disposait des assiettes avec... des escargots ! Heureusement, il y avait à côté de ces étrangetés, en somme assez rares, des plats plus civils.

Moi, j'étais aux anges, non à cause de la nourriture, car mon appétit resta capricieux. Gourmande de certains mets seulement, « chipoteuse » pour la plupart, j'avais, selon Camille, un estomac de caoutchouc. Je pouvais, sans en être malade, engloutir une quantité pantagruélique de nouilles, à condition qu'elles baignent dans la sauce de civet, mais je me passais parfaitement de petit déjeuner.

Mon bonheur venait de la présence, aux heures des repas, des officiers qui donnaient à la *Stuwe* un air de fête, de la permanence de soldats affairés dans la maison et de l'intérêt qu'ils paraissaient me porter. La cuisine s'anima des allées et venues d'un cuisinier et de ses deux aides, qu'un officier appela un jour *gasterlas*. Sans doute, en helléniste, voyait-il en eux les serviteurs de l'estomac. Étymologie peut-être fantaisiste, mais vraisemblable. Maman déforma le mot, qui devint *gastelas*. Souvent, de connivence avec Camille, ils s'amusaient à me taquiner, ce que je leur pardonnais volontiers car, par ailleurs, ils répondaient à mon babillage avec beaucoup de bonne volonté. C'est un peu grâce à eux qu'en fort peu de temps je parlai couramment le français.

Il fut convenu que nous pourrions manger tous trois avec cuisinier et *gastelas*. Cela résolvait le problème de la double occupation des lieux. Mais maman, qui n'aimait pas devoir, eut à cœur de fournir sa part, soit en travail, soit en victuailles à elle. C'est ainsi que les officiers se régalèrent à maintes reprises de choucroutes que, plus tard, ils qualifièrent d'inoubliables dans les cartes postales du souvenir.

Mes évanouissements à la messe s'espacèrent et ne s'expliquèrent que par les habitudes d'un organisme quelque peu conditionné. Camille s'étoffa. Mais le plus grand bénéficiaire de ce nouvel état de choses fut sans doute le chat. Celui que nous avions au début de la guerre, Merraou, disparut au cours de l'hiver de 1914. Lui aussi avait pâti des sévères restrictions en viande. Du lait, des légumes et quelquefois une tête de lapin à ronger (la cervelle ayant été soigneusement prélevée pour moi), c'était tout ce que nous pouvions lui donner. Il hanta les granges à popotes, les premières cuisines roulantes ayant fait leur apparition. Je crois assez vraisemblable qu'il ait un jour été emmené comme mascotte par quelque militaire amoureux des chats.

Des amis ayant alors eu un chaton à caser, et des souris envahissant la maison, Merraou le roux fut vite remplacé par Mac le tigré. Camille prétendait qu'il miaulait « Mac-Mahon ». Le nouveau venu végéta quelque temps, mais dès que nous eûmes la popote, il démarra dans la prospérité avec une rapidité surprenante. Il était client assidu au pied de la table-étal sous laquelle disparaissaient des morceaux de viande que le « cuistot » baptisait déchets. Mac devint son ami privilégié. Tous deux rivalisèrent d'embonpoint, encore que le cuisinier continuât à s'appeler Maigrot.

Merraou devait avoir disparu depuis près d'un an lorsqu'un soir, en revenant de l'école, j'eus la surprise de trouver dans le couloir, miaulant devant la porte de la cuisine inoccupée, un chat roux, efflanqué, misérable. J'ouvris la porte. Il alla droit vers le coin de l'assiette du chat. Puis il fit le tour de la cuisine, renifla le bas du buffet, les pieds de la table en ronronnant et accepta mes caresses. Revenu près de l'assiette vide, il gronda sourdement. Je reconnus mon Merraou d'antan. J'appelai maman pour lui annoncer la bonne nouvelle, mais il disparut. Lui, l'ancien maître des lieux, ne chercha pas à connaître son rival dans notre affection. Il avait flairé sa présence. Il nous était resté fidèle, était certainement venu de loin, avait connu les tranchées, le feu, la misère noire. Mais nous, pressés de nous attacher à un autre chat, nous l'avions oublié, trahi, déçu. Quelle différence entre lui et nous ! J'en eus le cœur serré, humilié.

Pendant des semaines, j'espérai son retour, prête à l'impossible pour lui faire accepter la présence de Mac. Il ne revint plus. Quelle tristesse ! Maintenant qu'il y avait de la nourriture pour plusieurs chats et tant d'affection dans mon cœur.

Aurélie

Nous aimions nos instituteurs. D'abord notre instituteur civil réfugié. Il était juste et bon. Et puis, nous aimions aussi notre instituteur bleu horizon à molletières, qui n'était pas le même d'une année à l'autre. Mais c'était toujours lui le délégué souriant de cette mère patrie que nous chantions tous les jours, et qui prenait aussi figure de grande sœur sur les cartes postales, entourant de ses bras ses petits frères et petites sœurs d'Alsace, c'est-à-dire nous. L'atmosphère tricolore dans laquelle nous baignions était des plus exaltantes. Nous étions conscients de notre importance. Ne disait-on pas que c'était un peu à cause de nous que la guerre voulue par l'ennemi avait été acceptée par les Français? Qu'il avait fallu nous reconquérir et que des victoires étaient remportées pour nous garder?

A notre âge, nous supportions très bien une pareille responsabilité et n'en retenions que ce qui faisait de nous des vedettes. L'école était le lieu privilégié de cet état d'âme appelé la communion avec la France. Il y avait donc là un bonheur civique scolaire d'un caractère exceptionnel.

Malgré cette ambiance douillettement patriotique, je n'étais pas heureuse à l'école. Souvent, les matins de classe — et seulement ces matins-là —, je ne pouvais avaler mon petit déjeuner. Si l'on me forçait à ingurgiter quelque chose, c'était suivi d'une séance spectaculaire de restitution et j'avais très mal au ventre. Bien entendu, maman ne pouvait pas avoir l'inhumanité d'envoyer la pauvre enfant malade à l'école. Après huit heures et demie, mes douleurs s'apaisaient, et bientôt j'oubliais mes affres digestives en m'adonnant à toutes sortes de jeux pendant une bienheureuse matinée.

Le cuisinier militaire affirmait alors avec des mimiques convaincantes, tenant son gros ventre à deux mains, qu'à mon âge, il avait été atteint du même mal qui cédait régulièrement aux injonctions de l'horloge, et il répétait d'une façon bien agaçante: « Après huit heures, j'étais toujours guéri... » En l'absence de médecin, ce diagnostic rassura maman, qui prit le parti de m'envoyer en classe sans déjeuner, en bourrant mes poches pour dix heures.

Et pourtant, ma maladie était réelle, récidivante, opiniâtre. Elle se nommait Aurélie.

Les grandes personnes n'imaginent pas jusqu'où peuvent aller les angoisses d'un enfant ne sachant comment se défendre contre des camarades qui se posent en ennemis: « *Aurélie la mauvaise langue* » chez les filles et — en faisant le parallèle — appelons-le « *Aurélien les coups* » chez les garçons. Quand elles en ont connaissance, les grandes personnes fatalistes pensent qu'Aurélie et Aurélien préfigurent la société contre laquelle on ne saurait se caparaçonner trop tôt. Et elles laissent faire, pensant que c'est sans doute salutaire. D'ailleurs, il leur est impossible de s'en mêler sans aggraver la situation. Et à cette époque-là, quelle importance alors qu'il y avait la guerre!

Dans notre petite école mixte, il n'y avait pas d'« Aurélien » ou si peu: de temps en temps l'Ernest vous envoyait une bourrade par besoin physique de jeune brute, mais qui se rachetait vite après un: « Allons, ma vieille, t'es pas en porcelaine! » On recensait les bleus et on n'y pensait plus. En revanche, l'Ernest vous accordait sa protection dans divers jeux, dont celui des gendarmes et des voleurs, mixte, et par conséquent stimulé par les complicités féminines.

Mais rien ne me protégeait contre Aurélie, ses attaques et surtout ses insinuations.

« T'as un drôle de bonnet. Il faut que tu sois toujours autrement que les autres. Tu te crois. »

Et elle guettait les ricanements des gamines présentes.

Maman ne savait sans doute pas tricoter et elle me confectionnait des petites coiffures en tissu, relevées sur le front. A cause d'Aurélie, je les détestai et tourmentai maman pour avoir un quelconque bonnet tricoté.

Je n'avais pas la paix pour autant.

« Monsieur le maître, Élisa a taché mon tablier à l'encre. Elle l'a fait exprès.

— Quand?

— Tout à l'heure, avant la récréation.

— Tais-toi, tu avais cette tache déjà hier. »

Elle me lançait un regard sombre. Je savais qu'elle reviendrait à la charge en suscitant de faux témoins.

Au catéchisme :

« Monsieur le curé, Élisa n'est pas venue à la messe ce matin.

— Je le sais, sa maman m'a dit pourquoi. »

Elle ergotait :

« C'est tout de même pas juste ; nous, on ne peut pas rester au lit comme elle. »

Je me sentais mal dans ma peau de pécheresse par omission.

Ce « pas juste... pas juste », me poursuivait. Si elle avait jeté son dévolu sur une victime, elle la vouait à la vindicte publique au nom de la justice et du droit, et cela au moyen de toutes sortes d'affabulations dont son imagination foisonnait. Elle prenait alors les autres à témoin avec une telle autorité que les camarades acceptaient son caïdat pour s'y mettre à l'abri, et cela vous rejetait dans une solitude difficile à supporter.

Je rends grâce à la petite fille d'alors, pourtant copieuse d'attitudes, doutant d'elle-même, de n'avoir pu se soumettre, malgré son désarroi. Cette liberté morale ne se paie jamais trop cher.

Il arrivait que la révolte me rende combative, mais cela devenait vite le combat de la mouche contre l'araignée quand elle m'opposait les « on dit » irresponsables. « On a dit de toi... on a dit de tes parents... », et je me débattais dans les lacis de la calomnie sans savoir où diriger ma riposte.

Plus tard, j'ai compris comment les bûchers pour sorcières avaient été allumés au Moyen Age.

Par bonheur, mon tyran s'en alla au bout de quelque temps dans un autre village, chez une tante.

Désormais, je prenais tranquillement mon café au lait tous les matins et je suivais avec intérêt la danse de la saccharine à sa surface.

Assez longtemps après la guerre, je revis Aurélie. Quelle gentille jeune fille elle était devenue. Avenante, serviable, dévouée aux enfants. Il n'y a rien à y comprendre. Elle avait un jour fait sa crise. Chacun de nous doit sans doute en passer par là.

Nègres

Je n'avais jamais vu de Noirs, sauf sur des gravures — le négrillon de la crèche mis à part.

C'est en 1915. Un dimanche d'août. Après la grand-messe, Cécile et moi folâtrons en rentrant à la maison. Robes blanche et rose. Des cerises sur le chapeau de paille de Cécile, des pâquerettes autour du mien. Bas blancs et bottines noires bien cirées. Notre élégance dominicale ne nous gêne pas dans notre habituel ballet par-dessus le fossé qui longe le potager de chez Bobenrieth. Sur la route, c'est le va-et-vient bleu horizon de tous les jours. Rien d'inquiétant dans le ciel.

Soudain, Cécile me donne un grand coup sur le bras. « Regarde ! »

Et je regarde. J'ouvre même des yeux effarés.

Là-bas, franchissant le pont du canal qui tonne sous les pas, une troupe s'avance. L'étrange, c'est que les visages sont noirs, sauf sur les côtés de la colonne, ceux des officiers qui sont clairs. Ils montent la route. Ils vont bientôt arriver vers nous, Cécile saute sur le revers du fossé et se plaque contre la clôture. Je me colle derrière un tronc de cerisier d'où j'ose à peine observer ces soldats insolites en tenue kaki.

Ils vont être à notre hauteur. Comme hypnotisée, je n'en vois qu'un au premier rang, à la large face d'ébène, au nez épaté. La bouche aux grosses lèvres est immense et surtout, il roule des yeux terrifiants et tourne la tête vers l'officier qui, nous voyant, lui dit quelques mots et rit. Le visage noir devient hilare, et alors éclate la blancheur des dents gourmandes.

Il passe. Après lui, encore du noir, du noir, du noir. Mon cœur ne cesse de sauter dans ma poitrine. Ne plus voir. Je ferme les yeux.

Enfin, le frottement rythmé des semelles s'éloigne. Cécile reste figée à sa place. Je la plante là et cours à la maison. Je crie, haletante, au comble de l'indignation.

« Maman ! Les nègres sont venus ! (En ce temps-là nous disions nègres et je ne voyais pas le rapport avec mon cher négrillon de la crèche.)

— Oui, c'était prévu.

— J'espère bien qu'il n'y en aura pas dans notre quartier.

— Bien sûr que si. Il y en aura même chez nous.

— Chez nous !

— Un cuisinier et deux *gastelas* pour la popote des officiers. Ils vont venir tout à l'heure. »

Tout chavire. Quel monde !

Je m'affale sur une chaise. Maman n'est même plus en mesure de s'opposer à quoi que ce soit. Je n'ai plus de protection.

« Change-toi », dit-elle.

Pour une fois, je ne me fais pas prier. Pour ce gala noir, je n'ai pas besoin d'être en rose. La robe de tous les jours et le tablier le plus laid possible. Celui qui est au sale.

... Maman n'a pas le temps de contrôler. Elle soigne son menu. Un gros faitout et une demi-douzaine de casseroles sont sur la cuisinière. Pas pour nous trois. Cela va de soi. Ne croirait-on pas qu'elle va organiser une cérémonie de bienvenue ? Il ne manquerait plus que ça ! Pour les faire rester sans doute.

« Pourquoi fais-tu la cuisine à la place de... ce cuisinier ?

— Ils viennent d'arriver dans le village ; ils n'ont rien déballé et il va être midi. Le lieutenant d'intendance m'a demandé ce service. Je serai payée. »

Bon. Je ravale ma révolte et, simulant l'indifférence, je dénombre les images pieuses dont mon livre de messe est bourré et qui en compte deux de plus depuis ce matin: une Immaculée Conception de Cécile et une Bernadette de Lourdes (ma préférée) d'Anne-Marie contre une médaille du Sacré-Cœur à chacune, avec un ruban tricolore.

... J'ai été trop généreuse. Une médaille avec un ruban, ça vaut sûrement deux images... Bah! J'en ai encore plein une boîte. Je vais les compter dans la chambre. J'en oublie l'événement scandaleux et réintègre tranquillement la cuisine.

Oh! Dans l'encadrement de la porte qui donne sur le couloir, il y a une silhouette massive et un sourire épanoui dans une face noire et luisante: mon horrible nègre de tout à l'heure, et derrière lui deux uniformes kaki: les *gastelas*.

Le nègre volubile explique, explique... je ne sais quoi. Les mots s'estropient en sortant de sa bouche, qui en paraît bourrée comme de cailloux. Maman ne comprend rien, mais elle acquiesce avec un sourire. C'est la compréhension des bonnes volontés à défaut de celle du langage.

J'ai peur d'être requise comme traductrice. Cela m'arrive et maman est souvent fière de sa petite fille devenue bilingue en quelques mois. Mais aujourd'hui ce serait difficile. Je suis trop ahurie et je n'ai pas compris grand-chose. Je m'esquive à la hâte. D'ailleurs physiquement, la présence de ces nègres m'est intolérable: j'en ai la chair de poule.

Derrière la maison, je rejoins Mac qui guette un mulot. Je me roule dans l'herbe avec lui, je le caresse pour me consoler. Et je soupire. Mais à quoi bon me plaindre à lui: un tigré ça doit avoir des accointances avec tout ce qui est africain. C'est vrai que les tigres... Mais celui-là est trop petit... Hélas! Je le renvoie à son mulot.

« Élisa, à table. »

C'est Camille qui m'appelle et qui me cherche. Il vient enfin d'arriver d'on ne sait quelle expédition *extra-muros* avec les copains. Le voici, mon rempart, le héros de la civilisation blanche à opposer à ces sauvages. Rassurée, je gambade à ses côtés.

« Dis donc, les nègres! t'as vu?

— Chic! je vais leur demander ce qu'ils ont fait de leurs cannibales, s'ils les ont amenés avec eux. »

Le nez en l'air, je ne saisis pas.

« Les mangeurs d'hommes », dit-il.

Il est content de son effet. Il saute les marches deux à deux. Je le suis. Mangeurs d'hommes. Mangeurs d'hommes...

Et les petites filles, dans tout ça ?

Je reste dans le couloir.

Les officiers ont envahi la salle à manger dont la porte est ouverte. L'un d'eux converse avec Camillle. Ça ne m'étonne pas : mon frère, c'est quelqu'un. Heureusement ! Surtout aujourd'hui. Un des *gastelas* distribue la soupe dans les assiettes. Et les officiers vont manger cette soupe-là, versée par une louche tenue dans une main dont le dessus est noir et le dedans comme délavé ! Pouah !

De la cuisine, maman commande :

« Viens t'asseoir. »

Nous allons manger avec les nègres ! Dieu merci, je serai entre maman et Camille. Mais maman s'attarde près de la cuisinière à remplir d'immenses platées et Camille n'en finit pas de causer. Je me sens bien seule.

La table se garnit ; les nègres sont assis en face de moi : le cuisinier entre deux *gastelas* qui se lèveront alternativement pour aller servir ou desservir dans la salle à manger. Je ne perdrai pas un seul de leurs roulements d'yeux, je verrai leurs grosses dents broyer — je pense « déchiqueter » — les viandes.

Maman me sert et je me jette sur mon assiette. Pour moi, dévorer c'est oublier. C'est d'ailleurs fort bon. Après la soupe, du civet et des nouilles faites par elle. Je m'en gave.

Camille a des tas de choses à leur demander : Leur pays, leur village ? Ah ! Ils sont malgaches !

... Quel intérêt, je vous le demande ?

Leur famille ? Et ça, ça intéresse beaucoup maman qui s'attendrit.

Et leurs occupations avant-guerre ? Oh ! que c'est curieux ! le cuisinier avait été autrefois cireur de chaussures... à Mulhouse ! Et chez Alsberger encore, le magasin préféré de maman ! Elle croit se souvenir. Sa sympathie lui est acquise.

Pas la mienne. Je me sens entourée d'ennemis, et jusque dans ma propre famille.

Je me plonge dans mes œufs à la neige.

« Eh bien, regarde donc et prends », me dit Camille.

Devant mon assiette, une main noire me tend une grosse pomme, jaune et rouge, brillante à souhait. Cette belle pomme, d'où peut-elle bien sortir ? C'est qu'on en a vu d'autres... En un éclair, Blanche-Neige vient opportunément me rappeler la vilaine marâtre, sorcière et empoisonneuse — et avec une pomme. D'ailleurs, tenue dans cette main noire, elle est forcément imprégnée de poison.

Je hoche la tête : non !

Les gros yeux ont une lueur qui se veut sourire.

« Allons, prends-la ! », dit maman.

Mais je refuse obstinément.

Cette fois, les gros yeux marquent la consternation. C'est plutôt inquiétant à voir. Cannibales, avait dit mon frère. Ça doit être ça.

Camille se fâche.

« Vas-tu la prendre ? »

Il est évident que ni maman ni lui ne pourront me protéger. Ils capitulent. Être mangée ou être empoisonnée...

Je choisis le poison et prends la pomme.

« Mange ! », dit le féroce, le lâche Camille.

Je croque dans le rouge le plus virulent. Autant en finir tout de suite.

Les murs de la cuisine font le carrousel. Les étagères dansent. Mais je suis toujours assise sur ma chaise. Je continue mon empoisonnement. Je croque une deuxième fois, puis une troisième et la grosse pomme y passe tout entière. Je n'en reviens pas. Je vis.

Personne ne s'occupe plus de moi. C'est le branle-bas des assiettes et des couverts. De l'autre côté, les officiers sont bien bruyants. Des relents de tabac envahissent la cuisine et se mêlent aux effluves gastronomiques. Je me sens ressuscitée et je m'en vais dans le pré raconter mon aventure à Mac qui, lui non plus, n'en revient pas et va rôder à la cuisine où il y a de fameux reliefs qui ne lui paraissent pas empoisonnés.

Et la suite ?

Je m'attachai à mes nègres. Ces gens, très délicats, avaient un infini respect de l'enfance.

Quand ils partirent, pour un de ces terribles fronts, mon désespoir fut immense. Ils me laissèrent, en souvenir, une petite cuillère argentée, épave d'un de ces foyers détruits quelque part dans notre pauvre pays.

Je l'ai toujours gardée. C'est mon « gri-gri ».

Que ce récit soit une épitaphe, au cas où...

Au bon moment

Au cours de l'été 1915, on nous distribua des masques à gaz. Les Allemands ayant attaqué aux gaz, en avril, à Ypres, on leur avait répondu par un gaz anglais à Loos. Ce qui s'était passé dans le Nord pouvait fort bien se répéter dans le secteur alsacien. Après les militaires, nous fûmes à notre tour protégés contre les dangers de l'ypérite

Le masque à gaz était une gibecière en tissu imperméable que nous portions en bandoulière. A l'intérieur, une superposition de gazes humides entretenait une odeur détestable qui ne pouvait se comparer à rien.

Notre maître — le civil, responsable permanent de cette sorte de défense passive — nous faisait faire l'exercice qui consistait à ouvrir prestement la gibecière, à en appliquer l'intérieur sur la figure, à accrocher le tout au sommet de la tête et à l'y maintenir un certain temps. C'était un fort mauvais moment à passer et suivi de cinq bonnes minutes de toussotements une fois le masque enlevé. Celle ou celui qui ne résistait pas à la tentation du fou rire en voyant nos mufles et surtout celui du maître était condamné à inhaler l'étrange mixture chimique du masque. Il valait mieux retenir le plus possible sa respiration.

L'instituteur nous faisait faire cet exercice ponctuellement chaque jour. Il vérifiait matin et soir que nous avions notre masque, marqué à notre nom. Nous le pendions à un crochet individuel dans le couloir, devant la classe. Ainsi, le contrôle était aisé: à crochet vide, masque absent. Combien de fois ce crochet ne m'a-t-il pas accusée? J'étais, parmi le troupeau des muselés, non pas la réfractaire, mais l'incorrigible étourdie. Si maman ne m'accrochait pas elle-même le masque, il était oublié. Elle n'en était plus étonnée, elle connaissait mes performances quasi journalières. Ainsi, quand elle m'envoyait chercher du pétrole à l'épicerie Dietner, je partais, mes six sous bien en main; mais la maison du voisin passée, j'entendais maman me crier: « Tu le feras verser dans ton tablier... » et, sur l'escalier, elle brandissait le bidon.

Ainsi étais-je.

Pauvre maître, s'il y avait eu une vague d'ypérite, il m'aurait certainement donné son propre masque en risquant d'être gazé. Mais l'autorité militaire pouvait, à tout moment, contrôler l'application de ses consignes, très strictes. Il eût été en mauvaise posture à cause de la gamine sans masque. Et qu'aurait d'ailleurs pensé son collègue, le militaire, du peu de cas que font les civils des ordres donnés? Il fallait donc, en cas d'oubli, que je retourne à la maison pour chercher mon masque. Non sans placer le maître dans un fâcheux dilemme.

C'est que les gaz n'étaient pas la seule menace. Journellement, les avions survolaient le secteur, se poursuivant, se mitraillant pendant que le ciel se ponctuait de blanc et que pleuvaient autour de nous, en sifflant, les shrapnells. Quand nous étions sur la route, entre l'école et la maison, cela pouvait être dramatique. Si la bataille avait lieu au-dessus de nous, c'était parfois difficile de nous abriter dans une de ces maisons séparées par de longs potagers et de grands vergers. On se jetait alors à plat ventre dans le fossé et l'on attendait la fin des rafales en tremblant et en pleurant.

A la sortie de l'école, nos maîtres inspectaient le ciel, disant souvent: « Attendez un peu, il y a danger. » Nous piaillions dans le couloir. Puis ils nous faisaient partir: « Allez vite, c'est le bon moment. »

Voilà donc le cas de conscience que je posais au maître quand il me renvoyait chercher mon masque: « Et si elle se faisait tuer en cours de route?... »

Cet après-midi-là, pour une raison majeure certainement, la vérification des masques n'a pas été faite. Vers deux heures et demie, le maître fait sa tournée dans le couloir:

« Élisa, ton crochet est vide, où est ton masque?

— Je l'ai oublié. »

Il inspecte le ciel.

« Ça va. Cours le chercher. »

Cela tombe à point. Bientôt ce serait mon tour de lire l'horrible passage qui a pour titre: « Élisa la grimacière. » Quelle idée avaient les pédagogues de ce temps-là de choisir, pour apprendre à lire, une pareille histoire, aggravée par une illustration adéquate: une petite fille se déformant les yeux, la bouche, dans le plus affreux des rictus!

Je suis soulagée: Élisa du livre pourra grimacer sans moi. Je m'en vais. Et les autres ne pourront pas se dévisser le cou pour me narguer: ma place sera vide... Ce n'est pas dans ces conditions que je vais être pressée de revenir.

Je marche en affectant un air désinvolte. Ça, c'est pour les curieux à qui il pourrait prendre fantaisie de me demander où je vais et pourquoi j'y vais. Mais, à part des soldats qui ne demandent rien, je ne rencontre personne.

En dix minutes, l'aller et le retour devraient être faits. Mais j'étire ces minutes. Mica, la petite chatte de M. le curé me fait un brin de conduite. Il faut bien que je la caresse. Ah! elle doit être à la recherche de son maître qui est à l'église, pour un baptême.

Au retour, je m'attarde devant la grange de Mme Schroeder: ses fils ont capturé un écureuil qui, inlassablement, fait tourner une roue. Pauvre bête! Je lui parle. Le prisonnier se met à virevolter dans sa caisse comme si je pouvais faire quelque chose pour lui. Hélas! non. Je crains l'un des garçons.

J'arrive près de l'école. Elle fait face au chemin qui, par le cimetière, conduit à l'église. Les cloches sonnent à toute volée: un enfant est entré dans la communauté chrétienne. Du portail débouche un groupe de cinq personnes: la sage-femme portant un poupon, le papa, la marraine, deux parentes. Le jeune parrain arrive à son tour, encore essoufflé d'avoir carillonné de toutes ses forces. Ils vont monter dans un char à bancs. La marraine tient un réticule grand ouvert. Elle paraît inquiète : il n'y a pas d'enfants sur la petite place. Soudain, elle m'aperçoit. Radieuse, elle plonge une main dans le réticule gonflé et, à généreuses poignées, éparpille des dragées sur le sol. Où les a-t-elle eues ? Miracle de la « débrouillardise ». Je me multiplie autant qu'il est possible. Mon masque me gêne ; je le pose à terre. Pour ne pas perdre de temps je progresse à genoux et, comme une cueilleuse de fraises, je fais un nettoyage méthodique, cependant que le char à bancs s'en va dans un joyeux roulement.

De l'école, on a tout vu. Gamins et gamines ont le nez collé à la vitre. Qu'ils ne s'imaginent pas que je vais abandonner avant la dernière dragée ! J'ai rempli mes deux poches et retroussé mon tablier en poche supplémentaire. Maintenant, la place est nette. Je reprends mon masque et je monte triomphalement l'escalier de l'école, au moment où, n'en pouvant plus, les maîtres ont lâché prématurément en récréation la marmaille en révolution. Je suis assaillie, mais je serre mon tablier de toutes mes forces. Les maîtres ne sont pas trop de deux pour me dégager. Enfin, je peux commencer la distribution en servant d'abord mes petites amies et ceux des garçons qui ne m'ont jamais taquinée, réservant les dragées sales pour ceux que je n'aime pas.

D'habitude, nos instituteurs mettent à profit le moindre incident pour en tirer des maximes à la gloire de la morale. Cette fois, en rentrant de récréation, pas moyen d'écrire au tableau pour faire épeler par les petits et copier par les grands avec une plume Sergent-Major, en pleins et déliés : «L'étourderie est un vilain défaut. Elle cause de nombreux ennuis.»

Pas non plus le moindre commentaire. Comme ma générosité a été à la mesure de ma chance, la morale peut se considérer comme satisfaite.

Quant à la petite fille, elle ne tire aucune conclusion de son aubaine. Elle n'a pas encore entrevu la logique dans la vie. La verra-t-elle jamais ? Elle sait que les bonnes choses arrivent comme ça, sans qu'on les ait parfois méritées, et les mauvaises sans crier gare.

Au bon moment

Elle quitte l'école à quatre heures, sac au dos, masque en bandoulière, les mains sur sa réserve de dragées qui gonflent encore ses poches. C'est maman qui va être étonnée! A cette pensée, elle court et distance de loin ses camarades.

Les chéries

J'étais trop jeune pour me rendre compte des manifestations de l'érotisme en temps de guerre. Ce qui est certain, c'est qu'il n'y a pas eu, à notre connaissance, de ces dérèglements qui conduisent parfois au crime. A cela, il y a de bonnes explications: le bromure dans le vin et une discipline rigoureuse. Le coupable eût été passé par les armes.

Nos mamans étaient néanmoins prudentes: «Ne suivez jamais des soldats qui vous interpellent.» — «Restez en groupe quand vous jouez dans le village.» Mais sans nous fournir d'explications.

Il y a eu évidemment des filles et des femmes séduites. Tout comme en temps de paix. Pas davantage, mais avec une excuse: «Quatre années, c'est long...»

Les officiers bénéficièrent du prestige de l'uniforme. Don Juan était galonné, portait d'élégantes bottes de cuir fauve et un ceinturon assorti.

Pendant une assez longue période, logea chez nous un lieutenant célibataire qui, discrètement, satisfaisait ses appétits affectifs en faisant de sa chambre une garçonnière. Il y recevait le plus simplement et le plus silencieusement du monde des filles de la région qui, patriotiquement, se faisaient un devoir d'être

« le repos du guerrier », surtout quand il était gradé. Elles avaient quelque mérite, car notre escalier conduisant au premier étage était très raide, avec des marches étroites assez dangereuses pour une descente en catimini. C'est pourquoi maman se gardait d'ouvrir la porte du couloir à ces moments-là, de peur de provoquer une frayeur et une dégringolade. Mais tout cela l'agaçait, surtout à cause de moi, qui aurais dû ignorer ces choses-là. Dans un village, tout se sait, et bien des propos sont colportés par les gamines. Un jour, je crus bon de renseigner maman :

« Est-ce que tu sais que la X... veut se marier avec notre lieutenant ?

— Il se peut que la pauvre imbécile le veuille. Elle n'est d'ailleurs pas seule sur les rangs. Un jour ou l'autre, il s'en ira et adieu les belles... » Elle fronça les sourcils : « Je te défends de jamais monter là-haut. »

Bien sûr. Je n'étais pas candidate au mariage avec lui. Un sûr instinct me faisait trouver déplaisant ce monsieur à succès. Je flairais que « là-haut » il n'était pas question de discuter de la longueur du voile et du nombre de fleurs d'oranger dans la couronne...

Mais je n'étais pas encore à l'âge où tout cela intrigue beaucoup.

Le lieutenant parti, il y eut dans la chambre d'autres officiers, dont certains recevaient des dames venues par le train, de très loin. Fréquemment de Paris. Ils annonçaient : « J'attends ma femme. » Maman n'était pas tout à fait dupe. Quand il lui semblait que la visiteuse était effectivement la « légitime », elle ne savait quelles grâces lui faire et elle mijotait des petits plats à ce couple enfin réuni pour une nouvelle lune de miel. Elle leur eût volontiers servi le café au lit si elle n'eût craint d'être indiscrète. Mais quand elle soupçonnait une maîtresse venant débaucher un homme marié, elle était distante et ne rendait que le minimum de services. Dame ! Les liens matrimoniaux lui paraissaient sacrés. On ne divorçait pratiquement pas en ce temps-là, du moins pas chez nous.

Il se peut qu'elle se soit trompée l'une ou l'autre fois et qu'elle ait été victime de petites comédies. Des épouses si longtemps frustrées pouvaient fort bien avoir des airs dévergondés dans un amour fou; d'authentiques «cocottes» devaient se faire un plaisir inédit à jouer à... Madame.

Ce à quoi maman continuait d'être sensible, malgré et sans doute à cause de son propre dénuement, c'est qu'elles faisaient entrer chez nous des bouffées d'élégance. Il lui était agréable d'être au courant de la mode, bien que pour elle-même, il ne fût hélas! plus question de la suivre.

En général, elles avaient plusieurs toilettes. Elles gardaient beaucoup la chambre, mais si elles sortaient, elles en changeaient fréquemment et maman n'avait pas assez d'yeux pour les contempler.

Au début de la guerre, elles arrivaient en longues jaquettes taillées en biais, s'ornant de toutes sortes de complications, de découpes, de boutons dans tous les sens. Les chapeaux étaient souvent des bérets drapés en largeur avec des glands ou des plumes. En hiver, de longues redingotes et des manchons énormes protégeaient celles qui avaient la vaillance d'affronter nos froidures. Maman ne connaissait pas toujours les noms des nouveaux tissus des robes. Elle les demandait discrètement. On lui disait « de la soie charmeuse » ou « du velours chiffon » et plus tard du « Liberty ».

Les premiers temps, les poitrines étaient opulentes et mises en valeur par des guipures, des drapés, des étages dissymétriques de ruchés. D'ailleurs, en ce temps-là, la maigreur était une tare qu'on dissimulait. Même les messieurs cherchaient à y remédier. Avant la guerre, on pouvait relever dans des publications de mode des réclames dans le genre de celle-ci: « Un peu d'embonpoint ne vous rendrait-il pas plus élégant et attrayant? Avec cinq ou dix kilos de plus, ne vous sentiriez-vous pas plus satisfait de votre aspect personnel? Essayez le *Sargol.*» Les dames avaient les *Pilules orientales*.

A mesure que l'on avançait dans la guerre, il y eut moins de rondeurs, encore que la «robe-tonneau» de 1917 à taille très haute ou la vaste jupe jusqu'au bas du mollet n'eussent pas affiné la silhouette.

Les chapeaux aussi se transformèrent: cloches de velours,

toquets en peluche noire à rubans bayadères avec voilettes, turbans avec aigrettes ou ailes d'oiseaux.

Nos élégantes balançaient des sacs-bourses vermiculés de passementerie. Leur coiffure était en « cul de poule » quand celle des messieurs était « à l'embusqué ». Des chaussures à guêtres soulignaient la rondeur du mollet.

Maman était étonnée qu'il y eût encore quelque part des industries et des ouvrières pour s'occuper d'affaires de coquetterie ; mais où certaines étaient scandalisées (« Quand la France est exsangue, s'occuper de nippes ! »), elle trouvait un réconfort. Tout cela entretenait l'espoir. Il reviendrait peut-être le jour où elle aussi chercherait de nouveau à plaire — à plaire à quelqu'un.

La menthe et la centaurée

Toutes les semaines, avec une grande régularité, nous avions des nouvelles de mon père. Même dans notre petit village, il y avait deux distributions de courrier par jour — une seule le matin les dimanches et fêtes. A cause de la censure, les lettres mettaient plus de temps que les cartes ouvertes. Grâce à quoi, toutes les vues de l'île de Groix nous parvenaient en multiples exemplaires. Que de « Port Tudy », « Port Lay », «Port Lokmaria », « Baie Saint-Nicolas », « Flottilles de voiliers » et « Thoniers à sec » ! Maman s'inquiétait de l'environnement qui lui paraissait dangereux, car, s'il y avait d'inoffensifs « Rochers de la Vache », de « Pointe des Chats », les « Falaises du Terrible » et le « Trou d'Enfer » accusaient les furieux assauts de la mer contre la côte.

« Pourvu qu'il se tienne loin de ces périls ! » disait-elle. Elle redoutait et sa curiosité et sa témérité. Car, après avoir été enfermés au fort de Surville, les prisonniers étaient autorisés à se promener dans l'île, même sans être accompagnés.

Elle détaillait ces cartes postales. Quels pauvres villages ! Au bord de chemins caillouteux, des masures trapues, presque sans ouvertures et, disait la légende, « recouvertes des excréments des animaux de l'étable collés sur les murs pour être séchés. Ils servent ensuite au chauffage». Même on montrait un «marchand de bouses de vaches».

Elle se scandalisait de la «Vieille femme fumant la pipe». Mais un «Groupe de Bretonnes partant au lavoir» lui rendait sensible la solidarité des femmes dans les tâches quotidiennes. Elle les trouvait gentilles.

Que peut-on écrire sur une simple carte? Mon père trouvait le moyen de raconter une foule de choses: la paillasse sur le ciment, les rhumatismes, les poux, l'absence de linge de rechange, les mouchoirs taillés dans le pan de l'unique chemise, le vent, le froid, la maladie (quand elle était passée), la promiscuité, un moment, avec des condamnés de droit commun — mais heureusement aussi l'école, les leçons de français si bienvenues, les promenades au bord de la mer, les contacts avec les vieux pêcheurs et même parfois, clandestinement avec eux, la pêche en haute mer...

Il disait, avec les tendresses pour les siens, ses préoccupations, ses inquiétudes: sa famille a-t-elle de quoi vivre, peut-elle garder Lisette malgré la pénurie en foin, la brave petite vache donne-t-elle toujours beaucoup de lait, a-t-elle fait son veau, sera-t-il élevé ou vendu? Ses angoisses: les siens sont-ils en danger? Il courait tant de bruits: Belfort serait en ruine, etc.

Malgré la crainte de la censure, il ne dissimulait pas sa révolte: «Je ne comprends toujours pas pourquoi j'ai été déporté. D'habitude, c'est l'ennemi qu'on fait prisonnier. Ici, c'est le contraire.»

L'inactivité surtout était pénible. A chaque carte, le même leitmotiv revenait: «Travailler, travailler, quand donc pourrai-je travailler?»

Et puis un jour, il annonça: «Je vais travailler pour une famille bretonne, une mère et ses trois filles.» Il semblait heureux.

Curieuse correspondance.

Selon une manie qui existait déjà avant la guerre, les deux faces des cartes postales étaient utilisées presque intégralement, l'adresse se faufilait où elle pouvait. Il écrivait en allemand, d'une écriture tantôt gothique, tantôt latine, très soignée, mais miniaturisée à l'extrême, à peine déchiffrable. Pour se frayer un peu de place, cette écriture s'en allait n'importe où dans le paysage, dans la descente du chemin vers la mer, plongeant jusqu'au tourbillon rageur des flots au fond d'un gouffre, ou s'inscrivant dans le triangle d'une voile blanche, calme, aérienne, confiante en l'avenir. Maman décelait ses états d'âme dans ces phrases escaladant la crête des vagues comme le tumulte d'un espoir insensé qui monte au-delà du possible, suivi du déferlement des désillusions sur la grève déserte. Le jour où il fut appelé dans une petite ferme pour s'occuper d'une vache mal en point, il nous raconta ses occupations d'une façon si bien ordonnée en lignes parallèles qu'elle eut l'intuition d'un peu de bonheur: « Lui qui autrefois avait à tout prix voulu une vache de race bretonne, le voilà aux prises avec les sœurs de Lisette. » Quand les nouvelles furent un peu plus brèves, elle conclut: « C'est une bonne chose qu'il puisse s'occuper de bêtes et parler à des gens autres que les prisonniers, se confier, trouver la chaleur d'un peu d'amitié. »

Après son embauche dans la ferme Kerloret, il reprit goût à la plaisanterie.

Maman avait l'habitude de soigner les siens à grand renfort de tisanes. Adepte du traitement de tous les maux par les simples, elle herborisait à travers prés et bois. Dans son jardin elle collectait, entre autres, sauge et bouillon-blanc contre la bronchite, menthe et camomille pour l'estomac. Dans les bois, elle cueillait surtout ce qui purifie le sang, l'épine blanche, l'aspérule odorante, la centaurée et, le long des ruisseaux, la reine-des-prés pour les reins. Elle faisait sécher sa récolte à l'ombre, sur le plancher du grenier, qui en était recouvert. Si je la voyais plongée dans une lecture, totalement absorbée, c'est qu'elle avait découvert une nouvelle plante dont elle étudiait les vertus dans un livre venu de Suisse: *Krut und Unkrut* (Bonnes herbes et mauvaises herbes).

Mon père, naturellement, dans chacun des colis qu'elle lui envoyait, eut droit à quelques variétés de ces plantes miracles. Les Bretonnes de Groix ne connaissaient pas la menthe. Il leur en fit goûter la tisane qu'elles trouvèrent « délicieuse ».

« J'ai meilleur que cela », dit-il, et il apporta à sept d'entre elles de la centaurée. « Surtout, buvez-la sans sucre si vous voulez qu'elle ait du goût. »

Maman imaginait les grimaces des Bretonnes et le triomphe diabolique de son mari. Il redevenait donc un peu lui-même.

Cependant la nostalgie du retour le hantait sans cesse, surtout quand il apprenait le départ des uns et des autres sur le continent. Il les accompagnait au bateau, agitait longuement son mouchoir, regardait tristement la mer geôlière et nous écrivait en rentrant au fort : « Quand pourrai-je quitter cette île ? On y est plus prisonnier qu'ailleurs. »

L'un de ceux qu'il accompagna au port d'embarquement était un « pays » de Montreux-Jeune, arrêté avec lui. Les autorités avaient découvert qu'il était né en France (il est vrai qu'il ne savait ni l'allemand, ni l'alsacien) et qu'en conséquence il devait être incorporé. D'otage, il devint un glorieux poilu, connut les tranchées, fut gazé et en mourut.

Le tour de mon père de quitter l'île vint enfin. Sa chance fut sa rencontre avec le Dr Canu, qui allait s'établir à La Couronne, en Charente, et qui décida d'emmener avec lui cet Alsacien qu'il devinait innocent et capable de lui rendre des services. Il quitta la Bretagne. *Kenavo !* familles Tonnerre, Baron Ange, Kerloret et d'autres qui avez été si bonnes pour l'exilé.

Ce fut un changement, non seulement de pays, mais de milieu. Il nous envoya par la suite des photographies où il était un monsieur parmi une société aimable : le docteur et sa femme, le pharmacien et son épouse et, de surcroît, dans un beau parc. Il logeait à l'entrée, dans la maison du gardien. Sans l'avoir appris auparavant, il conduisait l'automobile du médecin quand celui-ci s'en allait, même fort loin, pour ses visites, car la guerre avait vidé cette région, comme les autres, de ses jeunes médecins. Mieux que cela, le docteur lui offrit la possibilité de passer son « permis de conduire les véhicules à pétrole ». Toutes les semaines, on allait au cinéma à Angoulême. Entre-temps, il s'occupait du parc et même d'une vache à l'étable pour le précieux lait.

Pour parfaire encore sa situation, ces gens de cœur invitèrent maman à rejoindre son mari pour aller s'installer avec ses enfants dans la petite maison.

Cette nouvelle fit l'effet d'une bombe. Mais très vite maman la désarmorça. Que deviendraient les études de son fils, excellent élève? Avait-elle le droit de laisser la petite maison d'Alsace pour s'en aller, infidèle au terroir, donner des soins à des murs et des sols indifférents, vendre Lisette, la livrer à la boucherie? Son mari? Il rentrerait bientôt. Elle en avait la ferme conviction depuis qu'un nouveau capitaine, répondant à une supplique présentée par Camille, lui avait dit: « Je vais m'en occuper. »

Elle refusa, resta, mais remercia chaleureusement les Canu dans une missive que Camille tourna le mieux possible et à laquelle je joignis un petit dessin: notre maison avec Mac assis en haut de l'escalier.

Le tablier breton

Quand, à table, parmi des convives, mon père était comme absent, la femme du docteur se penchait vers lui et chuchotait à son oreille: «Je sais où vous êtes», et l'excusait auprès des invités: «Vous comprenez... sa famille... l'Alsace...» Ce mot réveillait la pitié quasi ancestrale dans les cœurs français.

D'accord avec sa femme, le docteur fit des démarches pour le retour de mon père à son foyer quoique cela dût coûter au brave homme. Car l'Alsacien savait être reconnaissant de ce que l'on faisait pour lui en s'acquittant avec dévouement de ses tâches de jardinier-paysan, de chauffeur-réparateur en tout genre. Le docteur lui disait affectueusement: «Alors, mon ami, vous voulez nous quitter?»

A la préfecture d'Angoulême, allant de bureau en bureau, ils apprirent ce qu'est une administration où personne n'ose prendre une initiative. Il fallait en référer à Paris, et Paris restait silencieux, comme inexistant. S'il se manifestait enfin, c'était pour leur apprendre que la région où mon père voulait se rendre était occupée... par les Allemands!

La patience du bon docteur ne se laissa pas entamer. Cela dura un an.

Début mai 1916 (vingt-deux mois après le départ de l'« otage »), maman poussa un cri en lisant la carte hebdomadaire :

« Mon Dieu ! il rentre dans huit jours. »

Et dans un éclat de rire semi-catastrophé :

« Je n'ai rien à me mettre ! »

C'était l'aboutissement de ses rêves d'épouse. C'était la fin des angoisses (« s'il tombait malade ? »), c'était la réponse aux interrogations secrètes (« Elles sont certainement avenantes, les femmes de ces contrées-là... »), et sa préoccupation majeure était : « Je n'ai plus rien pour me faire belle. »

Dans la chambre, sur le lit, elle disposa ce qui était encore convenable, car elle avait passablement taillé dans robes et manteaux sacrifiés pour la petite qui grandissait.

Fébrilement, elle se lança dans les transformations, bouscula ses tiroirs, rajeunit les garnitures, réinventa la mode. Mais une toilette sans un beau chapeau, c'était impensable.

Le jeudi, elle m'emmena avec elle à Belfort, car j'avais besoin de chaussures. Cet achat vite fait, elle entra dans le plus beau magasin de modes de la ville. Comment n'eût-elle pas été hésitante ? Il y avait, malgré la guerre, un tel choix ! Elle essaya des capelines, de larges canotiers de panne. Elle s'admira avec un breton de satin tête-de-nègre. Il y avait tout autour du bord de minuscules boutons en tissu de même ton. « Un travail extraordinaire », disait la modiste et, pour infléchir la décision de la cliente, elle ajoutait : « Il vient de Paris. » Mais le mot « breton » surtout subjuguait maman. Par ailleurs, comment résister au grand chapeau de feutre suédé, à haute calotte drapée, en panne violet évêque et brodée de soie bleue et mauve ?

« Comment le trouves-tu ? Lequel choisir ? » me disait-elle.

J'inclinais la tête, à droite, à gauche, comme elle, et j'optai pour « Celui-là », à cause de l'épingle qui traversait la calotte et s'embellissait d'une grosse perle baroque.

Elle regardait les prix, faisait longuement les comptes, puis, dans un délire de munificence, comme un joueur qui, pour la gloire, engage tout son avoir dans sa dernière mise, elle jeta :

« Je les prends tous les deux. »

La pauvre femme, qui avait économiné sou par sou, rentra

flanquée de deux énormes cartons à chapeaux dans lesquels gisait ce qui était pour elle une fortune.

Un holocauste à l'amour.

Le lundi suivant, c'est donc bien chapeautée, gantée, d'une élégance toute parisienne que maman, avec nous à ses côtés, alla attendre son mari à la gare. J'étais intimidée quand cet inconnu nous prit dans ses bras. Je m'attendais à des compliments extasiés sur le joli breton tête-de-nègre — il avait eu la préférence après un débat cornélien et une escarmouche avec moi qui tenais à l'épingle emperlée.

Il ne vit rien de cet étalage propitiatoire. Il était tout préoccupé par ses bagages : deux malles noires de moyenne taille, dont une qu'il me désigna particulièrement.

« Pleine de jouets ramassés dans la mer. »

Il me fallut attendre qu'après le retour chez nous Camille fût retourné à la gare et eût rapporté ce lourd bagage sur notre petit chariot. La caverne d'Ali Baba ne m'eût pas éblouie autant que le contenu de la malle. Elle était remplie de coquillages extraordinaires : cônes régulièrement striés, tachetés ou tortillonnés en longueur, harmonieusement contournés de minuscules décors, conques aux grandes lèvres minérales béantes finement ourlées, calcaires alvéolés hérissés de pointes, exquises porcelaines brunes s'entrouvrant comme une robe sur une chair délicatement nacrée de rose saumoné ou de blanc laiteux. Collé à l'oreille, cela donnait un chuintement que mon père appelait « le bruit de la mer enfermé dans le coquillage ».

De l'autre malle furent extraits d'autres trésors, dont un coffret entièrement décoré d'une débauche de minuscules coquillages. Toujours pour moi.

Pour Camille, il y avait des jumelles — cadeau du docteur — et un pommeau de canne sculpté.

Et enfin — mon père prit un air triomphant en s'adressant à maman :

« Pour toi, un cadeau de la famille Tonnerre, à qui j'ai sauvé une vache et un veau. »

Il déploya un magnifique tablier de Bretonne en lourde soie damassée bleu ciel, sans doute rapportée d'Extrême-Orient par quelque navigateur.

Maman, d'abord sans voix et fascinée, entreprit de tâter le tissu, de soupeser le tablier et reconnut qu'il était d'une grande richesse.

Presque toutes ces choses étaient venues de Bretagne et avaient suivi le même périple que le voyageur : un petit tour de France.

Le lendemain, les vins de groseilles et de rhubarbe coulèrent à flots sur la table des officiers et enivrèrent *gastelas* et cuisinier. Maman avait plié et disposé le tablier breton sur la commode et le caressait à toute occasion du plat de la main. Puis elle le ranga soigneusement dans le tiroir du haut qu'elle ouvrait fréquemment.

Mon père alla faire un tour au village, glorieux que justice lui ait été rendue, se félicitant du retour d'autres internés, assurant les femmes de ceux qui n'étaient pas rentrés de l'imminence certaine de leur retour. Il avait décidément oublié le froid, la faim, la maladie au fort de l'île de Groix et ne parlait que des braves gens qu'il avait connus. Quand je n'étais pas en classe, je l'accompagnais.

Devant notre maison, il restait longuement à écouter les rumeurs du front et ces jours-là, comme les suivants, se refusait à rentrer quand la chasse poursuivait un avion ennemi et que pleuvaient les shrapnells. Il ne bravait pas le danger, il n'y croyait pas et ne voulait par conséquent pas se priver d'un spectacle qui le passionnait. Cela, malgré l'affolement de sa femme.

Le premier dimanche après le retour, ce fut la promenade tant rêvée, maman en belle toilette, mon père rasé, pommadé, arborant beau complet — cadeau du Dr Canu —, chapeau mou et canne. Mais le passé ne pouvait resurgir ; le village offrait un tout autre spectacle qu'autrefois : le fourmillement des uniformes, l'encombrement des cours de ferme où stationnaient popotes roulantes, voitures bâchées, camions et tout un matériel de guerre camouflé dans les vergers. Des soldats posèrent un regard admiratif sur cette élégante fourvoyée dans ce village et jetaient un coup d'œil soupçonneux sur celui qui, si bien fringué, ne pouvait être qu'un « embusqué ». Heureusement, le jeune homme et la petite fille qui les accompagnaient donnaient à ce couple sa respectabilité. Ce qui changeait surtout, c'est que nous étions sans cesse aux aguets. « Espérons que ce ne sera pas aujourd'hui qu'ils vont se livrer bataille dans notre ciel », disait maman. Des coups assourdis dans le lointain rappelaient cependant que tout était possible.

Les jours suivants, mon père continua ses promenades en bourgeois à col dur et cravate. Maman était heureuse de cette détente. En attendant de faire les foins — dans un mois au plus tôt —, il ne s'intéressait pas aux champs, mais s'accordait toutefois « le plaisir », disait-il, de faucher un peu d'herbe dans le pré et de fourrager Lisette. Le seul travail qu'il assumât.

Vint une lettre de Bretagne que mon père lut avec une évidente satisfaction; il transmit à sa femme le « bon souvenir » d'une inconnue. Il garda la lettre et s'en alla rêver dans la cour en écoutant la lointaine canonnade.

Maman,ce jour-là, examina longuement dans la commode le tablier de soie qui l'intriguait et, lui semblait-il, la narguait. Elle se posait des questions: « Comment peut-on, par ces temps de pénurie, se défaire d'un vêtement assurément coûteux? » Elle passa une main impatiente sur les plis fragiles qui se défirent, et ne perçut pas le timide effleurement de l'amitié.

Bien des détails de notre vie avaient dû être changés.

D'abord, la mansarde à côté de la chambrette de mon frère, à l'étage, avait été aménagée pour moi. Camille veillait sur mon sommeil, car pour arriver jusqu'à moi, il fallait passer dans sa chambre. Nous prenions nos repas à part du cuisinier et des *gastelas*. Il fallait faire bouillir la marmite et maman ne touchait évidemment plus d'indemnité, son mari étant là. Il n'y avait que ce que payait l'intendance pour la *Stuwe* et la chambre.

Au bout de trois semaines, maman osa demander à mon père s'il ne voulait pas se chercher du travail.

« Lequel? On ne prend plus de cheminots. »

Elle suggéra:

« Le creusement des tranchées », et nomma quelques hommes qui s'étaient faits terrassiers et se rendaient tous les jours à bicyclette non loin de la frontière suisse.

Mon père eut cette réponse stupéfiante:

« D'accord, si Camille m'accompagne. Des études en temps de guerre, à quoi bon? »

Voilà ce que deux années à peine de relative inactivité avaient fait de l'homme le plus travailleur qui eût été et d'un père ambitieux pour son fils.

Elle ne se montra pas indignée. Peut-on s'indigner d'une maladie contractée hors du milieu naturel dans le bouleversement d'une guerre?

Elle s'arma de courage et se rendit chez le directeur de l'école supérieure. Camille, de connivence avec elle, faisait office d'interprète.

« Mon fils peut-il s'absenter un mois environ pour raisons familiales?

— Il est notre meilleur élève. L'an prochain, il doit se présenter au concours d'école normale. Nous comptons sur lui. Enfin, la fin de l'année scolaire approche... Oui, madame, c'est possible. »

Et Camille devint terrassier, ce qui lui fut bénéfique. Ce dur travail manuel lui valut une stature et une carrure qu'il n'aurait jamais eues autrement.

Mon père se fit des copains. Très normalement, sans aucune objection de sa part, il vit son fils reprendre ses études à la rentrée. La diplomatie de maman avait été payante.

Un soir, il lui dit: « On embauche dans les usines Peugeot à la réparation des automobiles à Audincourt. Les salaires sont élevés et le travail serait intéressant pour moi. »

Lui qui était bricoleur en diable et réparait jusqu'aux queues de casseroles avec des rivets allait être à son affaire. Il fut quelque temps aussi affecté à l'armement. Il rentrait souvent. A bicyclette.

Maman était tranquillisée mais restait désenchantée. Vindicative, elle regardait le tablier breton comme s'il avait été la cause de ses déceptions. Certes, elle en appréciait toujours la qualité et la suave douceur. Mais il n'était bon à rien. Chez nous, on ne met pas un tablier pour se faire belle. Inutile donc. Elle n'était cependant pas femme à mettre quelque chose au rebut.

Quand tout fut rentré dans l'ordre — un ordre de guerre, sans doute —, elle étendit un après-midi le tablier sur la table, épingla sur la céleste soierie les pièces d'un patron, et, armée de ses grands ciseaux, mordit et tailla résolument dedans, ravalant la belle pièce digne d'un musée au rang de corsage.

C'étaient les gestes d'un exorcisme.

Le traîneau

Cela avait été un mois de décembre blanc. Mais depuis que camions, autos, canons passaient sur la route, elle n'était plus ce qu'elle avait été autrefois : la magnifique voie triomphale des jeux de l'hiver. La neige faisait une bouillie où même nos sabots répugnaient à patauger. Pauvres soldats, obligés d'aller et de venir dans cette « bouillabaisse », comme ils disaient — et bien heureux encore de ne pas être dans la boue gluante des tranchées !

Mais entre Noël et Nouvel An, depuis trois ou quatre jours, il n'a pas cessé de neiger, et par hasard il n'y a que peu de circulation. Aucun mouvement de troupes. La route est restée blanche.

« Maman, est-ce que je peux aller dehors ?

– Une demi-heure seulement, dit maman. Il va bientôt faire nuit. Pour goûter tu auras une tartine avec de la crème sucrée.

— Mmm... J'aime ça. »

Je mets le cap sur la maison d'Anne-Marie : elle doit me montrer le bonnet en lapin blanc qu'elle devait avoir pour Noël et, qui sait, peut-être un jouet...

A la croisée de la route et du chemin qui conduit chez elle, je la vois affairée avec Eugène, son frère : ils finissent un bonhomme de neige. J'arrive à temps pour poser les yeux de charbon de bois.

Et maintenant, que faisons-nous? Difficile de décider. Nous déambulons, glissons un peu. Nous arrivons auprès d'une ferme. Le Barnabé balaie la neige qui s'est accumulée sur le traîneau resté négligemment tout l'hiver dans la cour. Il place une couverture sur le siège avant et s'en va à l'écurie. C'est le bon moment pour nous installer tous trois côte à côte sur la banquette arrière. Oui, mais le Barnabé revient avec un collier de cheval entouré de clochettes. Elles déclenchent leur sonnaille à chacun de ses mouvements. C'est bien joli. Nous nous regardons, ravis, mais nous n'osons rien dire, encore moins battre des mains comme nous en aurions envie. Il pose le collier contre le traîneau. Mais ne nous dit rien. Barnabé est un vieux garçon pas très causant. Il repart de son pas lent et lourd et cette fois revient en faisant avancer une rosse à la croupe énorme. Nous nous tenons cois. Il met le collier au cheval, s'occupe de tout le harnachement. Puis, il tâte une poche. Je sais pourquoi. C'est le geste de mon père quand il se déplace: il vérifie s'il a bien sur lui le laissez-passer permanent que tout habitant de la région doit pouvoir présenter hors du village.

Barnabé desserre enfin les dents:

« Descendez. Je pars. »

Nous affichons une mine déçue. Il a un bon mouvement:

« Si vous voulez que je vous emmène, vous pouvez rester assis. »

Refuser d'aller en traîneau! Il ne peut en être question. Tout est simple: « On vient! » C'est crié par trois voix à la fois.

Tout est tellement simple que lorsque nous passons auprès de chez nous, je regrette seulement que maman ne soit pas devant la porte pour admirer ce départ aux clochettes. J'aimerais lui lancer des adieux avec mon mouchoir, comme font ceux qui partent pour un long voyage. La « lecture du samedi » d'avant Noël avait raconté le départ et le voyage en traîneau de toute une famille russe. Sur une assez longue distance, ils avaient été escortés par des loups auxquels il fallait jeter en pâture l'une après l'autre toutes les provisions de route. Les loups finirent par être rassasiés et les voyageurs affamés. Tout cela se termina par une arrivée de nuit dans un château illuminé pour Noël. A part les pelisses, le cocher à haut chapeau et peut-être... les loups, notre voyage en traîneau va être pareil. Qui sait s'il n'y aura pas un château illuminé au bout?

Pendant que chacune des trois jeunes têtes compose son roman, le traîneau glisse, aérien. A peine si l'on entend dans la neige poudreuse les pas du lourd cheval. En revanche, son trot rythme la sonnerie cristalline qui s'éparpille dans l'air glacé.

Passé le pont du canal, la silhouette de Montreux-Vieux se détache sur l'horizon rose. Pour moi, si l'ensemble de ces toits et ce clocher enneigés s'appelaient Irkoutsk ou Petrograd, je n'en serais pas autrement étonnée.

Nous passons sur la Suarcine où le mystère hivernal se tapit dans les aulnes qui m'ont toujours paru un séjour de fées, de ces fées marraines de princesses. A cette heure, ils scintillent au soleil couchant de tous leurs diadèmes de givre.

Est-ce bien un bonnet de taupe qui m'enserre le front? Un front de princesse...

Barnabé se retourne et nous jette sa couverture sur les genoux. Elle cache nos pieds. Je ne sens plus mes sabots. Que peut-il y avoir à la place?...

Au-delà de la gare, nous entrons dans Montreux-Vieux. La rue est animée. Les gens se retournent sur notre traîneau musical.

« Eh oui! ces deux-là que vous voyez près de moi, ce sont Anne-Marie et Eugène; mais moi, je ne suis pas celle que vous croyez. Je suis une princesse et j'ai rendez-vous avec ma marraine, la Fée des Neiges en son château aux cent tourelles et clochetons. »

Barnabé descend du traîneau-carrosse et marche à côté du vieux coursier. C'est un bon valet. Non, je décide qu'il est moujik, comme dans la lecture du samedi.

Arrivés au haut, nous ne voyons pas encore de tourelles ni de clochetons, à part celui de l'école communale. Barnabé-moujik remonte sur son siège et nous carillonnons notre glissade accélérée dans la pente parmi les isbas qui jalonnent la sortie de Montreux-Vieux.

Puis nous remontons jusqu'au petit bois-taïga qui domine

tout le paysage. Mais là les vents ont amassé de gros paquets de neige qui nous barrent la route. Le cheval semble nager, et même les clochettes s'essoufflent par intermittence. Barnabé jure, grossier moujik ! Il s'attendait pourtant à pareilles difficultés puisqu'il prend une pelle sous le siège avant et dégage un chemin dans la neige.

Le jour baisse et dans la sapinière là-bas quelque chose bouge. Eugène regarde aussi, inquiet, et Anne-Marie se serre contre moi. Pourvu que les loups ne mettent pas à profit notre arrêt forcé ! Et pas la moindre provision à leur jeter...

Le traîneau glisse à nouveau ; je me retourne plusieurs fois. Mais l'allégresse des clochettes chasse le sentiment du danger. Voici les premières maisons de Montreux-Château... *grad*, dont les vitres sont allumées. C'est déjà le crépuscule.

Barnabé descend devant une graineterie et revient avec un gros sac. Puis nous repartons. Le cheval va au pas, s'engage dans une cour et s'arrête sans que Barnabé paraisse y être pour quelque chose.

Non, ce n'est pas la cour d'un château. Nous sommes devant un estaminet à la convenance de notre moujik qui attache le cheval à un tronc d'arbre, se frotte vigoureusement les mains, pénètre à l'intérieur de l'auberge et referme la porte derrière lui.

Longtemps, nous attendons Barnabé. Il ne revient pas. Il doit nous avoir oubliés comme il a oublié aussi son cheval qui baisse la tête, semble dormir car les grelots se taisent tout à fait.

Le froid, même s'il n'est pas sibérien, nous mord les joues ; la faim nous tenaille l'estomac.

Anne-Marie se met à pleurer doucement et Eugène renifle. Il ne faut pas que j'en fasse autant. Je suis l'aînée et cette pensée me fait pousser des ailes d'ange gardien. Après tout, ce rôle vaut bien celui de princesse. Je remonte la couverture, je renonce à ma part pour bien en entourer Anne-Marie. De se sentir un peu dorlotée sèche ses larmes et Eugène est aussi plus courageux.

Si j'allais dire à Barnabé que nous avons froid et faim ?...

Timidement, je pousse la porte de l'estaminet. Il n'y a, à première vue, personne. Derrière une porte vitrée, quelqu'un semble aller et venir, sans doute dans la cuisine ; à l'une des deux tables, une masse est affalée devant trois verres vides: c'est Barnabé endormi par le « gros rouge-vodka ».

« Monsieur Barnabé... Monsieur Barnabé... »

Il n'entend pas. Je touche l'épaule. Rien. Je secoue l'épaule. Un grognement. J'ai peur et je me sauve.

Si nous repartions sans lui?

Je détache la courroie qui fait le tour de l'arbre, je monte sur le siège avant et je crie: « Hue! » La rosse ne bouge pas. Nous crions tous les trois: « Hue! Hue! Hue! » Il est clair que ce n'est pas le commandement qu'elle attend. Heureusement d'ailleurs, car le traîneau irait tout droit dans la porte de l'estaminet.

Comment est-ce que cela se tourne, un traîneau avec un cheval devant? Nous n'en savons rien.

A deux pas, c'est la rue avec ses passants. Dans la lueur des étoiles et de la pleine lune, les silhouettes accompagnent rapidement leur ombre sur la neige. Beaucoup de militaires, quelques civils. Les premiers ne pourront rien pour nous; ils passent très vite. Devant l'un des civils, j'ose m'arrêter, enhardie par mes responsabilités: « Nous sommes trois enfants de Montreux-Jeune perdus ici. » Il demande d'autres explications et va lui-même secouer le Barnabé.

« Il est trop ivre pour vous conduire. Ce serait dangereux pour vous. Venez avec moi. »

Nous trottons vite pendant qu'il nous questionne sur nos familles, et nous arrivons à la gare qui dessert Montreux-Château. Il n'y a aucun train, seulement, au bout du quai, une locomotive.

« Je vais vous ramener à Montreux-Vieux.

— Comment?

— Là-dessus. »

Notre sauveur est un cheminot; cette locomotive est la sienne.

Il nous hisse l'un après l'autre là-haut, lance quelques pelletées de charbon dans le foyer, dont la gueule subitement ouverte projette violemment sur nous une bouffée rougeoyante de chaleur qui allume et cuit nos visages. Que c'est bon! il tourne des manettes et, presque sans bruit, fait avancer la lourde machine dans la nuit.

C'est au-delà du rêve, l'aventure inespérée scandée par les

pistons dont le va-et-vient ralentit bientôt — trop tôt à notre gré.

Nous sommes en gare de Montreux-Vieux. Il nous descend dans ses bras, nous remet à un employé.

« Saurez-vous retrouver votre chemin ?

— Oh oui ! Merci, monsieur. »

Déjà la locomotive s'enfonce dans la nuit bleutée sur les rails qui scintillent au clair de lune.

C'est la course vers le village, et c'est aussi une sourde inquiétude qui s'empare de moi quand je songe aux miens.

Qu'importe. Je me précipite à la cuisine où ils sont tous assis, très pâles, comme pétrifiés. Haletante, je déverse un flot de paroles, d'explications où revient le nom de Barnabé.

Des larmes roulent sur les joues de maman. J'apprends que le village a fait une battue pour nous retrouver, et qu'ils sont rentrés à l'instant... pour voir si j'étais revenue et « pour se réchauffer ».

Mon frère sort pour informer les autres. J'ai pourtant eu des fessées pour moins que cela, et ce soir on ne me dit rien.

Je ne sais pas, moi, qu'en me cherchant maman a fait un pacte avec le ciel.

Je me jette sur la bonne soupe chaude qu'elle me verse en silence.

Entre deux gendarmes

Au cours du printemps de 1917, mon insouciance était souvent traversée d'une image qui, d'insolite, devint presque quotidienne et de plus en plus navrante : un soldat marchant enchaîné entre deux gendarmes. Cela se passait généralement avant midi.

Je m'arrêtais de jouer et suivais des yeux les trois hommes avec des sentiments divers au fur et à mesure que se répétait la scène. La première fois, je dévisageai, intriguée, celui qui incarnait une honte : celle du *déserteur* qui ne prend plus sa part du sacrifice à la France. A l'école, nous chantions :

> « Mourir pour la patrie
> C'est le sort le plus beau
> Le plus digne d'envie. »

Comment celui qui passait avait-il pu le refuser ?

Ils venaient du front, ces hommes qui paraissaient las. Ils avaient traversé à pied beaucoup de villages, pour l'exemple, pour que la troupe et les civils sachent ce qu'on réserve à celui qui ne sait pas « tenir » face aux souffrances physiques et aux drames intimes.

Ils s'en allaient vers un embarquement à Montreux-Vieux à

destination de Belfort ou de Besançon. Quelquefois le prisonnier marchait la tête haute, défiant peut-être l'insulte qu'il s'imaginait lire dans les yeux. Il devait avoir des motivations politiques. Aucune parole n'était prononcée à son passage. Un silence pesant accompagnait le groupe et l'on entendait les pas jusqu'au franchissement du canal.

Parfois, les gendarmes, apitoyés, allaient très lentement quand le malheureux, enchaîné, épuisé, traînait la semelle, butait dans les pierrailles de la route. Et l'on assistait à l'une de ces stations du chemin de croix où l'homme de douleur doit se faire aider.

Maman, l'une ou l'autre fois, avait vu la scène. Elle rentrait, allait dans la chambre, s'asseyait comme épuisée de l'épuisement de l'homme. Et elle songeait. Mais moi, je rompais le silence pour scruter ses pensées. Alors, se levaient des images que son cœur, douloureusement, inventait.

« Vois-tu, disait-elle, il a peut-être reçu une lettre avec de tristes nouvelles. Sa femme, son enfant, sa maman, son papa malade. Ou peut-être lui a-t-on appris qu'il ne peut plus avoir confiance en celle qu'il aime, qu'il n'a plus de foyer... Alors, il n'en peut plus.

« Et puis, ajoutait-elle avec véhémence, vivre sans cesse dans la boue, tuer, s'attendre à être tué, voir tant d'horreurs, c'est à rendre fou. Voilà presque trois ans que cela dure... Il faut une fin. »

Elle disait ces derniers mots avec l'énergie qu'elle aurait voulu pouvoir imprimer au cours des événements. Puis, calmée, elle continuait, comme rêvant :

« Près de sa tranchée, il y avait peut-être un cerisier, un pommier en fleur et sur une branche, là, près de lui, un oiseau qui chante malgré la fusillade ou la canonnade. Le petit oiseau s'envole. Il est libre. Le soldat le voit et pense que lui, il est rivé à sa tranchée et à son triste sort. Le printemps fait d'étranges tourbillons dans le sang. Sait-on ce qui se passe alors dans un être ? »

Elle parlait pour elle, plus que pour moi. Avec lassitude, elle ajoutait : « On sait bien ce qu'ils feront de lui, devant un mur du fort, derrière le Lion... »

Ces moments-là, elle devait s'étendre sur le canapé, un linge mouillé sur le front, ce front douloureux déjà de la balle qui se logerait au cœur du déserteur.

Par la suite, quand je voyais les trois hommes, j'imaginais le petit oiseau qui, d'une branche s'élançait dans les airs et traçait la fatale trajectoire aboutissant à ce mur où l'on fusille.

Le samedi, quand rentrait mon père, nous le mettions au courant des événements. À son usine, chacun participait au maximum à l'effort de guerre. Par des affiches, on mettait en garde contre les traîtres, on prévenait toute imprudence: «Taisez-vous, méfiez-vous: les oreilles ennemies vous écoutent.» Entre mon père et les camarades de travail, entre lui et le contremaître devenu son ami, et chez qui il logeait, peu de commentaires sur l'actualité. C'était la consigne.

Il n'en était, bien sûr, pas de même à la maison. Maman lui disait: «Ne pourrait-on pas enfermer ces déserteurs jusqu'à la fin de la guerre? Pourquoi les faire mourir?» Sans vouloir relever sa naïveté, mon père répondait.

«Parce qu'il n'y aurait pas assez de prisons pour enfermer ceux qui sont fatigués de la guerre. Mais tu penses bien qu'en haut lieu ils savent ce qu'ils font. Quand c'est commencé, il faut aller jusqu'au bout, car "malheur aux vaincus".» Il employait l'expression allemande: «*Wehe den Besiegten.*»

Nous étions peu informés, quoique pas mal de journaux parisiens fussent répandus dans la région. Les principaux étaient *Le Matin, L'Écho, Le Petit Parisien, Le Petit Journal, L'Œuvre, Le Figaro, Le Canard enchaîné.*

Mes parents ne les lisaient pas — et pour cause. D'ailleurs la presse était soumise à la censure et ne parlait pas des mutineries qui, nous l'avons su plus tard, inquiétaient l'état-major. Nous n'étions pas davantage au courant des faits d'espionnage, pas même de celui de Mata Hari, que nous n'avons connu qu'après la guerre. Cependant un jour quelqu'un osa dire devant maman que des «grands messieurs» avaient trahi pour de l'argent et qu'il y avait des procès.

«Oui, qu'on punisse très sévèrement ceux-là, qui sont achetés, disait-elle, et non les pauvres bougres du front. Bien que chaque jour exposés à la mort, ils ne doivent pas êtres considérés comme des animaux à l'abattoir; ils doivent avoir droit à la parole, fût-ce pour protester, parfois, s'ils n'en peuvent plus.

— Non, disait mon père. Les chefs ordonnent et il faut obéir. Mais il faut aussi que ceux qui commandent soient capables et n'envoient pas leurs soldats se faire massacrer inutilement. Que savons-nous de tout cela? Rien. Qu'y pouvons-nous? Encore moins... »

Camille, lui, ne disait rien. Il était grave, d'une gravité d'adulte. Et il était triste. Cela m'impressionnait plus que tout.

Pour le meilleur et pour le pire

Comme une princesse de jadis, je me « fiançai » dès l'âge de neuf ans, mais à maintes reprises, et avec des soldats.

L'élu était toujours jeune, mais pas nécessairement beau. S'il jouait de l'harmonica, s'il grimpait lestement tout en haut du cerisier ou s'il sautait, avec une perche, depuis le fond de la cour jusqu'à l'autre bord de la route, il pouvait être rouquin ou avoir le nez en trompette — c'était lui le favori.

Toutefois, pendant un certain temps, je choisis mes fiancés selon un autre critère. A tous ceux qui entraient chez nous, je faisais admirer ma tirelire : la maisonnette de la sorcière de Hänsel et Gretel, avec une large fente sur le toit et un plancher qui se retirait. Elle se remplissait vite, et je jetais mon dévolu sur celui des admirateurs qui y faisait tinter le plus de sous, ces grosses pièces de cinq centimes (un sou) et de dix centimes (deux sous) en bronze, que je n'ai connues que ternes et brunes. Dame ! puisqu'il y avait le choix, autant prévoir une vie exempte de soucis matériels.

Malheureusement, maman mit assez rapidement fin à ces pratiques :

« Tu n'as pas honte de faire la mendiante ? » Et la tirelire ne devait « en aucun cas » sortir de la commode.

Maman ne voyait pas le rapport entre ma tirelire et les confidences que je lui faisais, rêveuse comme une amoureuse de carte postale pour poilus au front :

« Je crois que je me marierai avec Paul. (C'était tout aussi bien avec Yan, Olive, Achille ou Tintin des Batignolles.)

— Ah ! Pourquoi ?

— Il est gentil. »

Mes parents ne s'inquiétèrent pas et ils firent bien.

Restait à faire ma déclaration, car, féministe avant l'heure, je m'attribuais l'initiative. Sans souci d'un protocole séculaire, je choisissais un moment où le pauvre garçon bavardait en confiance avec mon père pour lui jeter à la tête :

« Je me marierai avec vous quand il n'y aura plus la guerre. »

J'aurais été étonnée de son étonnement. Mais l'acceptation était instantanée. Par la suite, quand il entrait chez nous, il ne manquait pas de dire :

« Est-ce que ma fiancée a été sage aujourd'hui ? » ou bien, assez cavalièrement : « Où en est le trousseau ? »

Grave souci que je remettais à plus tard, car je n'aimais pas la couture et faisais des points « longs comme l'aiguille », d'après les affirmations de maman.

Et puis, un beau matin, le fiancé, harnaché et résigné, montait dans un camion vers une destination inconnue, ou se dirigeait avec ses camarades au pas cadencé, par quatre, vers la gare de Montreux-Vieux où l'attendait un wagon — hommes 40, chevaux en long 8 — en partance pour un front que l'état-major était seul à connaître.

C'en était fini du repos, de la détente et de la relative sécurité dans un confort tout aussi relatif au fond d'une remise ou d'une grange. Fini, le jeu des fiançailles avec la petite fille d'Alsace.

Quant à moi, après un bref chagrin dont témoignaient mes larmes, je me faisais une raison en voyant succéder aux partants de nouvelles troupes qui se répandaient dans le village et cantonnaient aussi chez nous. Parmi tous ces soldats, il y avait toujours un fiancé de rechange, rehaussé du prestige de la nouveauté.

Le plus illustre fut assurément un berger pyrénéen. Cyril était l'ordonnance du capitaine qui occupait la chambre du haut.

C'est dire que nous le voyions à longueur de journée. Il cirait les bottes de son chef, assis sur l'escalier de pierre, se sentait chez lui, tout en fredonnant des airs à la gloire des Pyrénées. Mes parents l'avaient pris en amitié. Était-il beau? Il n'était pas grand et, de son visage, je n'ai gardé que le souvenir de ses yeux noirs et malicieux qui, lorsqu'il parlait de ses chères montagnes, s'illuminaient des fulgurations des hautes cimes. Qu'il était volubile! Nous avions du mal à reconstituer le puzzle de ses phrases, et son accent méridional n'arrangeait pas les choses. Mon père et moi arrivions toutefois à le suivre, alors que maman, avec son vocabulaire très limité, restait en route, n'en laissait cependant rien paraître et souriait au bon moment.

Incorporé depuis peu, il ne parlait jamais de la guerre, mais il était intarissable sur ses pâturages et sur son chien Haro, ce qui plaisait fort à mon père qui avait été pâtre dans ses jeunes années.

Je l'imaginais, régnant avec Haro sur un peuple laineux parmi les lis et les aconits rouges — attention, poison —, foulant devant lui des tapis de violettes, tandis que le gave lui rendait l'hommage de quelques gouttelettes irisées. Parfois, il interrompait sa longue marche et se lavait les pieds dans le courant impétueux pendant que son chien s'y ébrouait.

Je le mis au rang des plus valeureux chevaliers le jour où il nous raconta une de ses aventures pyrénéennes. Franchissant de nuit une passe rocheuse — il devait être contrebandier « sur les bords » —, il se trouva soudain en présence d'un ours énorme et ne dut son salut qu'à son agilité, sautant de rocher en rocher, dévalant les pentes. Je dois dire que c'est ce que nous comprenions d'un récit tumultueux où les gestes — et quels gestes! des sauts d'un bout à l'autre de la cuisine — venaient au secours de la parole, où le basque et le français se bousculaient en un chaos infranchissable. Soudain quelques mots simples: « Je courais... un pré... le village là-bas... » formaient un gué sur le torrent des mots et le ramenaient par une sente vers la sécurité. Nous respirions.

Que ce fût le récit d'une fuite ne ternissait pas sa gloire. Il s'y était montré si extraordinairement rapide! Et puis, la rencontre d'un tel animal, de surcroît gigantesque, n'était pas à la portée de tout un chacun...

Il avait aussi rencontré le loup; placide, il déclara:

« Il n'attaque pas l'homme. » Je n'en croyais rien et j'admirais son courage.

Ce n'était pourtant pas à cause de son aura pyrénéenne que je me l'appropriai. J'étais dans une période où je ne songeais plus à des fiançailles, même avec un chevalier. Mais il est des détails qui pèsent leur poids dans la balance des décisions importantes.

Il vint un soir à la cuisine avec des airs mystérieux. Il tenait, enveloppé dans une flanelle, un objet manifestement lourd. Quand il eut déployé l'étoffe, nous vîmes un obus qu'il posa sur la table.

Maman me tira en arrière et recula elle-même avec moi.

Cyril dit:

« C'est un soixante-quinze. »

Ce n'était pas pour nous rassurer. Mais il ajouta:

« Vous voyez qu'il n'y a plus que la douille. »

Nous nous rapprochâmes. Sur le métal jaune nous remarquâmes des ciselures courant en arabesques autour de l'obus. Je n'avais jamais rien vu d'aussi beau.

« C'est un vase », dit-il, et ses mains étirèrent d'invisibles tiges de cet objet raide et caressèrent des fleurs imaginaires. « Je l'emporterai chez moi à ma prochaine permission. »

Car c'était lui l'artiste qui avait ciselé cette merveille.

Aussitôt monta en moi le désir de la posséder.

Il n'y avait qu'un moyen.

Le lendemain était un jeudi. Cyril était assis sur l'escalier en train de crachoter sur les bottes de son supérieur pour les faire briller. Je passai plusieurs fois près de lui, rentrais, sortais. Soudain, je sautai presque toutes les marches à la fois, et au bas de l'escalier, le toisai:

« On se mariera quand la guerre sera finie.

— Qui?

— Moi et vous. »

Il en fut à court de salive et resta brosse en l'air, mais enchaîna cependant avec naturel:

« C'est donc toi qui me feras la cuisine ? Sais-tu mitonner la garbure ? »

Ce mot tomba, effervescent et nauséabond. Un soir, mon père avait mis quelques grains grisâtres dans le réservoir d'une lanterne à acétylène et y avait versé de l'eau à la pompe de la cuisine. La pièce en fut empuantie. Maman, courant ouvrir porte et fenêtre, protesta énergiquement.

« C'est du carbure », s'excusa mon père. Peut-être avait-il prononcé à l'alsacienne : garbure...

« Non, je vous ferai des nouilles.

— D'accord. »

C'est donc sous les auspices de ces pâtes que je m'engageai pour le meilleur et pour le pire.

Le meilleur ?

Il y eut d'abord des objets musiciens : des feuilles de lilas tendues entre deux paumes et qui donnaient des sons plus ou moins stridents selon la tension ; des sifflets taillés dans du noisetier et même un flûtet comme ceux de son pays.

J'eus droit à des cadeaux inédits, notamment une feuille de chêne transformée en dentelle au moyen d'une brosse et laissant apparaître un cœur. Changement de destinataire sans doute et infidélité probable à quelque brune bergère...

« Quand les nouvelles feuilles seront bien vertes, je t'en ferai une avec ton prénom. »

J'étais un public privilégié pour des records à la fronde. Devant la maison, visant le cerisier, il disait :

« Quelle feuille faut-il faire sauter ? »

Je désignais tout là-haut, à la cime, une petite feuille qui tremblait d'avance. Il tendait sa fronde à bonne hauteur. Je ne remarquais rien, sauf que, soudain, la feuille n'y était plus.

Il me prêta l'instrument et je lançai quelques cailloux de l'autre côté de la route. Mais quand je voulus m'attaquer à la girouette plantée par Camille sur le toit de la remise, une vitre de la buanderie se trouva fendue je ne sais comment, et on ne la connut par la suite que maintenue par deux boutons. Prudent, Cyril se réserva les exploits balistiques.

J'imagine que, plus tard, il dut utiliser sa virtuosité pour lancer des messages dans les tranchées allemandes : invectives ou appels à la reddition.

Tous les soirs, au coucher du soleil et même encore au crépuscule, j'avais droit à un festival d'acrobaties et de jongleries. Et c'est là qu'intervint « le pire ». Cela se passait devant notre maison. Mon père rentrait presque quotidiennement. Mes parents étaient assis sur des chaises en haut de l'escalier. Des soldats se promenaient sur la route ou formaient des groupes comme sur une scène d'opéra. Le « grand orchestre » se faisait entendre au loin dans un prélude évoquant un orage qui monte.

Mais aucun des militaires n'y prêtait plus attention. Ce front distant à peine d'une douzaine de kilomètres ne les impressionnait pas. Ils le savaient stabilisé. On aurait bien le temps de s'inquiéter quand on quitterait ce secteur tranquille pour un enfer d'au-delà des Vosges.

Mes parents, eux, quand ils n'étaient pas absorbés par un travail, étaient toujours à l'écoute de la guerre si proche de nous. Nous savions que, là-bas, les rayons du couchant se mouraient sur des troncs fracassés et se diluaient en flaques sanglantes dans les entonnoirs creusés côte à côte par les obus. Au crépuscule, des fusées éclairantes illuminaient l'horizon. Les grondements les plus angoissants venaient d'un secteur qui leur était cher : leur pays natal, où la guerre faisait rage dans les bois de Largitzen.

Mes parents parlaient d'autrefois. Ils avaient souvent traversé ces bois à bicyclette, au soir tombant. Le soleil, alors, s'irradiait en poussière d'or dans les hêtraies et laissait dans un mystère obscur les sapinières qui jalonnaient çà et là leur route.

Oui, mais c'était le passé. Maman soupirait :

« Quand donc cette guerre prendra-t-elle fin ? Quand retournerons-nous là-bas ?

« Eh oui, disait Cyril, avec son accent chantant, quand reverrai-je les peupliers au bord du gave ? »

Quant à moi, j'étais jalouse de ce qu'il connût d'autres arbres que les nôtres. Je ne pressentais pas ce que l'instant véhiculait de tragédie.

Ces soirées de mai étaient pourtant douces. Des petits étangs qui escortaient le canal du côté de Valdieu nous parvenaient, malgré les bruits de fond, les coassements des grenouilles et, de plus près, les notes de flûteau des crapauds. Dans notre potager, l'un d'entre eux avait élu domicile sous une pierre plate. Mon père lui rendait visite chaque soir. Jacquot sortait, confiant, de sa maison. Il ne bougeait pas de là, en paresseux qui attend araignées et sauterelles à portée de sa langue. Cette année-là, ses congénères étaient vraiment trop nombreux. A la nuit tombante, il fallait faire attention où l'on mettait les pieds. Ce grouillement fut à l'origine d'un affreux massacre.

Pour faire diversion aux états nostalgiques, Cyril nous offrait le cirque. Avec quel brio ! C'était un acrobate-né. Mais par-ci par-là, une petite masse traînante gênait ses évolutions quand il marchait sur les mains. Alors, pour s'en débarrasser, il inventa une catapulte à sa façon. Il plaçait un crapaud sur le tremplin — je criais d'horreur — et, d'un coup sec, le projetait bien haut, par-dessus le toit de la maison — je criais de désespoir —, me doutant bien que la pauvre créature allait éclater au bout de sa chute.

Cette scène se répéta plusieurs fois, dans l'indifférence de mes parents. Ils n'avaient pas la sensibilité à fleur de peau pour cette espèce inférieure. Du moment qu'il ne s'agissait pas de Jacquot... Grâce à ce nom propre, lui seul avait droit à l'immunité. Mon père s'assurait qu'il était bien dans son abri.

Las de mes cris, de mes attitudes pathétiques quand je me jetais sur l'escalier en sanglotant, mes parents se mirent d'accord avec Cyril pour exterminer hors spectacle les pauvres indésirables. Et Cyril s'y employa en cachette. Je le devinais et j'en avais le cœur lourd, mais cela n'alla pas jusqu'à la rupture. Et pourtant !...

Cyril proposa à mes parents de les débarrasser aussi des nids de moineaux qui obstruaient les gouttières. Le sol fut alors jonché d'oisillons morts ou mourants, parmi les débris des nids.

Nouveaux pleurs.

Mais curieusement, je demandai à maman de me les faire sauter à la poêle — ce qu'elle fit. Je suçai avec application des petites cuisses insignifiantes, et cependant j'en voulais à Cyril et je l'appelais : « Méchant ! »

« Tu ne fais pas tant d'histoires pour les manger, tes pauvres petits oiseaux !

— C'est pour qu'ils puissent aller un jour au ciel avec moi. »

Effectivement, mon goût pour ces petits moineaux relevait d'une mystique : la croyance en la résurrection de la chair, faite de toutes les chairs que l'on mange...

« Au ciel ? Où c'est, ça ?

— Là-haut.

— Oh ! là là. C'est encore plus haut que le Vignemale. Tu auras le vertige. »

Je soupirai. Bon ! Voilà que j'avais affaire à un païen. Je n'y comprenais rien. Il n'habitait pourtant pas du côté des petits Chinois ou des négrillons.

J'entrepris de le catéchiser. Je commençai par le signe de la croix. Le diable devait guider sa main, qu'il portait tantôt sur le sommet du crâne et tantôt sur le nez ; il confondait la droite et la gauche. C'était à désespérer. Je tapais des pieds. Chrétiennement.

J'étalai devant lui toutes mes images pieuses. Mais quels commentaires !

Devant un Christ au milieu des apôtres, il s'exclama :

« Ah ! celui-là, je le connais. C'est le marchand de vin de mon village qui ne va jamais chez le perruquier. Et tiens ! ceux-là autour de lui, je les connais aussi : ce sont les pique-assiette qui lui picolent son vin quand il a le dos tourné. »

Mon Dieu ! Mon Dieu ! s'il allait être changé en statue de sel, comme la femme de Loth ! Il avait sans doute besoin d'être exorcisé et je me promettais de m'en ouvrir à M. le curé. Discrètement. Au confessionnal. Pas devant les autres.

Tout de suite, j'inclus mon mécréant dans ma prière du soir et je terminais le « Notre Père » par : « Ne nous laissez pas succomber à la tentation et délivrez Cyril du mal. Ainsi soit-il. »

Je savais qu'avec un tel fiancé sur les bras j'aurais fort à faire. Mais je me sentais l'âme missionnaire, j'étais animée d'un prosélytisme tous azimuts.

Et puis, je nourrissais un grand espoir. Il avait accepté que plus tard nous habitions chez mes parents et que le vase-obus soit posé sur la commode de la *Stuwe*. Il acceptait tout. Même d'amener Haro et de faire venir ses moutons dans notre pré.

Cela posait un problème. Maman avait toujours dit que ces animaux-là broutaient jusqu'aux racines et, qu'après leur passage, c'était plus ras que les Hautes-Chaumes des Vosges. Qu'est-ce qui resterait à Lisette? Maman protesterait.

« J'achèterai tous les prés jusqu'à la forêt. Le tien restera vert.

— Ah! bon. »

Il y mit une condition qui m'enthousiasma:

« Mais nous ferons notre voyage de noces à Lourdes. C'est près de chez moi. »

Merveilleux! C'était un début de conversion. L'avenir s'annonçait en rose et avec une auréole sur le front de Cyril...

Et puis, un jour, il s'en alla. Comme les autres.

La maison était vide. Mes parents eux-mêmes étaient tristes, et Camille n'était pas souvent là.

Quelques semaines après le départ de Cyril, je reçus une carte à mon nom. « Aux Armées... » J'eus du mal à la lire parce que beaucoup de mots étaient soudés entre eux. Il disait qu'il pensait à moi et aussi au voyage de noces. Il me demandait de transmettre sa « Bonamitiée » à mes parents.

Puis, plus rien. Nous avait-il oubliés — ou bien... Mais je ne pouvais penser à cela. Lui, l'agile, le bondissant, lui, la joie de vivre, il passerait bien au travers...

Cet été-là, notre cour nous paraissait un désert, où surgissait parfois un fugitif mirage.

Plus tard, c'est en l'évoquant que je compris la monstruosité des guerres.

Les glaneuses

Le village est, depuis une huitaine, vide de militaires.

C'est la moisson ; c'est aussi la période des grandes vacances. En ce début d'après-midi, je suis chez Émilie, au Bout'd'do. La chaleur torride nous rend languissantes. Nous sommes affalées à l'ombre d'un cerisier ; notre imagination est vide : nous ne savons pas à quoi jouer.

La mère d'Émilie nous tire de notre torpeur :

« Si vous alliez glaner pour les poules ?... »

Aussitôt, nous sommes debout.

« Mais avec un goûter », commande Émilie.

Un pot de fromage blanc enveloppé d'un torchon humide, des tartines, une bouteille de limonade : c'est le contenu du panier recouvert d'une serviette pliée et qu'Émilie pend à son bras. Nous nous réjouissons pour ce goûter à l'ombre de la forêt « quand nous aurons bien glané ».

« Lorsque vous entendrez la demie de quatre heures à l'église de Montreux-Vieux, vous rentrerez. »

Comme rayon d'action, nous avons choisi les champs près de la forêt des Beusses. Nous n'avons pas trop loin à marcher. Mais sous l'ardent soleil et dans la chaude poussière, le chemin nous paraît long. Nous transpirons et sous nos chapeaux nous sommes écarlates. Le village est somnolent : les paysans font la sieste. Personne dans les champs jusqu'à la fraîche.

Savoir que d'autres se reposent coupe nos forces. Là-bas, à la lisière de la forêt, l'ombre nous tente.

Qu'on est bien dans l'herbe !

L'air brûlant est en désaccord avec le temps, celui des horloges d'église.

« Il faudrait bien glaner », dit celui-ci.

« Encore un tout petit peu de repos », répond l'autre.

Pour n'être pas tout à fait inactives, nous faisons l'inventaire de notre panier. Ça a l'air bon. Nous plongeons nos cuillères dans le fromage blanc. Il est encore assez frais. Ne le laissons pas se réchauffer. Le pot se vide.

« Qu'est-ce qu'elle a mis sur les tartines ?

— De la framboise ». Cela se goûte, cela se savoure. Le tout se dévore. Quelle soif ! Pschitt ! Au goulot, la limonade !

Pfouhh ! A trois heures de l'après-midi, un tel goûter vous alourdit le milieu du corps. Se baisser dans ces conditions...

Notre horizon, c'est un champ écrasé de soleil, hérissé de chaumes : il est moissonné, il est pour nous.

Émilie se lève, fait quelques pas vers le champ. Les poings sur les hanches, elle feint l'indignation :

« Les rapiats ! Ils n'ont presque rien laissé ! Pour une pauvre glanure, c'est une pauvre glanure ! »

Elle a une idée. Il y a déjà un moment que j'ai la même. Le champ d'à côté est fauché, mais les javelles sont intactes. Pourquoi s'exténuer alors ? Il suffit de se baisser une seule fois pour ramasser un énorme bouquet.

« Arrache la paille, dit Émilie. Mais il faut des queues de toutes les longueurs. » Elle a la technique.

En traversant le village, notre « glane » à la main, et moi, en plus le panier vide au bras, nous avons l'air fourbu. Les cours de ferme s'animent. Nous étonnons tout le monde.

« Ah ! les courageuses ! »

« C'est bien, ça, les filles ! »

« En voilà qui n'ont pas peur de se faire cuire ! »

Nous sommes en vue de la maison d'Émilie quand la demie de quatre heures sonne. Nous sommes un peu en avance.

Une fois rentrées, nous acceptons avec modestie le compliment à ces « braves petites », qui s'assortit d'une pièce de cinq sous à chacune. « Pour la tirelire. »

De retour sous le cerisier, nous parlons de choses et d'autres.

« Demain, c'est samedi. Il faudra aller à confesse », dit Émilie.

A confesse !

Habituellement, c'est une affaire de routine. Pour meubler quelques-uns des dix commandements, il faut bien un peu se casser la tête : à part les querelles avec les camarades, les désobéissances, les prières oubliées, le casier pénitentiel est presque vierge. Par-ci, par-là une pensée que j'imagine « mauvaise ». Pour étoffer la confession il y aurait bien sûr aussi les péchés capitaux : paresse, envie, gourmandise... C'est bien rarement qu'on y pense.

Je murmure : « Il y a les glanes. »

Émilie, qui veut voir la vérité en face, précise :

« Septième commandement : tu ne voleras pas. »

Jamais nous ne faisions rentrer nos chapardages dans cette catégorie. Il ne nous serait pas venu à l'idée de confesser : « J'ai volé des blouetches dans le verger Schacker, des poires chez Franzsepp ou des noix dans le champ Mauvais. » La maraude était une de nos occupations favorites, et de nous en cacher nous paraissait faire partie du déroulement normal de l'opération. Nous aurions plus facilement confessé avoir battu des camarades qui avaient ramassé des fruits gaulés par nous.

Mais des glanes !

Je hasarde :

« Est-ce qu'il faudra dire : j'ai volé ?

— Oui. »

C'est le déshonneur pour moi et ma famille.

« Il y a peut-être un autre mot ?

— Non », dit-elle farouche.

Je suggère pourtant : « J'ai dérobé. »

« Non, on dit ça quand il y a quelqu'un. Il n'y avait personne. »

Elle y tient à son vol — au mien surtout.

Le lendemain, c'est dans l'angoisse qu'agenouillées dans le

fond de l'église nous attendons chacune notre tour pour aller au confessionnal.

Je passe la première. Je ne vois pas, je n'entends pas M. le curé. Je débite : « Je confesse à Dieu... » après je m'embrouille. Je voudrais procéder dans l'ordre, mais mon obsession domine et je jette : « J'ai volé. » M. le curé paraît se réveiller et colle son visage à la grille : « Quand, où, comment ? » Je bafouille : la chaleur, le fromage blanc, les tartines, les javelles...

Le confessionnal craque. M. le curé se détend et j'entends qu'il rit.

« Pour ta pénitence un "Notre Père" et un "Je vous salue Marie". » Le minimum. J'ai sans doute bénéficié des circonstances atténuantes.

Je sors du confessionnal, radieuse. Mais, tout aussitôt, je reprends un air contrit et je lève les yeux au ciel, car Émilie passe près de moi pour aller se confesser à son tour. Il n'y a pas de raison pour qu'elle échappe au supplice des aveux.

Même délit, même peine.

America

Camille était, plus que mes parents, au courant de l'évolution de la guerre. Après le torpillage, le 7 mai 1915, par les sous-marins allemands du *Lusitania* qui transportait de nombreux citoyens américains, ses professeurs avaient estimé que l'Amérique ne resterait pas toujours neutre dans le conflit et se rangerait aux côtés des Alliés. Si son aide matérielle fut de plus en plus importante, son entrée en guerre se fit attendre. Mais le 2 avril 1917, ce fut chose acquise. A notre étonnement, vers le mois de mai, apparurent de nouveaux uniformes. Des soldats en kaki passèrent dans de beaux camions tout neufs.

« Ils avaient des allures décontractées », écrivent les auteurs de l'important ouvrage *Vie et mort des Français — 1914-1918.* « Ils passaient en files interminables, étroitement entassés sur des camions, les pieds en l'air, dans des poses extraordinaires, quelques-uns juchés sur des bâches, presque tous tête nue et dépoitraillés, chantant à tue-tête des airs de leurs pays... »

C'est bien ainsi que nous les vîmes.

Dans son journal, le curé de Montreux-Vieux écrit : « Ils sont pleins d'ardeur guerrière ; on dirait qu'ils veulent s'attaquer aux étoiles. »

Il y eut, en effet, beaucoup de héros authentiques parmi ceux qui, dans les premiers temps, avant même l'entrée en guerre des États-Unis, s'étaient engagés dans la Légion étrangère. Des aviateurs avaient formé la glorieuse « Escadrille Lafayette » dès 1916. Le monument commémorant les exploits de cette escadrille est à Marnes-la-Coquette. Y sont gravés les noms de soixante-sept aviateurs abattus dans notre ciel entre 1916 et 1918 sur un total de deux cent trente-huit pilotes.

Mais il y avait aussi parmi les premiers volontaires des têtes brûlées, de ceux qui aiment aller partout où il y a de la casse.

Et il y en eut. En peu de temps, ils emplirent un petit cimetière à Chavannes-les-Grands, sans qu'il y ait eu le moindre contact avec l'ennemi. Nous entendions parler de rixes au couteau: c'était le Far West parmi nous. Les villages d'alentour étaient au spectacle de « Chicago Story » et n'en étaient pas enchantés.

Nous eûmes à loger un sous-officier américain, successeur, dans la chambre du haut, de l'officier français dont Cyril avait été l'ordonnance. Notre Yankee, rentrant le soir, ayant eu à sa disposition de grandes étendues de prés, des arbres, des haies, des fossés, dédaignant aussi notre « petit coin » près de la buanderie, montait bruyamment à l'étage et, depuis la fenêtre de sa chambre, faisait une cascade crépitant sur le sol. Maman était horrifiée et moi j'étais humiliée pour la petite cour, et j'avais peur chaque fois que l'abominable Niagara n'éclabousse nos fleurs à l'entrée du jardin.

Quand cet énergumène partit, maman se rendit au bureau du cantonnement et déclara avec véhémence qu'elle refusait dorénavant de céder la chambre à un Américain. On tint compte de son refus.

Par la suite, une autre image de l'Amérique se substitua dans son esprit à ces premières impressions détestables.

Quand vint le gros de l'armée, l'on voyait des gens graves, conscients qu'ils obéissaient à un idéal. Pour les en convaincre encore davantage, on diffusa parmi eux une brochure intitulée *Alsace-Lorraine — A Question of Right*, de l'Américain Whitney Warren, rappelant les protestations de l'Assemblée nationale à Bordeaux en 1871 et précisant le rôle que devait jouer l'Amérique pour la libération des deux provinces françaises. Dans un avant-propos, l'abbé Weterlé, ancien député au Reichstag et à la Chambre d'Alsace-Lorraine, tint à en remercier l'auteur:

« Les braves soldats d'Amérique, qui se battent pour toutes les libertés, sauront dorénavant que la délivrance des deux provinces françaises sera le symbole de la victoire totale et marquera la fin de la domination du militarisme prussien.

« Merci d'avoir esquissé notre long martyre. Merci également à ceux qui vous liront, à tous ces Yanks, merveilleux de courage et d'entrain, qui ont abandonné tout ce qu'ils aimaient pour se sacrifier, d'un geste si beau et si désintéressé, au triomphe de l'Idéal. »

Un dessin de Hansi illustrait la couverture: une petite Alsacienne et une petite Lorraine, chacune enchaînée entre deux gendarmes à casque à pointe.

Les nouveaux venus nous souriaient, à nous autres gosses, quand nous étions autour d'eux, curieux de tout ce qu'ils faisaient — comme de se raser avec des rasoirs mécaniques — et surtout à l'affût des gestes qui nous lançaient des bâtons de chocolat, des friandises...

Quelquefois même, par souci d'équité, la distribution se faisait scrupuleusement à chacun de nous: pain-biscuit, confitures et même cigarettes.

Un soir, nous étions agglutinés à la palissade d'une cour de ferme où ils étaient nombreux à aller et venir. Parut leur aumônier. Ils firent cercle autour de lui. Il récita des prières, puis il leur parla gravement. Je comprenais des mots qui avaient une analogie avec l'allemand: *father, mother (Vater, Mutter).* Ce qu'il dit devait confiner au tragique car les têtes se baissaient et je vis des larmes rouler sur une joue imberbe. Ils partirent le lendemain, au front sans doute.

Je rapportai la scène à maman. Elle me dit, attristée: « Imagine-toi Camille obligé de s'en aller si loin et de se dire que peut-être il ne nous verra plus... »

De ce jour, les Américains eurent une place de choix dans son cœur, et elle les auréola des prémices de la paix.

Au début de septembre, un après-midi, un de leurs officiers arpenta longuement les prés derrière notre maison, puis vint sur la route.

Camille, qui savait assez bien l'anglais, apprit qu'il cherchait des colchiques.

Sa mère, née en Allemagne, en avait la nostalgie, et il aurait tant aimé lui en envoyer quelques pieds !

« Vous êtes en avance d'une quinzaine à peine, lui dit mon frère. Dans peu de temps, nos prés en seront pleins. »

Malheureusement, son départ était imminent. Camille demanda l'adresse de sa mère. Ce fut lui qui, dès l'apparition de ces annonciatrices de l'automne, en remplit un coffret et, avec de la terre de chez nous, de la terre d'Europe, l'expédia à l'exilée. Ce fut le point de départ d'une amitié avec échange de lettres et, pour Camille, la joie de recevoir, à Noël, des petits cadeaux d'Amérique, inédits et précieux, porteurs d'une émouvante reconnaissance.

Fuchsela

Quel est le village qui n'a pas son braconnier? Nous avions le nôtre. Le mot est peut-être un peu fort. Disons que c'était un grand habitué des prés et des bois, qui le nourrissaient et lui assuraient un certain revenu. En pleine guerre, ce qu'il faisait était devenu licite. Seulement, le port d'arme étant prohibé, il ne pouvait compter que sur sa ruse et son agilité. Et là, il était imbattable.

Pour maman, c'était un homme précieux: il lui apportait des peaux de taupes, qu'elle avait appris à tanner. Elle m'en faisait des cols, des toques et un manchon pour l'hiver. Je ne connais pas de fourrure aussi douce.

Ce printemps-là, il vint un soir à la cuisine. Son paletot était très bombé. Il l'ouvrit et nous admirâmes les têtes étonnées de deux renardeaux qui n'avaient jamais vu de cuisine.

« En voulez-vous un? »

Je répondis à la place de maman:

« Oh! oui! »

Je ne soupçonnais pas ce que le petit animal allait m'apporter de joies et aussi de chagrins.

Il eut droit à un collier — le pauvre — et à une très longue chaîne qui fut fixée à un poteau solidement planté dans le pré. Nous savions que le laisser libre eût été ne jamais le revoir.

Il tirait sur sa chaîne en direction de sa forêt, qu'il ne pouvait voir à cause des hautes herbes, mais qu'il devinait à portée d'une fuite libératrice dont il semblait guetter silencieusement l'occasion tout le jour. Quand venait la nuit, ses glapissements plaintifs, presque ininterrompus, s'adressaient aux étoiles, à la lune qui se promenaient au-dessus du terrier natal.

Je souffrais des souffrances de mon prisonnier. J'aurais voulu retirer son collier, mais l'amour ne veut pas renoncer à la présence aimée et il faut beaucoup de générosité pour donner la liberté. Je n'en étais pas capable. Et comme toujours en pareil cas, je me croyais indispensable à son bonheur.

Quand je rentrais de l'école, il traînait sa chaîne pour venir vers moi. C'étaient alors des câlineries prolongées, et mon cœur débordait de tendresse: «*Fuchsela, Fuchsela*» (prononcer *ou*; *ela* est le diminutif) et je le serrais contre moi. Il haletait de joie et tout comme un chien était sensible à mes caresses.

Je lui mettais alors une grosse ficelle à la place de la chaîne dont le crissement de ferraille sur le sol avivait mes remords. Nous allions sur la route. Mais jamais il ne voulut se promener en chien. Il m'entraînait vers le fossé qui l'attirait toujours. J'y descendais alors moi-même. Il se mettait à creuser, à moins que, fasciné par le tunnel obscur d'un égout sous une entrée de cour, il ne tirât sur sa laisse au risque de la casser. Nous refaisions surface, non sans étonner les soldats qui passaient sur la route.

Les jours de congé ou pendant les vacances, j'invitais mes petites camarades du voisinage à venir jouer à cache-cache avec Fuchsela. Cela se passait dans la grange attenante à la maison, mais toutes portes étant fermées et maman prévenue.

Fuchsela, détaché, tout heureux de sa relative liberté, cherchait une sortie, fouinait un peu partout. Quant à nous, nous nous aménagions une cachette dans le foin entassé à mi-hauteur de la grange. Nous nous y enfouissions et ne respirions que grâce au petit creux laissé sous la tête, figure en dessous, reposant sur les bras croisés. Nous nous aidions mutuellement à bien nous ensevelir. Et puis je criais un « Ça y est ! » étouffé, comme à une camarade. Mon renard sautait alors sur le foin, signalait son approche par des reniflements, et ses pattes labouraient nos têtes et nos épaules. Nous poussions de grands cris et cela ne l'effrayait pas.

Il faut être enfant aimant pour réussir pareil dressage.

Je ne me souviens pas de ce que maman lui donnait à manger. Il grandit et grossit en quelques mois. Elle eut vite fait de découvrir comment il complétait ses menus. Notre basse-cour diminuait à vue d'œil. Maman comptait et recomptait. « Il en manque encore une... » Il devait se tenir coi et laisser la mère poule amener son petit monde dans son secteur, car de poussins il n'y en eut bientôt presque plus.

Mais maman ne put le prendre sur le fait, et pourtant elle l'accusait. Alors je protestais avec véhémence et l'innocentais.

« Et les plumes ? Il ne les mange tout de même pas ? Il n'y en a pas une seule ! »

Elle voulut en avoir le cœur net. Armée d'une bêche, elle alla bouleverser les galeries qu'il avait creusées autour de lui. Le cimetière apparut dans toute son horreur : des plumes — beaucoup de plumes — et quelques os avaient été enfouis. C'était signé.

Pour moi commencèrent les angoisses, y compris les angoisses métaphysiques. Pourquoi le Bon Dieu permet-il qu'un si gentil renard tue de non moins gentils poussins ? Toute la création m'apparut dans sa tragique et déroutante vérité.

Quand je revenais du village, j'allais d'abord voir si Fuchsela était toujours là. Je craignais que dans son exaspération maman, d'un coup de pied dans son petit derrière roux, ne le renvoyât chez les lièvres et les lapins de garenne.

Mais elle me dit :

« Maintenant qu'il a goûté à nos volailles, il reviendrait vider le poulailler. »

Tous les soirs, comme l'avaient toujours fait les soldats, les Américains se promenaient sur la route. Ils goûtaient la douceur de cette fin de septembre en attendant les événements et comparaient sans doute notre pays au leur. J'attachais Fuchsela au pied de la rampe d'escalier et mon petit renard faisait sensation.

« *Fox, fox !* » s'exclamaient-ils en traînant sur la voyelle (le o était plutôt un a). Cela ressemblait un peu à l'allemand *Fuchs*. Les lettres partant vers l'Amérique devaient parler de la rareté des chiens que l'on remplaçait quelquefois par des renards !

Les soldats faisaient longuement cercle autour de lui, mais quand on voulait le toucher, je l'emmenais derrière la maison.

Un soir, un officier américain tendit une pièce (de 5 francs, je crois) à maman et désigna le renard. Elle me regarda, inquiète et intéressée à la fois. Je ne dis rien et m'en allai pleurer derrière la maison. Moi, qui n'étais pas chiche de démonstrations et de refus spectaculaires, je me taisais devant l'inéluctable, car, la veille encore, il avait subtilisé la meilleure pondeuse, « une des dernières à pondre encore », avait dit maman.

Je m'abattis dans l'herbe et pleurai amèrement. Quand enfin je rentrai, je découvris une maman aux yeux rougis et je me jetai dans ses bras. Tout en me caressant les cheveux, elle psalmodiait des consolations tant pour elle que pour moi.

« Au moins chez eux, il aura beaucoup de viande. Ce n'est pas avec mes soupes qu'il serait devenu fort... Je sais bien qu'il avait quand même son compte... D'ailleurs, nous pouvons aller le voir quand nous voulons. Tu sais bien, les baraquements sur le grand pré face à l'épicerie Dietner. »

J'y allai tout de suite. Elle ne put m'en empêcher.

A la nuit tombante, assez près de la route, deux Américains plantaient un pieu. C'était pour l'y attacher. En ce moment, là-bas, dans la baraque éclairée, ils devaient tous être en train de se le passer dans les bras l'un de l'autre. Et les miens se tendaient dans le vide. Pourvu qu'ils ne l'agacent pas, car s'il les mordait, ils me le tueraient. Si j'avais connu leur langue, je crois que j'aurais osé aller leur donner des conseils.

Mon père, rentré d'Audincourt, approuva maman. Camille aussi, et il ajouta :

« Tu penses bien que chez eux il ne manquera pas de chocolat : une tablette à chaque dessert... »

Je le battis avec tout le ressort que me donnaient mon exaspération et ma douleur contenue.

Sévère, il me dit :

« En voilà des histoires pour un renard ! En ce moment ! Te rends-tu compte ? »

Maman hochait la tête. Elle ne pouvait que l'approuver. Mais elle ne dit plus rien: n'avait-elle pas été faible aussi?

Non, je ne me rendais pas compte.

Le lendemain, dimanche, on vit une fillette qui allait et venait sur la route et qui, en passant devant un renard, lui parlait doucement d'amour et de chagrin.

Et l'on vit un jeune renard tirant sur une longue corde et qui poussait de petits aboiements plaintifs: les mots d'amour de la bête à la petite fille.

Maman eut beaucoup de courses à me faire faire ces temps-là à l'épicerie, en général pour un seul article: une boîte d'allumettes, pour cinquante centimes de gruyère, une demi-livre de lentilles... Elle savait que la séparation totale était au-dessus de mes forces.

Un matin, il ne fut plus là. Les Américains étaient partis à l'aube. Je nourris alors le vague espoir qu'à la faveur du branle-bas de leur départ il se sauverait et — qui sait? — reviendrait dans les bois de Montreux. Libre.

Son passage dans ma vie ne fut pas vain. Je ne voulus jamais avoir d'oiseaux en cage, et, plus tard, la visite d'un zoo me laissa toujours un grand malaise.

Entre les animaux dits sauvages et moi existait un secret.

Un secret qui avait un œil malin et traînait une longue queue rousse.

Obus et proverbes

Si la propagande militaire et les journaux affirmaient « on les aura ! » (ce que le poilu complétait par « les pieds gelés »), si chacun s'efforçait de cultiver l'espoir, une seule chose était certaine : les jours s'ajoutaient aux jours et les malheurs aux malheurs. Dans le village, telle famille apprenait qu'un des siens, mobilisé dans l'armée allemande, était mort ; en général, c'était sur le front russe avant 1917, en Orient par la suite. Il y en eut ainsi quatre d'affilée. Ces deuils étaient doublement ressentis par les parents de ceux que l'on appellera plus tard les « malgré nous ».

Maman tremblait pour ses neveux, ceux de Mulhouse surtout. Mais un jour, une carte venue de Tizi Ouzou nous apprit que le cousin Édouard avait réussi ce dont rêvaient tant de jeunes Alsaciens, c'est-à-dire à fausser compagnie aux *feldwebels*. Après sa désertion, il fut incorporé dans l'armée française d'Afrique. Ses deux frères restaient sous l'uniforme allemand. Maman s'empressa de faire parvenir par la Croix-Rouge un mot à sa sœur disant, entre autres nouvelles anodines : « Mon filleul (c'était Édouard) va bien. »

L'intervention des Américains avait remonté le moral. Maman avait son idée là-dessus. « Pour venir de si loin, il faut que leur présence en vaille la peine et que cela se décide enfin. » Elle ignorait que depuis longtemps déjà il y avait des Canadiens, des Indiens, des Malais, des Australiens et des Sud-Africains qui venaient aussi de très loin.

Mais au printemps de 1918, trente-deux communes, dont la nôtre, furent averties de se tenir prêtes pour une attaque possible des Allemands. Les habitants devraient partir dès que sonnerait le tocsin.

Cette éventualité décida mon père à quitter l'usine d'Audincourt. Par beau temps, il était rentré tous les samedis, mais les intempéries l'avaient souvent retenu plus d'un mois à son lieu de travail.

A l'usine, on n'avait plus besoin d'une abondante main-d'œuvre pour la réparation des automobiles, car l'Amérique nous livrait maintenant un énorme matériel en ambulances, poids lourds, voitures de livraison, motocyclettes, tous ces véhicules flambant neufs.

Il se mit à la réparation des bicyclettes, si précieuses pour les civils, et il y en avait toujours quelques-unes dans notre cour, qui attendaient ses soins. Cela lui assura un gagne-pain convenable.

Au moment du danger, maman serait heureuse de sa présence, et pour le départ on serait ensemble. Les bagages étaient prêts.

Le danger vint sous la forme d'obus tirés à partir des hauteurs de Zillisheim, près de Mulhouse. L'objectif visé était à Belfort une importante usine de guerre. Mais il devait y avoir des apprentis canonniers qui n'étaient pas à quinze kilomètres près. Des obus de 380 tombèrent assez nombreux dans les environs, en particulier dans le potager de nos voisins, ce qui leur valut une énorme excavation et à nous un bombardement par betteraves de notre toiture.

Ouf! nous l'avions échappé belle!

Comment se garer de ces tirs maladroits? Il n'existait dans les campagnes d'autre abri que le foin qui, au moins, protégeait des éclats d'obus. Dès que nous entendions le coup sourd du départ et qu'un long sifflement traversait les airs, nous nous précipitions dans le fenil où une niche était aménagée pour quatre personnes, la quatrième étant, en l'absence de Camille, Seppi, le vieux célibataire habitant près du canal. Il arrivait en courant, haletait un bon moment. Mon père le faisait entrer sous la voûte de foin où maman et moi étions déjà blotties, et occupait lui-même la sortie. Quand la stridente onde sonore passait au-dessus de nous, nous retenions notre souffle. Nous attendions l'impact, le cœur battant. Mon père disait : « Du moment qu'il siffle ainsi, il va sur Belfort. » C'était toujours vrai. Heureusement, nous savions Camille dans un abri sûr. « A toute épreuve », nous avait-il dit.

Mon père agrandit la niche, y aménagea des couchettes, la rendit confortable. Moi, en aparté, je protestais contre la présence de Seppi : « Il sent mauvais. Qu'il se cache ailleurs. » Il est vrai que son vieux paletot dégageait les effluves aquatiques de tous les poissons qu'il avait éventrés et grattés, de toutes les grenouilles qu'il avait égorgées et déshabillées de leur peau. A quoi se mêlaient le relent aliacé d'un corps en sueur et le remugle de la chique gonflant sa joue.

« Voudrais-tu que nous laissions le pauvre homme à sa solitude et à la peur ? C'est de notre présence qu'il a encore plus besoin que d'abri », plaidait alors maman. Il est vrai que par son sang-froid, il émanait de mon père une impression sécurisante. Plus tard, à l'autre guerre, lorsque déferlera sur la région le début de la bataille d'Alsace, il abritera dix-sept personnes dans sa petite cave. Il éloignait la peur.

Je dus m'habituer bon gré mal gré à la présence de Seppi. Et même, j'y pris quelque intérêt. Je ne connus jamais Alsacien plus féru de dictons. Il n'émettait aucun jugement sans prendre à témoin la sagesse des ancêtres, « Ma grand-mère disait... », dont l'expression pittoresque me divertissait. Comme maman avait aussi son parler proverbial, c'était entre eux des joutes imagées.

Par exemple :

Maman :

« On parle d'une fin possible de la guerre, et *me redfo d'r Kelve bis se do esch* » (on parle de la fête votive jusqu'à ce qu'elle soit là).

A quoi le pessimiste Seppi répondait avec un soupir :

«*Bis dert ka noch a manke Mûss en a ander Loch schlupfe.*» (D'ici là, plus d'une souris pourra changer de trou.)

Au sujet d'une possibilité d'évacuation, Seppi paraissait satisfait :

« *Wit vom Gschetz gets alte Krieger.* » (Loin des canons on fait les vieux guerriers.)

Mais maman redoutait le départ et voulait se rassurer elle-même contre cette menace :

«*D'Suppe werd net so heiss gassa wie se kocht werd.*» (La soupe n'est pas mangée aussi chaude qu'on la cuit.) C'est-à-dire beaucoup d'histoires et peut-être pas de grand danger.

Parfois les propos de Seppi et de maman débouchaient sur de hautes considérations philosophiques :

Maman :

«Mon Dieu ! que c'est donc bête la guerre ! Comment les peuples peuvent-ils en arriver à se jeter dans toutes ces calamités au lieu de jouir d'une vie paisible ? N'étions-nous pas heureux avant la guerre ?»

Seppi :

« Ma grand-mère disait : « *Wenn's der Geiss (*prononcer Gaïss*) z'wohl esch, so scharrt sa.* » (Quand la chèvre est trop bien, elle gratte.)

En attendant, il y eut une accalmie dans les tirs, du moins chez nous. Seppi ne revint donc pas dans la niche au foin.

Et l'on ne parla même plus d'évacuation.

Pour une croix d'honneur

Les militaires avaient des marraines de guerre. Nous, les petites écolières d'Alsace, en avions aussi. Et même deux: une marraine d'Amérique et une marraine française.

La première m'envoya sa photographie: une grande et mince fille blonde, embarrassée de deux longs bras ballants, plantée raide dans une rue devant une enfilade de maisons basses précédées de vérandas à colonnettes.

Elle avait seize ans, mais elle me parut une dame. Son premier mot, en anglais, fut déchiffré par Camille sur une carte de « Birthday Greeting », car c'était juste mon anniversaire. Pour répondre à cette délicate attention, mon frère tourna à sa façon un mot de remerciements que je recopiai laborieusement. Encouragée, l'Américaine m'écrivit une longue lettre. C'était trop de considération pour la petite fille, et trop ardu: traduction, brouillon d'une nouvelle lettre par Camille... Notre correspondance en resta donc là. Je dus décevoir l'Amérique.

Je me débrouillai mieux avec ma marraine française, de Mirande, puisque nos échanges de lettres s'étalèrent sur près d'un an. Mais c'était pour moi un pensum, car, si j'avais du plaisir à lire ses lettres primesautières, où elle me narrait sa vie, je peinais pour lui raconter à mon tour mes occupations qui ne ressemblaient pas aux siennes. C'est qu'elle avait quatre ans de plus que moi. Quand je lui parlais poupées, elle me répondait amourettes. Son père, un instituteur veuf, étant mobilisé, on l'avait mise dans une pension, ce lieu où mijotaient autrefois en vase clos les élans romanesques des adolescentes. S'il était souvent question de maîtresses sévères ou — selon elle — sottement indulgentes, de surveillantes presque du même âge, troublées elles aussi et parfois de connivence avec les élèves pour laisser enfreindre le règlement, elle me parlait surtout d'un amoureux qui, lors d'une sortie, l'avait ni plus ni moins embrassée sur la bouche. J'étais dégoûtée : un baiser inappétissant et sans doute quelque peu suffocant. Chez nous, on embrassait sur les joues...

Ainsi allaient, cahin-caha, ces échanges épistolaires entre une fille de quatorze ans qui sortait de sa chrysalide et une gamine de dix ans au plus épais de son cocon, encore protégée pour quelque temps contre les brises amoureuses.

Le coup de grâce à cette correspondance ne vint pourtant pas de ce déséquilibre des mentalités.

Sans doute mue par le désir louable d'être une marraine responsable — au moins une fois —, elle me questionna un jour sur mon travail de classe — si j'aimais le français, les mathématiques (c'était son « fort ») et si j'avais souvent la *croix d'honneur*.

C'était la récompense attribuée mensuellement au meilleur ou à la meilleure élève.

Non, je ne l'avais jamais eue.

Mais pouvais-je faire cette confession humiliante ?

Je ne répondis pas, et non plus aux lettres suivantes s'étonnant de mon silence. Ainsi se rompit le fil artificiel qui avait uni quelque temps une jeune fille du Gers à une petite fille d'Alsace.

Cette fin en cassure me laissa une impression de malaise. Moi, qui ne m'étais souciée que de jouer, j'eus le sentiment d'une infirmité. Je n'avais même pas pour m'en distraire la présence des militaires. Pendant plus d'un mois, il n'y en eut plus chez nous.

J'essayai de m'appliquer en classe et de faire bon usage des plumes « Gauloises » et « Sergent-Major » que le maître nous distribuait toutes les semaines. Mon écriture s'améliora. Mais je n'étudiais pas mes leçons et ne faisais pas mes devoirs du soir. Après quatre heures, j'étais une mère de famille très accaparée par mes enfants et j'oubliais tout le reste.

Il advint que maman s'en mêla aussi. Jusque-là, uniquement absorbée par les succès de Camille, elle avait été indulgente pour ma paresse, mes étourderies, ma passion du jeu. Voici qu'elle changea d'attitude. Elle me jugeait intelligente. Alors, pourquoi donc ne lui donnais-je aucune satisfaction d'amour-propre? « Cécile a eu la croix d'honneur », « Maria a eu la croix d'honneur », « Émilie a eu la croix d'honneur ». Elle répétait ces deux mots avec véhémence, comme si elle avait voulu les enfoncer dans mon entendement. « Croix d'honneur. » « Pourquoi pas toi? »

Ah! Elle avait trouvé: je m'occupais trop de mes poupées.

« A ton âge! Distribue-les, tes poupées, à d'autres enfants... »

Comme elle devinait que, par jalousie, j'en étais incapable, elle ajouta — ô combien à la légère:

« Ou brûle-les. »

Les parents, qui ne voient pas toujours leurs recommandations, leurs ordres suivis à la lettre, ont tendance à croire que leurs paroles se perdent dans une indifférence épaisse et ne s'impriment aucunement dans l'âme d'un enfant. Qui peut savoir toutes les conséquences d'un mot, d'une phrase que l'impatience, la déception ont lâchés au-dessus de cette terre molle et vierge de la conscience enfantine et qui s'aventurent comme la graine hésitante, d'abord balancée par la brise et qui soudain se fixe au sol et va, demain, pousser des racines?

Je devais brûler mes poupées. Maman l'avait dit.

Pourtant, j'étais en général ergoteuse et montais sur mes grands chevaux quand je croyais rencontrer l'injustice; mais cette nouveauté dans le comportement de maman me désarçonna. J'admis qu'elle devait avoir raison. Un an plus tard, ce sera différent. Je jugerai et contesterai les ordres — tous les ordres. Une crise de croissance.

Une circonstance — il y a toujours des « circonstances » pour précipiter les êtres à leur perte — hâta le dénouement.

Un jeudi après-midi, je restai seule à la maison et j'étais chargée d'alimenter la cuisinière en bûches. Mes quatre poupées étaient là dans le landau. L'une après l'autre je les pris dans mes bras et leur parlai, non pas comme les autres fois, mais en imprimant à tout ce que je disais une valeur de souvenir. Déjà en épitaphe.

A Bernadette : « Tu as toujours été sage ; Camille dit que tes yeux sont des myosotis. Tu as l'air étonné. Ne me regarde pas comme ça. »

A Dorothée : « Tu es une fille riche. Tu as une robe de velours rouge et une ceinture de soie bleu ciel, mais tu n'as pas de chapeau. Maman n'a pas eu le temps d'en faire un. Il aurait caché ta tête, car tu n'as plus beaucoup de cheveux. »

A Suzanne : « Toi, pourtant la plus jolie, tu as eu ta joue de porcelaine fêlée. C'est à cause de l'auge de la pompe chez Cécile. Je t'avais cognée sur le rebord. Je suis rentrée en hurlant et maman a dû me bercer longtemps pour me consoler. Je gémissais : "Ma Suzanne, ma Suzanne." »

A Ursula : « Tu es la plus petite et la plus fragile. » En effet, sa figure en carton peint était couverte des plaies de la peinture écaillée. Le nez était gris. Les cheveux étaient maintenant de la ficelle cardée et mal collée. Il lui manquait une jambe. Elle avait eu assez de malheurs, la pauvre estropiée. Je la mis de côté pour ne pas mêler son destin à celui des autres.

Un jour gris entrait dans la cuisine. Le feu crépitait dans la cuisinière. Je laissais couler le temps, ce temps qui était encore un peu celui de la douceur et qui m'était compté — je le sentais — et que je voulais vivre en intensité alors que déjà un vertige m'habitait.

Il est quatre heures. Il vont bientôt rentrer. Soudain, j'entends un bruit à la porte. Mon cœur saute dans ma poitrine. Vite le tisonnier. J'enlève le rond central et les deux anneaux, et les trois petites formes disparaissent dans le feu. Je referme l'horrible trou quand la voix d'une voisine me parvient :

« Tes parents sont-ils là ?

— Non. »

Elle s'en va.

Je me jette sur le sol, secouée de sanglots, submergée par un désespoir incommensurable et qui — je le pense alors — n'aura jamais de fin.

Maman me découvre délirante. Cela durera trois jours. Un médecin militaire m'examinera. De la fièvre. C'est tout.

Je revins à moi. Mais, avec mes poupées, quelque chose s'était consumé dans les flammes : un bonheur confiant de petite fille trop brutalement anéanti. Je ne regardais même plus Ursula la rescapée. Je me jetai dans le travail scolaire comme certains adultes dans l'alcool.

Je n'avais pas de remords. Je n'avais pas commis de crime puisque les grandes personnes me souriaient, me fêtaient car, bien entendu, dès ce mois-là, je décrochai la croix d'honneur et ne la lâchai plus.

Moi seule en connaissais le prix.

Patriotisme à l'école normale

Maman se faisait du souci pour Camille. Il était depuis quelques mois à l'école normale de Belfort. Heureusement, un vaste abri était aménagé dans les sous-sols. Quand il rentrait, il nous rassurait et racontait sa vie. Promu major, il s'épanouissait dans une atmosphère studieuse où le civisme avait sa large part. Le professeur d'histoire, mutilé d'une jambe depuis 1914, entretenait légitimement l'esprit cocardier. Le directeur nuançait ses sentiments patriotiques d'un humanisme à la Jaurès. Il prenait très au sérieux le jeune Alsacien qui avait le privilège de confronter deux cultures. Des écrivains, dans les *Cahiers alsaciens*, n'avaient-ils pas dit avant la guerre que la « culture alsacienne était faite des apports successifs et simultanés du génie allemand et du génie français », que « l'Alsace ne devait pas être un glacis, mais un pont ? »

De tout cela, il ne pouvait être question pour le moment. On verrait plus tard.

Des brochures du ministère de l'Instruction publique et des Beaux-Arts étaient diffusées auprès des normaliens pour leur expliquer les *Raisons de tenir*, avec le discours de M. Ernest Lavisse. M. Paul Deschanel, le futur Président de la République, dans les *Commandements de la Patrie* édités par la Ligue de l'Enseignement, incitait « toute la France à être debout pour la Victoire du Droit ». Les *Programmes des réunions civiques et familiales*, qui proposaient des textes littéraires d'une haute tenue civique choisis par Maurice Bouchor, devaient servir dans les classes des futurs enseignants. Mais surtout, l'idéal moral des maîtres était exalté dans les ultimes écrits d'instituteurs morts au front et qui léguaient à leurs cadets des pensées sublimes sur la patrie, la justice, l'humanité. Ces écrits seront publiés en 1919 dans un petit recueil[1].

La ferveur des normaliens était à la mesure des circonstances. D'ailleurs, en ce printemps de 1918, un souffle d'espoir, un grand élan parcourait la France. L'on était loin des doutes de l'année précédente. L'on s'en apercevait aussi dans notre petit village : nous ne vîmes plus jamais de déserteur entre deux gendarmes.

Un samedi soir, Camille rentra et hurla de joie :

« J'ai vu Mulhouse !

— Comment ! »

Un officier, l'ayant pris en amitié, l'avait emmené dans les tranchées, aux avant-postes, du côté du Pont-d'Aspach, en

1. Extraits de la brochure *L'Idéal moral de nos maîtres*, publiée par le ministère de l'Instruction publique et des Beaux-Arts.
L'Honneur professionnel : Nous continuerons la lutte à outrance. Nous irons à cœur joie jusqu'au bout. Il faut qu'après la guerre l'on puisse dire : « Les instituteurs sont des braves gens. Ils ont fait vaillamment leur devoir. Nous avions tort de les accuser d'antipatriotisme. Il faut réparer cette injustice. » Et cela, nous l'obtiendrons en nous sacrifiant tous, s'il le faut, pour le triomphe de notre Chère Patrie. Frédéric Bonnefous, instituteur à Brasc (Aveyron), mort à l'ennemi en novembre 1915. — *Pour l'Union* : Tous les Français se sont battus. Tous devront s'estimer et s'aimer. Celui qui oublierait en parlant à un Français qu'il parle à un frère d'armes serait honni. Octave Bessière, élève de l'École normale supérieure, mort prisonnier de guerre à Ingolstadt le 6 novembre 1915. — *Compassion* : Dans cette triste guerre nous sommes, malgré toutes les souffrances morales, des privilégiés à côté de la détresse de tant d'hommes dont beaucoup sont des « Envahis », pères d'une nombreuse famille et totalement privés de nouvelles des leurs, les pauvres gens ! Abel Dodeman, inspecteur primaire des Ardennes, mort à l'ennemi le 25 avril 1915. — *Pour ceux qui viendront après nous* : Le fleuve de sang coule toujours plus fort vers une humanité meilleure, puissent les hommes futurs recevoir un peu de la sagesse qui était en nous ! Henri-Ary Chardon, étudiant à la faculté des lettres de l'université de Paris, mort à l'ennemi le 22 août 1918. — *Le Devoir* : Je m'attends à tout. Mais peu importe ! Si je succombe, j'aurai fait mon devoir. Paul Fischer, agrégé de l'université, mort à l'ennemi le 29 octobre 1914.

direction de Cernay. Sa casquette de normalien pouvait l'assimiler à quelque militaire. Il vit nettement au loin les cheminées d'usines et les églises de sa ville natale. En le racontant, il avait les larmes aux yeux et maman, émue, se mouchait. Mais aussitôt, elle lui fit promettre de ne plus retourner au front. Il promit tout ce qu'elle voulut : l'exploit était du passé.

11 Novembre

A la 11e heure du 11e jour du 11e mois de ma 11e année, c'est l'armistice. Un lundi. Il est vrai qu'il a été signé à 5 heures du matin, mais il n'a pris effet et n'a été communiqué aux troupes et à la population qu'à 11 heures.

Depuis un certain temps circulent les bruits d'une cessation possible des hostilités. Nous n'avons pas de journaux. Ceux qui en lisent sont informés que le front ennemi se rompt de toutes parts. Pour le reste, ce ne sont que supputations. Maman espère, doute, alternativement. Hier encore, dimanche, mon père et Camille l'ont assurée d'un prompt dénouement, mais voici qu'une nouvelle semaine d'incertitude commence.

Je viens de rentrer de l'école et me tiens à la cuisine avec maman. Nous sommes seules, car depuis la mauvaise saison, mon père n'ayant plus guère de bicyclettes à réparer, et nostalgique de camaraderie, a repris le chemin de l'usine. Soudain, nous percevons une cavalcade effrénée et une voix mâle essoufflée : « L'armistice est signé ! » Nous nous précipitons dehors et déjà, vers le canal, un cavalier brandissant un drapeau disparaît en direction de Montreux-Vieux.

Tout le monde est dehors. Chacun a bien entendu, mais veut avoir confirmation par les autres. Les cloches sonnent. Maman me soulève et danse, ne cessant de répéter: « C'est fini, fini, fini ! Nous irons à Moos, nous irons à Mulhouse ! » Pêle-mêle reviennent les noms de Tante Eugénie, Tante Nanette, Oncle Émile, Amélie son amie. Je suis abasourdie. Et puis, elle se calme. Je fais un tour dehors. Dans les cours, sur la route, civils et militaires trinquent. Cette joie qui fait déborder les verres, elle m'est étrangère. Je rentre. Où en est maman? Je ne comprends plus rien: assise, elle s'essuie les yeux et se lamente: « Et dire qu'hier encore, ce matin même, tout à l'heure, des hommes se sont fait tuer. Jusqu'à la dernière minute. » Oh ! ce dernier mort, comme il lui fait mal ! Elle se tient la tête. Voilà de nouveau une migraine à soigner, une compresse humide sur le front. Elle a eu trop d'émotions.

Au-dehors, les imaginations s'échauffent. Il est question du cavalier au drapeau.

« Il vient de Seppois, affirment les uns.

— Impossible, disent les autres ; à l'allure où il va, son cheval serait déjà crevé.

— Il le sera certainement. »

Cela me fait bien de la peine. Sacrifier un pauvre cheval pour cela ! Je n'ai jamais pensé aux milliers de chevaux de la guerre. Innocents des entreprises funestes des hommes, ils ont dû partager leur terrible sort. Aujourd'hui, cela m'est perceptible, très sensible.

Vers deux heures, mon père arrive à bicyclette, suivi de peu par Camille. Peugeot débraye sur ordre, et l'école normale a donné congé aux élèves. Ils se jettent dans les bras de maman que leur présence guérit de sa migraine. Ils mangent une bouchée, moi aussi. Comme maman, j'avais oublié l'heure du repas. Nous vivons sur une autre planète.

Quelque chose me tracasse. Je m'en ouvre à maman: j'ai besoin de savoir ce que feront tous ces soldats qui occupent le village.

« Ils vont tous repartir chez eux, dit-elle joyeusement.

— Et le village, alors, il sera vide?

— Et nous, nous sommes bien là, et tous les habitants de toutes les maisons. »

J'essaie d'imaginer cela.

Sans le va-et-vient des soldats, je ne vois qu'un désert.

C'est une vraie catastrophe !

Que l'on ne croie pas à l'exagération des impressions d'une enfant. Soixante ans après (en 1978), j'eus le grand plaisir de revoir, en Alsace, un de mes camarades, instituteur retraité et qui avait neuf ans à la fin de 1918. Joseph et moi évoquions le passé. Spontanément, il me dit :

« Me croiras-tu ? L'armistice, la fin de la guerre, me paraissait la fin du monde. Plus de soldats chez nous ! Impensable ! J'étais désespéré. »

Mission patriotique

Elle fut longue, la récréation du lendemain. Elle dura toute la journée. Après une causerie sur le prix de la victoire — ce qui nous attrista — et une *Marseillaise* de circonstance, on nous mit en récréation — ce qui nous enchanta.

Dès le lendemain, les événements me concernèrent personnellement : une note des autorités invitait notre maître civil à se joindre avec quatre de ses élèves au groupe de jeunes Alsaciens de la zone libérée pour défiler à Paris le dimanche 17 novembre. Émilie et moi ayant des costumes d'Alsaciennes (depuis 1916 maman m'en avait confectionné un, authentique, cette fois), nous fûmes désignées avec deux garçons pour partir. Nous devions prendre le train le vendredi matin.

Le jeudi, pendant que nos mamans amidonnaient, repassaient, cousaient fébrilement, Émilie et moi traînions notre gloire à travers le village, dans un jour brumeux. Nouvelles Jeanne d'Arc conviées au triomphe de la patrie, nous bivouaquions à droite et à gauche chez tous nos camarades, en mangeant des tartines. On nous disait : « Vous en avez de la chance d'aller à Paris ! » Je me rappelais la confusion d'une grand-mère moribonde mêlant les mots « Paradis... Paris... ».

Le voyage n'eut rien de triomphal. Notre wagon de bois

cahotant, usé par quatre années de transports militaires, traversait de mornes paysages et était longuement immobilisé dans les tristes gares. Partis à 7 heures, nous arrivâmes à Paris le lendemain à 1 heure du matin, la plupart malades, vomissant. Nous fûmes accueillis dans un home de la rue Eugène-Delacroix par des femmes sans cervelle qui nous servirent en cette nuit froide une salade de pommes de terre avec des saucisses. Mais un bon sommeil remet un enfant d'aplomb.

Nous fîmes connaissance avec des filles plus âgées que nous, de Thann, de Masevaux, de Dannemarie. Les garçons se regroupèrent de leur côté. Certaines des filles avaient des apartés mystérieux: Unetelle avait des ennuis...

J'ignorais de quoi elles parlaient. Leurs ricanements nous gênaient, Émilie et moi. Heureusement, l'après-midi, on nous emmena, costumées, aux Invalides. Pour les garçons, l'essentiel de cette visite n'était pas le tombeau de Napoléon. Tous s'attroupèrent devant le *Vieux Charles*, l'avion de Guynemer, alors exposé dans un hall des Invalides. Quant à nous, les filles, notre préoccupation ce jour-là et les jours suivants fut l'achat de souvenirs et de cartes postales de tous les monuments afin de bien authentifier notre séjour parisien. Nous dévalisions les marchands.

Le dimanche 17 fut le grand jour. Le matin, parmi les fanfares, les drapeaux, nous assistions à une cérémonie place de la Concorde: on enlevait le grand crêpe noir qui recouvrait la statue de Strasbourg. Après le commandement « Présentez armes ! » et une vibrante *Marseillaise*, nous chantions : « Dis-moi quel est ton pays. » L'après-midi, nous allions participer au premier grand défilé de la victoire. Il faisait assez beau. Les Champs-Élysées étaient noirs de monde. On nous acclamait: « Vive l'Alsace ! » et aussi: « Vive la Lorraine ! » car il y avait quelques bonnets lorrains parmi nous. Dans la foule, un vieillard nous bénit d'un grand signe de croix. Mais dans le cortège, la bêtise enfantine fit courir un bruit pour le moins imprévu : « C'est un sorcier... » Pendant ce temps, Paris attendri nous aimait et nous applaudissait. Nous fûmes ensuite conviés à une réception dans une salle splendide. Des officiels remirent des décorations à nos accompagnateurs. Là encore, la verve insolente des gamines se donna libre cours: «Quand on a épinglé la Légion d'honneur sur la poitrine de Mme X, cela a fait pff. Maigre comme elle est, elle a de faux seins en caoutchouc...» Je n'avais jamais ouï pareil langage où il est question de seins, de surcroît en caoutchouc et qui font pff... Le goûter nous fut servi par les plus grandes dames de France: Mmes Poincaré, Deschanel, Foch, de Castelnau et beaucoup d'autres. Elles nous souriaient.

La soirée se prolongea à cause des discours entrecoupés de couplets patriotiques chantés par de belles dames à la gorge avantageuse, cantatrices de l'Opéra, ou de déclamations superbement enlevées (nous en avions la chair de poule) par des artistes de la Comédie-Française.

Lestées de chocolat crémeux, de gâteaux, de sucreries, nous étions béates. Pas pour longtemps. Nous commencions à avoir des fourmis dans les jambes et furtivement, les unes après les autres, nous quittions nos tables. Les garçons, dans leur coin, étaient plus disciplinés, sans doute mieux surveillés. Après couplets et tirades, les grandes personnes devisaient entre elles.

A nous, l'immense couloir et l'escalier monumental qu'accompagnait, sur plusieurs étages, une rampe de marbre. Nous eûmes vite fait d'en découvrir les propriétés glissantes. C'est ainsi que je célébrai la fin du cataclysme en lustrant une rampe patricienne avec le fond de ma culotte. Mon grand nœud d'Alsacienne battait des ailes dans les tournants.

Démobilisation

Le village ne fut pas d'emblée vidé de soldats. Il devint lieu de transit pour ceux qui, venant du front en camion, retournaient chez eux par le train en gare de Montreux-Vieux. Ils passaient par l'intendance pour y recevoir le dernier ravitaillement : une boule de pain, du vin, une boîte de « singe » et une de pâté. En général, ne les intéressaient que le vin et le pâté ; cependant fort peu renonçaient au pain et au « singe ». Pour ne pas « engraisser » ceux de l'intendance qui eussent pu, selon eux, le revendre aux civils, ils allaient à la queue leu leu toucher tout ce à quoi ils avaient droit et jetaient dans le fossé voisin, tout boueux, pain et boîtes de « singe ». Quand nous revenions de l'école, le pain avait disparu, mais nous avions l'œil assez exercé pour distinguer au fond du fossé, ici et là, une arête irisée bleue ou rouge. Nous déterrions des trésors. C'étaient des conserves de bœuf, ce fameux « singe » venant d'Argentine et d'un très bon goût. Maman l'accommodait de toutes les façons, chaud ou froid, et il m'en reste un souvenir gourmand.

Les soldats en partance ne nous parlaient guère. Ils avaient assez vu ces populations du front et se réjouissaient de réentendre un autre accent.

Seuls, les officiers s'attardaient pour un dernier adieu entre amis. Chez nous, ils commandaient une choucroute et souvent payaient à maman le double du prix demandé : « J'en ai mangé pour deux », disaient certains. Il est vrai que les platées étaient fort généreuses, selon une habitude bien de chez nous. Ils mettaient des disques sur le phonographe, entre autres : « Quand Madelon... », chanté par Marcelly, de la Gaîté-Rochechouart et repris par des chœurs. Si je connais ces détails, c'est qu'ils nous ont laissé ce disque en souvenir.

Dans les éclats d'une joie bruyante, ils juraient de rester fidèles jusqu'à la mort à l'amitié scellée au front. Ils tiraient des photos, moi, en Alsacienne, parmi eux. Elles seront regardées plus tard, par certains avec un sourire ému, par d'autres avec mélancolie comme on regarde l'image de ce qui est bien fini. L'amitié éternelle subira le sort de tous les sentiments humains quand l'éloignement, les obligations professionnelles et familiales, le retour à la hiérarchie civile et surtout l'euphorie de la paix revenue effilochent les projets et les rêves tissés en pleine tourmente. Mais pour ceux que les paroles engagent dans la sincérité de leur cœur, une frange de regret nostalgique borde à jamais les souvenirs.

Moi, je pensais que leurs dames, après avoir jeté un rapide coup d'œil sur la photographie du mari, devaient contempler mon beau costume, en particulier le corselet de velours tout neuf que maman m'avait confectionné pour mon voyage à Paris, parce que l'ancien était vraiment devenu trop court. Je grandissais beaucoup.

Après la tempête

Les événements n'arrivent à peu près jamais comme on les imaginait.

Le retour du Wurtemberg de l'oncle Émile fut triste: sa femme était morte là-bas. Sa fille, âgée de quinze ans, fut promue maîtresse de maison avec une importante charge de famille: trois frères plus âgés qu'elle et un autre de dix ans. Pauvre brave Marie! Elle avait été à l'école allemande et, à son retour en Alsace, elle restait confinée au logis en proie à ses multiples occupations et ne parlait donc que le dialecte aussi bien avant qu'après son mariage avec un garçon du village. Elle n'entendait le français que rarement et n'osa jamais, par la suite, affronter des interlocuteurs français. Ainsi en fut-il de pas mal d'Alsaciens de cette génération et de cette région toujours balayée par les vents de l'histoire et dans une situation particulière. C'est ce que n'admettaient pas toujours ceux qui venaient de « l'intérieur » ; ils disaient : « Est-on en France ici, oui ou non? »

Bien entendu, la ferme ne pouvait plus recevoir toute la parenté pour les réunions familiales dont maman avait rêvé pendant quatre ans. Tout de suite, Camille se rendit à Mulhouse, à bicyclette, et retrouva quelques-uns de ses condisciples de la *Mittelschule*. Pour aller voir ses sœurs par le train, maman dut attendre que le viaduc de Dannemarie, détruit dès 1914, fût reconstruit. Et elles non plus ne purent venir la voir. Et puis, tout le monde avait des préoccupations de réinstallation dans la paix.

Tous les projets furent sérieusement contrecarrés par une terrible maladie, la « grippe espagnole » (je ne sais pourquoi ce qualificatif) qui, ayant atteint soixante-quinze pour cent de la population en 1918-1919, aurait tué trente millions de personnes à travers le monde. Elle avait déjà fait beaucoup de ravages en Allemagne, surtout parmi les enfants sous-alimentés, puis à Paris. Elle pénétra aussi chez nous.

Un jour, Camille rentra de l'école normale. A peine eut-il ouvert la porte que, sans pouvoir articuler un mot, il tomba de tout son long dans le couloir. Il avait perdu connaissance. J'aidai maman à le transporter sur un lit. Commença, alors, une lutte contre la mort. Le médecin n'avait que de faibles moyens à sa disposition. Pour éviter la contagion, nous portions, maman et moi, des sachets de camphre sur la poitrine. La robuste constitution de Camille eut le dessus. Un mois plus tard, il retourna à l'école normale plein de zèle et de projets.

L'ensemble de la famille se tira par miracle sans dommage de l'épouvantable épidémie.

La guerre avait laissé d'autres séquelles, psychologiques celles-là, surtout chez les jeunes. Pour beaucoup d'entre eux, l'adaptation à la vie civile ne se fit pas sans quelques difficultés. Chez l'oncle Émile, ce fut un drame. Auguste, l'aîné, avait été, dans l'armée allemande, sur le front russe. A son retour, il séjourna quelque temps dans le Wurtemberg chez une bienfaitrice de la famille qui s'était occupée des réfugiés. Sa bibliothèque était très fournie en ouvrages philosophiques. Ce fils de paysans, dont les événements de 1917 avaient déjà sapé les bases, se jeta sur les philosophes avec la certitude qu'ils l'aideraient dans sa révolution personnelle. Il n'en comprit pas grand-chose, mais se considérait comme un intellectuel et se rebella contre toute autorité. Rentré chez lui, il déclara, à l'ahurissement de sa famille, qu'il ne serait plus paysan (lui, l'aîné, destiné par les usages ancestraux à recueillir la ferme familiale) et, au grand scandale de tout le village, qu'il n'irait plus à la messe.

Il vivait d'expédients, tâta quelque temps de la mécanique, pour « diriger », disait-il, un jour une entreprise, bricola des vélos chez mon père et enfin découvrit une occupation fort lucrative. La région était truffée de mines et d'obus non éclatés. La poudre se vendait fort cher pour les carrières, à nouveau très exploitées pour la reconstruction des villages détruits. Il ne s'agissait que de récupérer la précieuse marchandise. Il savait dévisser ces engins et il s'affaira ainsi tout un été. Un après-midi, tout le monde était aux champs pour la récolte de pommes de terre. Soudain une déflagration ébranla l'air, fit trembler le sol. Les paysans se signèrent, disant : « C'est Auguste ! » Ceux qui accoururent sur le lieu de l'explosion ne trouvèrent qu'une partie de lui se vidant par le ventre. D'une bouche sanguinolente vint encore un murmure : « Tuez-moi ! » Le reste de sa personne, ses membres étaient dispersés en lambeaux dans les arbres du voisinage.

La famille de mon père avait aussi payé son tribut à l'hécatombe. Il apprit assez tardivement que deux de ses frères avaient été tués sur le front russe. Il renonça à redevenir cheminot comme on le lui proposait. Pour gagner le pain de sa famille, il avait mieux à faire. Tout le monde avait besoin de bicyclettes. Après avoir réparé les anciennes, il vendit des neuves. Nous tenions la marque *Favor*. La *Stuwe* devint magasin avec quelques modèles de bicyclettes. Des rayons étaient surchargés d'accessoires. Les pneus s'entassaient dans le coin où autrefois trônait le phonographe avec son énorme pavillon, maintenant relégué au grenier. Les jeunes garçons venant admirer le vélo promis par marraine ou parrain humaient avec délices l'odeur du caoutchouc. Au mur, sur une affiche publicitaire, Bibendum, hilare, distendait son ventre de pneus Michelin superposés et faisait face à une accorte demoiselle à jupe courte en corolle, croisant de belles jambes haut lacées assise dans un cerceau de pneus Bergougnan.

Tous les dimanches, Camille rédigeait les commandes, s'occupait des factures. La clientèle affluait. Elle était satisfaite. Le « service après-vente » de ce temps-là était inespéré pour nos clients: celui qui avait acheté une bicyclette chez nous pouvait la faire réparer gratuitement jusqu'à usure complète, ce qui pouvait durer fort longtemps. On ne payait que les pièces de rechange. Les besoins de notre commerce firent bientôt éventrer la *Stuwe* pour la mise en place d'une devanture, orgueil de mes parents.

La pièce resta cependant *Stuwe* jusqu'à l'été 1919: on y fera encore le repas de ma première communion, qui était prioritaire. Cependant, à part le curé du village, nous n'eûmes pas d'invités. Cela se passa le dimanche de Quasimodo, appelé chez nous « dimanche blanc ». Blanc, il l'était, et abondamment, avec vingt centimètres de neige... Maman en était désolée. Elle avait trouvé à Belfort des chaussures blanches en satin, très avantageuses. C'étaient en réalité des souliers de bal. J'allai jusqu'à l'église en sabots, maman portant mes « ballerines » dans un cabas. Je ne fus pas seule à me chausser dans le fond de l'église. Naturellement, restée trop longtemps à jeun, je m'évanouis au *Pater Noster* et je récidivai le lendemain pour ma confirmation. Mais pour la toute dernière fois.

A l'école, nous n'avions plus que notre instituteur civil. C'était l'année du certificat d'études. Je travaillais bien, faisais consciencieusement mes devoirs et ne déambulais plus dans le village, paresseusement pelotonné dans la paix de ses vergers. Quelques automobiles seulement passaient sur la route qu'on allait bientôt goudronner, en même temps qu'on nous promettait l'électricité.

Début juillet, à ma grande surprise, je fus reçue première du canton au certificat d'études. Mon succès était assorti d'une bourse importante valable pour l'internat du cours complémentaire d'Altkirch, le chef-lieu d'arrondissement. C'était écrit sur un papier officiel. Maman était ébahie. Une pareille somme d'argent ne se laisse pas perdre. « Veux-tu faire des études ? » Sans enthousiasme, j'acceptai cette offre du destin. Il n'était pas d'usage, en ce temps-là, de faire étudier les filles. Les voisines blâmèrent maman: une fille se devait au ménage. Elle les laissa dire. Elle était très fière de mon succès. Quand, à la première occasion, elle en parla à ses sœurs de Mulhouse, celles-ci se récrièrent: « Pauvre petite ! Avoir passé son enfance au front, dans le danger, et aller maintenant se casser la tête ! Quelle triste enfance, sans jeux, sans joies, elle aura eue ! » Elles ne savaient pas, elles, que je n'avais pas été à plaindre, car une petite fille, lorsqu'elle a gardé ses anges protecteurs — et j'avais eu cette chance — trouve malgré tout, dans les chemins envahis par la guerre, la place suffisante pour y tracer une marelle.

Le dialecte alsacien

Dans le texte — cela va de soi —, je n'ai employé, sauf exceptions, que le français; mais il est évident que tout ce qui fut dit avant 1914 l'était en alsacien (ou en allemand). Après la guerre, l'habitude nous était restée de parler le dialecte en famille puisque maman, comme beaucoup d'autres Alsaciens, avait des difficultés dans l'élocution du français. Mais très tôt, dès 1915, en dehors des parents, mon frère et moi, par un accord tacite, par un certain plaisir et même un plaisir certain, ne parlions que le français.

Notre dialecte est germanique. Tel qu'il est parlé à Mulhouse, il s'étend, à travers l'Allemagne, le long d'un parallèle, jusqu'en Autriche. Il me fut donné de m'en rendre compte en Forêt-Noire par un tonitruant *Gott verdāmmi* » lancé par un charretier et, dans un *Gasthof* du Vorarlberg où, installée dans la salle des autochtones, j'entendis des paysans dire en entrant : *Do esch noch Plātz* (Ici il y a encore de la place) exactement comme chez nous. J'écoutai ensuite un langage familier à nos auberges sundgauviennes, sauf que je perçus des propos singuliers : *Mer han dr Krieg verlore un se zāhle dafer* (C'est nous qui avons perdu la guerre et ce sont eux qui paient). C'était l'époque de la conversion du franc, préjudiciable aux voyageurs français.

Et pourtant ! si d'autres le parlent aussi il me semble qu'il est bien à nous, notre dialecte. Avec lui, nous avons pu traverser tant d'épreuves en gardant notre identité et bravant les interdits dès 1871. Mais notre langage fut encore davantage un moyen pour narguer l'ennemi au temps des nazis : on sait qu'en Alsace il fallait, en entrant dans un lieu public, prononcer le fameux *Heil Hitler* à la place du *Bouchour* d'autrefois. L'Alsacien qui pénétrait dans une auberge lançait : *Ei Liter* (un litre). Cela sonnait pareillement et vous défoulait, ô combien !

Notre dialecte n'est pas le même du sud au nord de l'Alsace. Près de la frontière suisse il s'apparente au suisse alémanique guttural et chantant. Le strasbourgeois est très différent du mulhousien. Une pomme de terre est *Grumbeere* dans le Bas-Rhin et *Hardäpfel* dans le Haut-Rhin, de même qu'une *Köche* (tarte) du nord est une *Waïa* au sud. Par un certain complexe, il nous paraît, à nous autres Sundgauviens, plus distingué, raffiné dans le nord, mais en revanche plus sonore, plus convivial autour de Mulhouse. Je prends cela sous mon bonnet !

Quel est l'avenir du dialecte ?

A part les personnes très âgées, il n'est pas concevable qu'il y ait aujourd'hui des Alsaciens ne sachant pas le français. L'inquiétant est que les jeunes générations oublient l'alsacien. Et ce serait grand dommage, car c'est un beau langage.

Il est concis. Que l'on s'en réfère à la remarque de tante Eugénie après la messe : « Il leur a dit leurs quatre vérités. » En alsacien c'était *Da hāt se ne gsaït !* Évidemment la traduction aurait pu être : « Qu'est-ce qu'il leur a passé ! » Mais tante Eugénie parlait correctement...

Il est riche. L'alsacien, issu de l'allemand, ne s'est pas privé de piocher aussi dans le vocabulaire français. Pour « le parapluie » l'on ne dit pas : *dr Ragascherm* (de *der Regenschirm*, allemand), mais *s'Barabli*. C'est le nom que Germain Muller a donné à sa troupe de théâtre strasbourgeoise, et qui, par ce seul vocable, exprime tout un contexte (celui d'être des gens à part).

Et combien il est imagé et pittoresque ! Je n'ai jamais entendu mon frère à l'âge adulte me parler, même au téléphone, sans enrubanner ses propos de proverbes, certains très anciens, d'autres de son cru. C'est un langage exubérant qui prospère dans les domaines les plus divers : il pénètre avec une sagacité convaincante dans les affaires et s'éclate, hilarant, dans les blagues qu'un Alsacien ne vous traduira pas, car il dira : « C'est impossible, tout le sel est dans le dialecte. »

Il est vrai qu'il s'embarrasse de moins en moins de rigueur dans les mots ou les tournures. Il se fait lui-même son petit espéranto en mélangeant alsacien et français. Dans une quincaillerie j'entendrai une dame commander : *Ech well a lavabo met e me pied* (je veux un lavabo avec pied) et, au bord du canal, un pêcheur s'impatientera : *Verdammi, i breng da ver net an da crochet* (traduction : N. de D., je ne peux pas fixer ce ver à ce crochet).

Pour rendre hommage à notre dialecte, je transcris des paroles qui furent dites en alsacien dans la réalité et que j'ai traduites en français dans le texte et je montre leur parenté avec l'allemand. Je suppose qu'aux Alsaciens cela fait toujours plaisir de retrouver leur parler dans un texte. Beaucoup d'écrivains, de poètes de chez nous s'expriment ainsi. Pour les Français « de l'intérieur », comme on dit en Alsace, et qui voyageront dans notre belle province (ils ne seront pas déçus !), ce sera une initiation, peut-être pas inutile, lorsqu'ils seront attablés sous une treille, autour d'un *Baeckaoffa* arrosé de riesling.

Notes sur l'emploi du français

A bien des points de vue, la période de l'annexion de l'Alsace par les Allemands de 1871 à 1914 n'a rien de comparable avec l'annexion de l'Alsace par les nazis en 1940. Alors que par ces derniers tout mot français était proscrit, tout livre français traqué et jeté au bûcher, l'usage de la langue française entre 1871 et 1914 était courant, surtout dans la bourgeoisie alsacienne.

Le sermon en français de notre curé n'était pas exceptionnel en Alsace. Ainsi, à Mulhouse, et sans doute ailleurs aussi, certains sermons de Carême étaient faits en langue française.

Les maisons de commerce gardaient souvent leur raison sociale antérieure à 1871.

Il n'était pas concevable qu'un menu pût être rédigé en allemand. En voici un, savoureux, du Kunsthaafe (« La Marmite d'Art » : il s'agit d'un groupe d'artistes strasbourgeois) :

3 novembre 1900

MENU

(illustré par Loux)
Olives farcies
Saucisson d'Arles
Escargots provençale
Cassoulet toulousain
Ballottines de grives à la façon de Montélimar
Terrine de foies de canards de Capdenac
Tartelettes aux oranges de Nice
Fromage alpin

Une façon gourmande de se rappeler au bon souvenir de la France

⁂

Notes sur le patois roman

par M. René Pierre, de Montreux-Jeune,
spécialiste de la question

« Le patois roman est l'ancêtre du vieux français. Celui qui était parlé à Montreux-Jeune était l'un des plus purs du genre. La base de ce patois est issue en majorité du bas latin et date de l'occupation romaine de la région. Mais certains mots sont d'origine celtique. Exemple, le mot *baichatte* = jeune fille, du celte *bach* (proche du breton) qui signifie jeune.

Du vieux français viennent; *motie* = église, *beillie* = donner (de bailler). Aux mots français on donne une intonation patoise: *afin* = enfant; *biffa* = buffet; *bô* = bois; *bruatte* = brouette.

Par les invasions de diverses peuplades germaniques, le patois s'est enrichi de mots tirés des langues germaniques. Ex: *bouëbe* = garçon (de l'allemand *Bube*); *lâdes* = volets (de l'allemand *Laden*); le *riëm* = fouet (de l'allemand *Riemen*), etc.» (René Pierre.)

Il est un nom de chez nous qui a une curieuse origine patoise. Ainsi notre «moulin de la Caille», si poétiquement nommé, était en réalité le moulin de la Gaille. En effet, un petit plan d'eau permettait aux villageoises de venir y laver leurs «gailles», c'est-à-dire leurs hardes. Ce sont les Allemands qui, après 1871, le prononcèrent mal, transformant le g en c, et furent ainsi à l'origine de ce nom si joliment bucolique.

La prononciation de l'alsacien Lexique sommaire des vocables employés dans le texte

u se prononce ou. Ex. *Kutlmutl* = Koutlmoutl

ü se prononce u

a est parfois nuancé de e. Ex. *Schatzela* ou *Schatzele* (petit trésor)

e muet n'existe pas. Dans *Schatzele* l'e final se prononce

a est parfois nuancé de o. Ex. *hālt* (halte). N'existe pas en français.
C'est un peu de an sans nasale. (Pour différencier le a pur du a nuancé de o j'écrirai ce dernier surmonté d'une petite barre horizontale : ā.)

ei se prononce eï dans *drei* (trois)
aï dans *eins* (un)
Il n'y a pas de règle générale, chaque cas est particulier

v se prononce f

ch se prononce en raclant un peu la gorge ; il n'y a pas d'équivalent phonétique en français

d et t sont très voisins

b et p sont très voisins

QUELQUES VOCABLES OU EXPRESSIONS

Alsacien	Allemand	Français
d'Stuwe	die Stube	La salle de séjour
Gott verdammi	Gott verdamme mich	Dieu me damne
Juron aussi fréquent et spontané dans le populaire que le m.... français; mais par superstition ou prudence, certains en atténuent le caractère sacrilège par:		
Gott verklemmi		Dieu me pince
Une femme excédée ou exaspérée dira sans penser à mal:		
Nun de Diuk	In Gottesnahme	Nom de Dieu
mais effarée s'exclamera:		
Oh! Yé ou Yeses Maria em Hemmel	Jesus Maria im Himmel	Jésus Marie dans le ciel
Altmenschtrol	Altmünsterol	Montreux-Vieux
Jungmenschtrol	Jungmünsterol	Montreux-Jeune
Manglatt	Mengelatten	Magny
Mülhüssa	Mulhausen	Mulhouse
Ehr kumma do inne wia na Schwob. Bi uns werd āklopft. Use, un klopfa ā.	Ihr kommt da hinein wie ein Schwabe. Bei uns wird angekloptf. Hinaus, und kloptf an.	Mais vous entrez ici comme un Schwob. Chez nous on frappe à la porte. Sortez et frappez.
Wiascht Maïdela	Wüstes Mädchen	Vilaine petite fille
Hersch? S'Friajohr esch do.	Hörst du? Der Frühling ist da	Tu entends? le printemps est là.
Wia gehts Celine? Un d'Familia. Mer han di an dr Martina erwārta.	Wie geht es Celina? Und die Familie? Wir haben dich an Martinen erwartet.	Comment vas-tu, Céline? Et ta famille? on t'attendait pour la Saint-Martin.

Ammel! I be s'Haüpt vom Hüss, awer se esch dr Hals un draït d'r Kopf wia se well.	Natürlich. Ich bin das Haupt des Hauses, aber sie ist der Hals und dreht den Kopf wie sie es will.	Bien sûr ! je suis la tête (le chef) de la maison, mais elle est le cou, et oriente la tête à la guise.
	Herr, Schaffner, sie nennen mich « Schwebla » und ich bin Elsässer, ich bin von Mülhausen.	Monsieur le contrôleur, ils m'appellent petit Fritz et je suis alsacien : je suis de Mulhouse.
— Ja dās hert ma scho.	— Ya, das hört man schon.	— Oui, cela s'entend.
Pās uf! Wiafell esch dreï un drei, weniger zwaï, un viar, weniger femf un sewa?...	Achtung Wieviel nacht drei und drei, weniger zwei und vier, weniger fünf und sieben?	Attention, combien font trois plus trois, moins deux, plus quatre, moins cinq, plus sept?
Mi Kiachle esch a betsi hert.	Mein Küchlein ist ein bischen hart.	J'ai un beignet un peu dur.
— Mins o. S'blibt mer en da Zehn.	— Dass meine auch. Es bleibt mir in den Zähnen.	— Moi aussi, il reste accroché dans mes dents.
— Un ech glaüb d'Zehn bliwe dren stake.	— Ich glaube die Zähne werden darin bleiben.	— Moi, je crois que les dents vont rester dans le beignet.
— Ech hā alles verschluckt.	— Ich habe alles verschluckt.	— J'ai tout avalé.
Da hāt se na gsaït.	Dieser hat es ihnen gesagt.	Il leur a dit leur quatre vérités.
Da kā rede.	Der kann sprechen.	Il sait bien parler.
Un s'esch rāpsig gworde s'hāt mer nigs ufgstellt.	Und sie ist geizig geworden, sie hat mir nichts aufgestellt.	Et puis, elle est devenue avare, elle ne m'a rien offert.
Mer assa Holz.	Wir essen Holz.	Nous mangerons du bois.
Was māche mer met m'Napi? — Mer vergrāwena.	Was machen wir mit dem Napoléon? — Wir vergraben ihn.	Qu'allons-nous faire du Napoléon? — Enterrons-le.
Dās esch doch schrecklig! Se warda ālla verschosse.	Das ist doch schrecklich! Sie werden alle erschossen.	Mais c'est affreux ! Ils vont tous se faire tuer.
Dr Hemmel esch gānz rot ewer Romany. S'schient s'ganze Dorf brennt.	Der Himmel ist ganz rot über Willern. Es scheint das ganze Dorf würde brennen.	Le ciel est embrasé au-dessus de Romagny. On dirait que tout le village flambe.

Hersch d'Kānona net vo Thānn bis Pfatter hüsa?	Hörst du die Kanonen nicht von Thann bis Pfetterhausen?	N'entends-tu pas la canonnade de Thann à Pfetterhouse?
Er dankt ān uns. So na Wiehnachte ver ehn! So na Wiehnachta ver d'ārme Soldāte en Gfāhr! Un Gott seht dās!	Er denkt an uns. Solch eine Weihnachten für ihn! Solch eine Weihnachten für die armen Soldaten in Gefahr! Und Gott sieht das!	Il pense à nous. Quel Noël pour lui! Quel Noël pour les pauvres soldats en danger! Et Dieu voit cela!
Ben i schen?	Bin ich schön?	Suis-je belle?
So! Ehr han a schen Maïdela.	So! Ihr habt ein schönes Mädchen.	Eh bien! Vous en avez une belle petite fille.
Nātirlig, wenn ma nur dreï zentimeter Stern hāt voll rota Flacka, versteckt ma se.	Natürlich, wenn man nur drei zentimeter Stirne hat voll Sommersprossen, versteckt man sie.	Bien sûr, quand on n'a que trois centimètres de front plein de taches de rousseur, on le cache.
Ammel, i hā ālles erlaübt — S'geht der net so schlacht.	Jawohl! Ich habe alles erlaubt — Es geht dir nicht schlecht an.	Eh bien, oui, J'ai tout permis. — Ça ne te va pas trop mal.
Yeses! Ewerschwemme. s'esch schlemmer āls s'Fir. Gega s'Wasser kā ma nigs mācha. Wag renne — un net emmer.	Mein Gott! Die Uberströmung. Sie ist schlimmer als das Feuer. Gegen das Wasser kann man nichts tun. Fliehen und nicht immer.	Mon Dieu! L'inondation. C'est pire qu'un incendie. Contre l'eau il n'y a rien à faire; on ne peut que fuir, et encore, pas toujours.
Un wenn eins vo eich krānk war? — Un der Hüet? — Wenn der Pāpa heimkumme werd, wot ech net ohne Hüet se.	Und wenn eines von euch krank wäre? — Und der Hut? — Wenn Papa heimkäme möchte ich nicht ohne Hut sein.	Et si l'un de vous tombait malade? — Et le chapeau? — Si Papa rentrait, je n'aimerais pas être sans chapeau.
Māma i hā hunger. — Wet Fesch?	Mutter, ich habe Hunger. — Willst du Fisch?	Maman, j'ai faim. — Veux-tu du poisson?

Es esch güat ās s'Cécile si Schlessel gfunde hāt. Āwer s'get hetzetāg āndere Verluschte. Ma soll d'Heilige net ābate fer a Nitela.	Es ist gut das die Cecilia ihren Schlüssel gefunden hat. Aber es gibt heutzutage andere Verluste. Man darf die Heiligen nicht für Kleinigkeiten zu Hilfe beten.	Tant mieux que Cécile ait retrouvé sa clé. Mais il y a actuellement des pertes autrement importantes. On n'invoque pas les saints pour des bagatelles.
Er verbrennt! — D'r ārma Tropf! Er hat o na Māma un sa hilt. Wenn sa net hilt, esch sa ke rachta Māma.	Er verbrennt! — Der arme Tropf! Er hat auch eine Mutter und sie weint. Wenn sie nicht weint, ist sie keine echte Mutter.	Il brûle! — Le malheureux! Il a aussi une maman, et elle pleurera. Si elle ne pleure pas, ce n'est pas une vraie maman.
Kennt ma dia Deserteur net isperre bis ām and vom Krieg. Warum ehne der Tot ga? — Well esa net gnü Gfangnisser dat ga fer āIle isperre wu vom Krieg mied sen. Āwer wenns āgfange esch mües widergmācht se, denn « Wehe den Besiegten »!	Könnte man diese Deserteur nicht gefangen halten bis Ende des Krieges. Warum ihnen den Tot geben? — Weil es nicht genug Gefängnisse gibt für alle die vom Krieg müde sind. Aber wenn es angefangen ist, muss weiter genacht werden, denn « Wehe den Besiegten »!	Ne pourrait-on pas enfermer ces déserteurs jusqu'à la fin de la guerre? Pourquoi les faire mourir? — Parce qu'il n'y aurait pas assez de prisons pour enfermer ceux qui sont fatigués de la guerre. Mais quand c'est commencé il faut aller jusqu'au bout, car « malheur aux vaincus »!
Schamsch di net so ne Battlera zu se?	Schämst du dich nicht solche Bettlerin zu sein?	Tu n'as pas honte de faire la mendiante?
En dim Ālter! Verteil se met āndere Kender, dine Puppa. Oder verbrenn se.	In deimen Alter! Verteile sie unter anderen Kindern, deine Puppen. Oder verbrenne sie.	A ton âge! distribue-les, tes poupées, à d'autres enfants. Ou brûle-les.
Se gehn ālla haïm. — Un s'Dorf? S'werd laar. — Un mer, mer sen do, un alla Litt vo alla Hiser.	Sie gehen alle nach Hause. — Und das Dorf? Es wird leer sein. — Und wir, wir sind da, und alle Leute von allen Häusern.	Ils vont tous partir chez eux. — Et le village alors, il sera vide? — Et nous, nous sommes bien là, et tous les habitants de toutes les maisons.

Ce que nous chantions

Quand nous franchîmes la frontière
(Théodore Botrel)

1

Quand nous franchîmes la frontière
Pour reconquérir leur pays
Où depuis la guerre dernière
Tant d'exilés sont endormis,
Sur un ton nostalgique et tendre,
Dans le vent les sapins chantaient.
Nous fûmes surpris de comprendre
Ce qu'entre eux ils se chuchotaient...
Des Vosges fidèles,
Sombres sentinelles,
Comme aux anciens jours,
Les sapins d'Alsace
Parlent à voix basse,
En français toujours, toujours !

2

Le lendemain c'était dimanche;
D'un talon sonore et joyeux,
Nous martelions la route blanche
Qui descend jusqu'à Montreux-Vieux.
Les cloches de chaque village
Carillonnaient à l'unisson,
Et nous comprenions leur langage
Et leur prière et leur chanson...
          Des vertus chrétiennes,
          Ferventes gardiennes,
          Comme aux anciens jours,
          Les cloches d'Alsace
          Chantent dans l'espace
En français toujours, toujours!

3

En ouvrant l'école publique
Aux petits Alsaciens ravis,
On dicta cette phrase unique:
« La douce France est mon pays. »
Et tous les écoliers de dire
A leur nouvel instituteur:
« Sans faute nous saurons l'écrire,
Cette phrase: on la sait par cœur! »
          Ah, vive l'aurore
          Qui nous rit encore
          Comme aux anciens jours!
          Fidèle et tenace,
          Le peuple d'Alsace
Est français toujours, toujours!

Les Grands Oiseaux

1

J'ai vu sortir les grands oiseaux
De leurs modestes nids de planches,
Ouvrant leurs vastes ailes blanches,
J'ai vu sortir les grands oiseaux.
Et leur chanson était jolie
Comme la chanson d'un enfant
Qui, malhabile et souriant,
Fait ses premiers pas dans la vie.

2

J'ai vu monter les grands oiseaux
A tire-d'aile vers la nue,
Si haut qu'on les perdait de vue;
J'ai vu monter les grands oiseaux.
Et leur chanson était troublante
Comme la chanson des héros
Qui fait frissonner les échos
De cris d'orgueil et d'épouvante.

3

J'ai vu passer les grands oiseaux
Sur la ville et sur la campagne,
Sur l'océan, sur la montagne;
J'ai vu passer les grands oiseaux.
Et leur chanson était joyeuse
Comme sont les alléluias,
Les carillons, les hosannas,
Comme une hymne victorieuse.

4

J'ai vu tomber l'un des oiseaux
Ivre d'azur, ivre d'espace,
Et le sang rougissait sa trace;
J'ai vu tomber l'un des oiseaux.
Mais voici qu'au lieu d'un blasphème
Montait encore une chanson;
Tant le sang veut être fécond,
Les grands oiseaux volaient quand même.

5

Le vol fiévreux des grands oiseaux
C'est l'éternelle nostalgie
De l'âme humaine inassouvie;
Il faut aimer les grands oiseaux,
Car un rêve commun nous hante
Et ce rêve d'immensité,
De vitesse et de liberté,
C'est l'infini qui nous tourmente.

La Patrie

1

Ô frais vallons de ma patrie!
Ô sol béni, riant séjour!
Par le printemps toujours fleurie,
Ô terre où j'ai reçu le jour!
Berceau charmant de mon enfance
Toujours aimé comme autrefois,

Doux souvenirs faits d'espérance,
Ô France aimée je te revois.

2

J'ai dans le cœur un doux mirage,
Un rêve d'or où tout sourit :
C'est une maison qu'un chêne ombrage,
C'est mon jardin qu'avril fleurit,
C'est le bocage où l'on aspire
Toutes vos senteurs, ô fleurs d'été !
C'est notre France où l'on respire
A pleins poumons la liberté !

3

Salut, salut, ô belle France,
A toi nos bras, à toi nos cœurs,
Que le bonheur et l'espérance
Suivent partout tes trois couleurs !
Chère patrie, que la victoire
S'attache à toi comme autrefois !
Dans tes malheurs et dans ta gloire
Ô France aimée je te revois.

France chérie

1

France Chérie, ô séjour enchanteur
Où je voudrais passer ma vie,
J'aime tes bois, tes monts, tes eaux, tes fleurs,

Mes doux plaisirs, ma seule envie;
Si quelque jour le Dieu d'amour
Quittait les cieux pour un autre séjour,
France chérie, rive fleurie,
C'est sur tes bords qu'il fixerait sa cour.

2

De la bruyère on voit le lièvre fuir,
J'entends l'abeille qui bourdonne,
Près du torrent, le chevreau va bondir,
Et sa clochette au loin résonne.
Dans le sentier le muletier
Presse en chantant le pas de son coursier
Et la bergère avec mystère
Revient s'asseoir au pied de l'olivier.

L'Alsace

1

Dis-moi quel est ton pays:
Est-ce la France ou l'Allemagne?
C'est un pays de plaine et de montagne,
Une terre où les blonds épis
En été couvrent la campagne,
Où l'étranger voit tout surpris
Les grands houblons, en longues lignes,
Pousser joyeux au pied des vignes
Qui couvrent les vieux coteaux gris,
La terre où vit la forte race
Qui regarde toujours les gens en face:
C'est la vieille et loyale Alsace.

2

Dis-moi quel est ton pays,
Est-ce la France ou l'Allemagne?
C'est un pays de plaine et de montagne
Que les vieux Gaulois ont conquis
Deux mille ans avant Charlemagne
Et que l'étranger nous a pris.
C'est la vieille terre française
De Kléber, de la *Marseillaise*,
La terre des soldats hardis
A l'intrépide et froide audace,
Qui regarde toujours la mort en face:
C'est la vieille et loyale Alsace.

3

Dis-moi quel est ton pays,
Est-ce la France ou l'Allemagne?
C'est un pays de plaine et de montagne
Où poussent, avec les épis,
Sur les monts et dans la campagne
La haine de tes ennemis
Et l'amour profond et vivace,
Ô France, de ta noble race.
Allemands, voilà mon pays.
Quoi que l'on dise et quoi qu'on fasse,
On changera plutôt le cœur de place
Que de changer la vieille Alsace.

ERCKMANN-CHATRIAN

Chanson de France

1

Écoutez mes frères d'Alsace,
Écoutez fidèles Lorrains,
Traversant les champs de l'espace,
Écoutez ces mille refrains.
Vous y trouverez des berceuses,
Des appels vibrants de clairons,
Des caresses mystérieuses,
Des chants d'amour, des carillons.

Refrain: Cette chanson, c'est la chanson de France,
C'est le baiser d'un cœur qui se souvient.
Cette chanson, c'est l'hymne qui soutient
Et rend la force aux heures de tristesse.
Cette chanson, cette chanson,
C'est la chanson de France.

2

Par le vallon ou dans la plaine,
Quand le vent pleure triste et doux
Sur l'Alsace et sur la Lorraine
Passe la chanson de chez nous,
N'entendez-vous pas, d'heure en heure,
Frémir ces sanglots douloureux?
Quand vous pleurez, la France pleure
Dans nos chênes majestueux.

Refrain

3

Dans vos champs quand la moisson lève,
En vous penchant sur vos sillons,

Distinguez-vous comme en un rêve
Des bruits de voix et des frissons?
Ce sont les âmes de nos pères,
C'est le réveil du sang français,
Nos morts veillent sur vos chaumières,
Ils sont plus vivants que jamais.

Refrain

4

Si du haut de vos cathédrales,
Joyeux et tristes tour à tour,
Emportés au gré des rafales
Vos carillons parlent d'amour,
C'est qu'en leurs clochers de dentelle,
Tout près de vous, tout près des cieux,
Vit toujours une âme fidèle
Qui vient vous parler des aïeux.

Refrain:

5

Quand, dédaigneux de la souffrance,
Trop fiers pour plier les genoux,
Vous réclamez l'indépendance,
Toute la France est avec vous!
Le cœur tendu vers nos frontières
Écoutez nos mâles clairons:
Si vous croyez qu'ils sont vos frères,
Leurs accents vous entraîneront.

Refrain:

COLAR et FARANT

Les trois couleurs

1

Les connais-tu, les trois couleurs,
Les trois couleurs de France,
Celles qui font rêver les cœurs
De gloire et d'espérance?
Bleu céleste, couleur du jour,
Rouge de sang couleur d'amour,
Blanc, franchise et vaillance.

2

Jusqu'à la mort on le défend,
Ô sublime folie!
Et quand il revient triomphant
Vers sa loque chérie,
Les yeux sont de larmes remplis
Car le drapeau garde en ses plis
L'âme de la patrie.

3

Qu'il frissonne au soleil joyeux
Ou qu'il flotte sur l'onde,
Lorsque la paix rit sous les yeux
Ou quand la guerre gronde,
France, il entraîne tous les cœurs,
Lui qui porta dans ses couleurs
La liberté du monde.

Table des matières

Achevé d'imprimer
sur les presses de l'imprimerie SICOP
Bischheim - Juin 1995